金诚同达文库·劳动法卷

深入洞察最新法律政策　　全面解读鲜活司法实践

GUIDE TO LEGAL PRACTICES

analysis and tips on typical
cases of labor dispute

诉讼指南

劳动争议典型案例
裁判指引与律师提示

梁枫 / 编著

中国法制出版社
CHINA LEGAL PUBLISHING HOUSE

前 言

自 1995 年 1 月 1 日《中华人民共和国劳动法》施行至今，已逾二十个年头。二十年多来，中国经济发展日新月异，社会面貌发生了翻天覆地的变化。伴随着社会生产力的极大解放和发展，劳动用工关系也呈现出日益多样化的趋势。2008 年 1 月 1 日《中华人民共和国劳动合同法》施行以来，我国各地司法裁判机构受理的劳动争议案件逐年递增。尤其是随着互联网经济的兴起，劳动用工方式愈发灵活多样，不可避免地产生了诸多新问题，为用人单位的人力资源管理带来了新的挑战，也为司法实践带来了新的课题。

在长期的人力资源法律服务实践中，我们发现，目前我国劳动人事争议案件和企业客户的法律需求呈现出以下几方面的特点：

第一，大量企业的人力资源管理制度仍不规范。以北京地区为例，多数劳动争议案件涉及的主要问题，集中在工资、经济补偿和违法解除劳动合同赔偿金等传统争议焦点上。大量用人单位在人力资源管理制度方面，仍处于基本缺失的状态，既未依法保护劳动者的合法权益，也给本企业的经营发展带来了巨大的潜在法律风险。

第二，“同案不同判”的情况较为严重。对部分法律法规条文的理解适用，各地裁判机构的裁判口径并不一致。甚至在同一地区的不同法院、同一法院的不同法官之间裁判观点不一致的情况也时有发生。此类现象的普遍存在，往往导致用人单位，尤其是跨地区、跨部门经营的大中型企业无所适从，无形中抬高了企业的管理成本。

第三，新兴行业劳动用工问题较为突出。随着国家发出“大众创业、万众创新”的号召，物流行业、“互联网 +”行业、共享经济等新兴行业蓬勃发展，大量企业如雨后春笋般涌现出来。在巨大的行业竞争压力面前，不少企业“无暇”建立合法合规的人力资源管理制度。与此同时，新兴行业用工方式更加灵活、劳动者流动更加频繁，劳动关系的复杂程度逐渐超过了劳动立法时的设想，法律与现实的衔接问题在未来一段时间可能成为劳动法司法实践的热门问题。事实上，不单在中国，这也是全世界劳动法同仁在未来需要面对的共同课题。

基于以上认识，金诚同达律师事务所劳动法业务组专门组织编写了本书，通过对近年来全国各地法院发布的大量劳动争议案件进行梳理，结合金诚同达律师在劳动法业务方面的丰富经验，选取司法实践中最具代表性的典型案例和疑难案件进行分析研判，以飨读者。

在案例分析研判和本书写作过程中，编写委员会一直秉承以下宗旨，也希冀可以成为本书的几个特色：

第一，案例覆盖范围广，具有典型性和代表性。本书从北京、上海、广东、浙江、江苏、福建、山东、天津、重庆等地法院近年来向社会发布的劳动人事争议典型案例中，精选了实践中最具代表性的案件类型，涵盖了劳动人事争议案件的主要争议焦点。

第二，关注审判实务，重视审判实践中的不同观点。鉴于现实中较为普遍的“同案不同判”现象，本书对全部案件的审理法院进行了标注，并特设“审判者说”部分，专门介绍各地法院的司法裁判观点，方便读者立足于法官思维，理解审视相关案件。

第三，对用人单位人力资源、法务部门以及法律从业人员具有明确的指引性。结合律师长期以来的一线实务经验，将劳动人事争议典型案例分为十二大类，方便读者根据自身实际情况，查找类似案件。就案件涉及的相关法律问题和企业的应对策略，“金诚同达·研析与提示”为读者提供了具有实操意义的法律建议。

此外，本书特别设计了法律条文索引功能，读者可以在研读法律条文的同时，检索有关典型案例，加深对法律的理解。

本书的最终完成，有赖于金诚同达劳动法业务组众多优秀律师的共同努力，亦有赖于事务所长期以来对劳动法律专业研究的大力支持，在此一并致以最诚挚的感谢！

目 录

第一章

确认劳动关系纠纷

关键词：劳动关系　劳务关系

1. 签兼职协议掩盖事实　法院认定存在劳动关系

2. 工作资料证明存在劳动关系　开具虚假证明反食其果

3. 在校学生也可能形成劳动关系

4. 员工宿舍内一氧化碳中毒诉求确认劳动关系被驳回

5. 内退职工入职其他企业，符合劳动关系特点的认定为劳动关系

6. 企业拒绝为员工办理退休手续　继续工作劳动关系延续

1. 签兼职协议掩盖事实　法院认定存在劳动关系

案情简介

2014 年 10 月，北京某咨询有限公司（简称“某公司”）起诉至法院称：我公司于 2013 年 5 月 2 日与张某签订了《兼职工作合同书》，明确双方法律关系为兼职劳务关系，期限为 2 个月。张某工作岗位系业务员，不坐班，我公司不对其进行考勤。张某月工资为 3000 元，我公司已实际按此数额以现金形式发放。张某在我公司工作至 2013 年 7 月 31 日，后自己申请辞职。2013 年 7 月 1 日至 7 月 31 日期间双方未签订劳动合同。我公司为张某缴纳了 2013 年 5 月至 7 月的社会保险，该费用应由双方共同承担。故我公司诉至法院，请求：1. 确认张某与我公司于 2013 年 5 月 1 日至 2013 年 7 月 31 日期间不存在劳动关系；2. 判令我公司不支付张某 2013 年 7 月 1 日至 2013 年 7 月 31 日期间未签订书面劳动合同的双倍工资差额 3000 元；3. 判令我公司不支付张某 2013 年 5 月 1 日至 2013 年 7 月 31 日期间扣除工资中的保险费 4410 元。

一审判决后，某公司不服，持原诉理由上诉请求二审法院改判支持其原审全部诉讼请求。张某同意原审判决。

审判者说

一审法院认为，劳动者的合法权益受法律保护。关于双方在 2013 年 5 月 2 日至 2013 年 7 月 31 日期间是否存在劳动关系的问题，双方虽然签订的是《兼职工作合同书》，但该合同书约定工资支付方式、管理方式及对于兼职期间考核是否合格后的处理方式等均符合劳动关系的特点，同时结合被告的档案保管方式、社会保险缴纳情况，法院认定双方建立劳动关系。

关于返还 2013 年 5 月 1 日至 2013 年 7 月 31 日期间在工资中扣除社会保险费的请求。本案中，双方均认可被告的工资为现金发放。但在诉讼中，原告未向法院提交工资发放记录。因此，法院采纳被告关于原告在其工资中扣除了公司应承担的社会保险部分、每月只发放工资 1534 元的主张。现被告同意按照社会保险记载的缴费基数 3500 元来核算其应承担的社会保险数额，并同意在工资中扣除，法院对此不持异议。原告的该项诉讼请求，法院不予支持。

二审法院认为：某公司与张某虽然签订的是《兼职工作合同书》，但从合同的内容可以看出张某在某公司的管理下从事公司安排的有报酬的劳动，且张某所提供的劳动是某公司业务的组成部分，故原审法院据此情形并结合张某的档案保管、社会保险缴纳情况认定双方于 2013 年 5 月 2 日至 7 月 31 日存在劳动关系并无不当。双方所签《兼职工作合同书》于 2013 年 7 月 1 日期满后，张某仍在某公司工作，但某公司未与张某签订书面劳动合同，故原审法院判令某公司自 2013 年 7 月 2 日起向张某支付未签劳动合同二倍工资至 2013 年 7 月 31 日亦无不当。

用人单位应当按照工资支付周期编制工资支付记录，并至少保存二年备查。劳动者与用人单位因劳动报酬问题产生争议时，在二年保存期间内，由用人单位承担举证责任。在某公司未能提交工资支付记录的情形下，原审法院采信张某关于某公司在其工资中扣除了社会保险费用、每月只发放 1534 元工资的主张是正确的。用人单位应当按照国家规定为本单位职工缴纳应由单位负担部分的社会保险，故某公司应将在张某工资中多扣除的社会保险费予以返还，原审法院依据张某的社会保险缴费情况核算的返还数额并无不当。

审理结果

北京市西城区人民法院〔2014〕西民初字第 23945 号民事判决书（节选）：

一、确认原告某公司与被告张某在二〇一三年五月二日至二〇一三年七月三十一日期间存在劳动关系；

二、本判决生效后七日内，原告某公司支付被告张某二〇一三年七月二日至二〇一三年七月三十一日期间未签订劳动合同的二倍工资差额三千元；

三、本判决生效后七日内，原告某公司支付被告张某二〇一三年五月二日至二〇一三年七月三十一日期间在工资中扣除的社会保险费三千三百一十八元；

四、本判决生效后七日内，原告某公司为被告张某开具离职证明。

五、驳回原告某公司的其他诉讼请求。

北京市第二中级人民法院〔2015〕二中民终字第01817号民事判决书（节选）：

驳回上诉，维持原判。

本判决为终审判决。

审理机关

北京市西城区人民法院

北京市第二中级人民法院

判决依据

1.《中华人民共和国民事诉讼法》第六十四条：

当事人对自己提出的主张，有责任提供证据。

当事人及其诉讼代理人因客观原因不能自行收集的证据，或者人民法院认为审理案件需要的证据，人民法院应当调查收集。

人民法院应当按照法定程序，全面地、客观地审查核实证据。

2.《中华人民共和国劳动合同法》第十条：

建立劳动关系，应当订立书面劳动合同。

已建立劳动关系，未同时订立书面劳动合同的，应当自用工之日起一个月内订立书面劳动合同。

用人单位与劳动者在用工前订立劳动合同的，劳动关系自用工之日起建立。

3.《中华人民共和国劳动合同法》第八十二条：

用人单位自用工之日起超过一个月不满一年未与劳动者订立书面劳动合同的，应当向劳动者每月支付二倍的工资。

用人单位违反本法规定不与劳动者订立无固定期限劳动合同的，自应当订立无固定期限劳动合同之日起向劳动者每月支付二倍的工资。

4.《中华人民共和国民事诉讼法》第一百七十条第一款第（一）项：

第二审人民法院对上诉案件，经过审理，按照下列情形，分别处理：

（一）原判决、裁定认定事实清楚，适用法律正确的，以判决、裁定方式驳回上诉，维持原判决、裁定；

……

金诚同达·研析与提示

本案中，经过两级法院审理，公司一方均败诉。究其原因，与公司在关键法律问题的认识方面存在误区大有关系。公司认为，与劳动者签订了《兼职工作合同书》，明确双方法律关系为兼职劳务关系，进而认为双方为劳务关系，实属对劳动关系、劳务关系的误解。

根据现行法律规定，用人单位与劳动者之间为劳动关系还是劳务关系，并不仅仅看双方之间的书面约定，还要从劳动关系的构成要素方面判断双方之间的关系是否符合劳动关系的基本特征。如符合，则双方之间的法律关系为劳动关系，而无论双方签订什么样的合同或协议；如不符合，则双方不构成劳动关系。司法实践中，劳动人事争议仲裁机构及法院，均会根据主张劳动关系成立一方当事人（多为劳动者一方）的请求事项，结合双方提供的证据判断双方之间的关系。比如在前述案件中，法院即通过工资支付方式、管理方式及对于兼职期间考核是否合格后的处理方式等均符合劳动关系的特点，由此认定双方存在劳动关系。结合本案判决及类似案例，用人单位在招用劳动者签订合同或协议时，应引起足够注意和重视。

2. 工作资料证明存在劳动关系　开具虚假证明反食其果

案情简介

2001 年 8 月，李某毕业后到某艺术中心工作，2003 年 4 月 22 日离职。2003 年 10 月 9 日，其入职某电视台，在社会新闻部政法组担任编导和记者。自 2007 年 11 月起，调到新闻中心社会新闻部担任编导和记者。某电视台未与其签订劳动合同，未给其缴纳社会保险，其社会保险是个人缴纳的。李某月工资包括：基本工资 3000 元，节目制作经费每期 4500 元，其每个月需要制作两期节目；其需要提供交通、餐费等发票；工资是以现金形式支付的，每个月支付上个自然月的工资。2008 年 4 月 1 日，李某与北京某文化发展有限公司签订劳务派遣合同。李某认为，其与某电视台在 2003 年 10 月 9 日至 2008 年 3 月 30 日期间存在劳动关系。

李某以要求确认其与某电视台存在劳动关系，要求某电视台支付未签订劳动合同二倍工资差额为由向北京市海淀区劳动人事争议仲裁委员会提出申请，仲裁委员会裁决如下：1. 确认李某与某电视台自 2003 年 10 月 9 日至 2008 年 3 月 30 日期间存在劳动关系；2. 驳回李某的其他申请请求。某电视台不服上述裁决，在法定期限内向法院提起了诉讼。

某电视台诉称：2001 年 8 月，李某大学毕业后，入职某艺术中心并建立劳动关系。2007 年 9 月 1 日至 10 月 20 日期间，李某到北京某科技有限公司（简称“某科技公司”）工作，并与其建立劳动关系。2008 年 4 月 1 日，李某入职北京某文化发展有限公司，该公司将李某派遣至某电视台工作。综上，某电视台不服仲裁裁决，诉至法院，要求确认李某与某电视台在 2003 年 10 月 9 日至 2008 年 3 月 30 日期间不存在劳动关系。

李某在一审中答辩称：李某于2003年10月9日应聘入职某电视台工作，一直到2008年4月1日，李某与某文化公司签订劳务派遣合同。李某与某电视台在2003年10月9日至2008年3月30日期间存在劳动关系，故不同意某电视台的诉讼请求。

审判者说

一审法院认为，从本案查明情况及双方当事人陈述看，李某为某电视台提供了劳动，李某所提供的劳动是某电视台业务的组成部分，某电视台亦支付了相应的劳动报酬。某电视台主张李某是其台的兼职编导和记者，在某电视台未提供相应的证据证明该主张的情况下，某电视台与李某之间的关系符合法律规定的劳动关系的构成要件，故确认李某与某电视台存在劳动关系。

二审法院认为，根据双方当事人的上诉意见，李某提供的大量工作资料可以证明其自2003年10月9日至2007年8月31日期间，持续为某电视台提供了劳动，该劳动系某电视台的工作组成部分，系某电视台安排的有报酬的劳动。而某电视台对双方实为劳务关系的事实主张，没有提供证据加以证明。因此，李某与某电视台之间的关系符合劳动关系的特征，确认双方在2003年10月9日至2007年8月31日期间存在劳动关系。

此外，某电视台提供的离职证明显示，李某在2007年9月1日至2007年10月20日期间与某科技公司建立了劳动关系。李某虽主张其从未在某科技公司工作过，该证明系应某电视台要求通过亲属开具，但证人与其为兄妹关系，具有利害关系，不足以证明李某的事实主张。故二审法院无法认定其与某电视台在上述期间存在劳动关系。鉴于此，二审法院采信李某的部分事实主张，认定其在2007年10月21日至2008年3月30日期间与某电视台存在劳动关系。

审理结果

北京市海淀区人民法院〔2015〕海民初字第3909号民事判决书（节选）：

李某与某电视台在二〇〇三年十月九日至二〇〇七年八月三十一日期间存在劳动关系。

北京市第一中级人民法院〔2015〕一中民终字第4742号民事判决书（节选）：

一、撤销北京市海淀区人民法院〔2015〕海民初字第3909号民事判决；

二、确认李某与某电视台在二〇〇三年十月九日至二〇〇七年八月三十一日、二〇〇七年十月二十一日至二〇〇八年三月三十日期间存在劳动关系；

三、驳回李某其他申请请求。

本判决为终审判决。

审理机关

北京市海淀区人民法院

北京市第一中级人民法院

判决依据

1.《中华人民共和国劳动法》第七十七条：

用人单位与劳动者发生劳动争议，当事人可以依法申请调解、仲裁、提起诉讼，也可以协商解决。

调解原则适用于仲裁和诉讼程序。

2.《中华人民共和国民事诉讼法》第一百七十条第一款第（二）项：

第二审人民法院对上诉案件，经过审理，按照下列情形，分别处理：

……

（二）原判决、裁定认定事实错误或者适用法律错误的，以判决、裁定方式依法改判、撤销或者变更；

……

金诚同达·研析与提示

根据最高人民法院《关于审理劳动争议案件适用法律若干问题的解释》的相关规定，因用人单位作出的开除、除名、辞退、解除劳动合同、减少劳动报酬、计算劳动者工作年限等决定而发生的劳动争议，用人单位负举证

责任。因此，在用人单位与劳动者解除劳动关系时，其有义务证明该解除的时间及其符合法律规定的理由。否则，该解除决定将很难在司法认定中获得支持。

本案从案件整体情况看，或许李某在2007年9月1日至10月20日期间确实为某电视台工作，但是不巧的是其相关工作资料没有一份是在该期间形成的，没有证据可以推翻离职证明的内容。在此情形下，二审法院无法确认上述期间内双方存在劳动关系，李某也为其开具与事实不符的虚假离职证明而付出了代价。

3. 在校学生也可能形成劳动关系

案情简介

原告林某诉称，其系城镇户口，于2012年3月20日入职被告某贸易（北京）有限公司，在西单大悦城一层手表专柜任职导购，工作时间为上一天休息一天。2013年6月1日，原告因脚扭伤而请假一天。2013年6月2日原告正常休息，被告公司的店长发短信让原告办理离职。工作期间，被告未与原告签订劳动合同，未安排原告带薪年休假，未给原告缴纳社会保险和公积金。原告的月工资为基本工资1800元加绩效，被告自2013年5月起未发放原告工资。2013年5月原告的销售业绩为40757元，其中4万元按照3%提成，757元按照4%提成，加每月基本工资1800元，加奖金100元，被告应发放原告2013年5月工资3130元。

2013年6月8日，原告向西城区劳动争议仲裁委员会申请仲裁，要求确认原被告在2012年3月20日至2013年6月2日期间存在劳动关系，要求解除与被告的劳动关系，要求被告支付原告2013年5月拖欠的工资3100元，要求被告支付2012年5月至2013年3月未签订劳动合同双倍工资39556元，要求被告支付违法解除劳动合同赔偿金11529元，要求被告支付2013年带薪年休假工资600元、补缴社会保险。

2013年11月5日，西城区劳动争议仲裁委员会裁决驳回林某的申请请求。林某不服该裁决，起诉要求确认原被告在2012年3月20日至2013年6月2日期间存在劳动关系；要求被告支付原告2013年5月拖欠的工资3130元；要求被告支付原告2012年4月20日至2013年3月20日未签订劳动合同双倍工资39556元；要求被告支付违法解除劳动合同赔偿金11529元；要求被告支付2013

年带薪年休假工资 600 元；要求被告赔偿未缴纳社会保险的社会保险费 15000 元；要求被告赔偿未缴纳公积金的费用 2865 元，诉讼费由被告负担。

被告某贸易（北京）有限公司辩称：原告系北京市某学校在校学生，于 2012 年 3 月 20 日到被告公司任职导购员，双方为劳务关系，不是劳动关系，不同意原告的诉讼请求。

审判者说

法院认为，首先，原告在 2012 年 3 月 20 日至 7 月 10 日期间虽然为北京市某学校学生，但原告已经符合劳动关系的劳动者主体要件，且原告为被告公司提供劳动，被告公司给原告发放工资，双方之间具备劳动关系的法律特征，应认定为劳动关系。

其次，原告于 2013 年 6 月 8 日申请仲裁，仲裁时效为一年，即原告要求被告给付 2012 年 4 月 20 日至 2012 年 6 月 7 日期间未签订劳动合同双倍工资，已经超过仲裁时效，法院不予支持。

再次，原告称 2013 年 6 月 2 日被告公司店长以短信方式通知原告办理离职，未向法院出示相应的证据，因此不能认定被告违法与原告解除劳动关系，原告要求被告支付违法解除劳动合同赔偿金，因证据不充分，法院不予支持。针对劳动关系的解除原因，原被告各执一词，均未向法院出示有效的证据对解除原因予以证明，原告未要求继续履行劳动合同，被告亦未要求原告继续上班，双方劳动关系在 2013 年 6 月 1 日已经事实解除，被告应给付原告解除劳动关系的经济补偿金。

最后，关于原告要求被告给付未缴纳社会保险的社会保险费 15000 元及要求被告赔偿未缴纳公积金费用 2865 元的诉讼请求，原告系城镇户口，被告公司未给原告缴纳社会保险应通过社会保险经办机构予以解决，原告要求的公积金不属于法院的受案范围。因此，原告要求被告给付未缴纳社会保险的社会保险费 15000 元及要求被告赔偿未缴纳公积金费用 2865 元的诉讼请求，法院不予支持。

审理结果

北京市西城区人民法院〔2014〕西民初字第 1826 号民事判决书（节选）：

一、确认原告林某与被告某贸易（北京）有限公司在二〇一二年三月二十日至二〇一三年五月三十一日期间存在劳动关系；

二、本判决生效后七日内，被告某贸易（北京）有限公司给付原告林某二〇一三年五月的工资一千八百元；

三、本判决生效后七日内，被告某贸易（北京）有限公司给付原告林某二〇一二年六月八日至二〇一三年三月二十日期间未签订劳动合同双倍工资差额一万六千七百零五元二角九分；

四、本判决生效后七日内，被告某贸易（北京）有限公司给付原告林某解除劳动关系经济补偿金二千九百三十元六角三分；

五、本判决生效后七日内，被告某贸易（北京）有限公司给付原告林某未休年休假工资差额一百七十九元六角六分；

六、驳回原告林某的其他诉讼请求。

审理机关

北京市西城区人民法院

判决依据

1.《中华人民共和国劳动合同法》第三十条第一款：

用人单位应当按照劳动合同约定和国家规定，向劳动者及时足额支付劳动报酬。

2.《中华人民共和国劳动合同法》第四十六条第（二）项：

有下列情形之一的，用人单位应当向劳动者支付经济补偿：

……

（二）用人单位依照本法第三十六条规定向劳动者提出解除劳动合同并与劳动者协商一致解除劳动合同的；

……

3.《中华人民共和国劳动合同法》第八十二条第一款：

用人单位自用工之日起超过一个月不满一年未与劳动者订立书面劳动合同

的，应当向劳动者每月支付二倍的工资。

金诚同达·研析与提示

1995年原劳动部《关于贯彻执行〈中华人民共和国劳动法〉若干问题的意见》第12条规定，“在校生利用业余时间勤工助学，不视为就业，未建立劳动关系，可以不签订劳动合同”。

但是，该规定仅系对于在校生在业余时间勤工助学期间的关系认定，并未明确排除在校生作为劳动关系主体的资格，如果在校生进行劳动的情况符合认定劳动关系的实质条件，不排除其与用人单位构成劳动关系的情况。

因此，用人单位在用工实践中，如果认为在校生一律不与单位建立劳动关系，是非常错误的。本案判决表明，持此观点将不会获得法院的支持。

4. 员工宿舍内一氧化碳中毒诉求确认劳动关系被驳回

案情简介

原告刘某某诉被告某种植中心、第三人某农家乐观光园、第三人赵某某称：我于2014年10月4日被招聘到种植中心工作，工作岗位为伙房管理员，工作内容为做饭、择菜、蔬菜看护、卫生打扫、伙房物品看管等，月工资3000元。2014年11月12日晚，我在值班室一氧化碳中毒，被同事赵某某和马某某送往医院救治，至今昏迷不醒。因种植中心未与我签订劳动合同，故起诉，要求确认我与种植中心2014年10月4日至2015年1月27日期间存在劳动关系。

被告种植中心辩称：不同意刘某某的诉讼请求，刘某某不是我单位员工，与我单位不存在劳动关系。

第三人农家乐观光园述称：刘某某于2014年10月4日到我公司工作，工作内容是做饭，2014年11月12日晚上一氧化碳中毒。

第三人赵某某述称同上。

2015年2月12日，刘某某向北京市昌平区劳动人事争议仲裁委员会（以下简称昌平仲裁委）申请仲裁，要求确认其与种植中心自2014年10月4日至2015年1月27日存在劳动关系。2015年3月12日，昌平仲裁委作出裁决书，裁决驳回刘某某的申请请求。2015年3月12日，刘某某对该裁决书不服，诉至法院。

庭审中，刘某某坚持称其系与种植中心存在劳动关系，由赵某某招聘到种植中心做饭，赵某某是代替王某某负责工作，刘某某与农家乐观光园不存在劳动关系，并提交照片两张，证明其工作地点在种植中心。种植中心、农家乐观光园、赵某某对照片均不予认可。

审判者说

根据法院查明的事实，农家乐观光园的法定代表人赵某某系种植中心负责人王某某的妹夫。农家乐观光园与种植中心称双方仅为租赁关系，系农家乐观光园租赁种植中心的部分用地进行经营，无其他关系。2014 年 11 月 13 日 6 时许，刘某某被农家乐观光园司机马某某在农家乐观光园东北角宿舍发现已一氧化碳中毒，马某某遂将刘某某送至医院治疗。之后，赵某某向刘某某丈夫转账支付了刘某某工资。2014 年 12 月 15 日至 2014 年 12 月 31 日，刘某某在中国人民解放军海军总医院住院治疗，经诊断为一氧化碳中毒迟发脑病、脑梗死、高血压病 3 级。

综合以上情况，法院认为，当事人对自己提出的诉讼请求所依据的事实或者反驳对方所依据的事实有责任提供证据加以证明。没有证据或者证据不足以证明当事人的事实主张的，由负有举证责任的当事人承担不利后果。

刘某某认可其系赵某某招聘并由赵某某向其支付了工资，赵某某作为农家乐观光园法定代表人亦陈述刘某某系其招聘到农家乐观光园工作，刘某某虽称其为种植中心工作，但其提交的照片仅显示为种植中心简介，未提交其他证据证明其与种植中心存在劳动关系，故刘某某要求确认其与种植中心存在劳动关系的诉讼请求，证据不足，法院不予支持。

审理结果

北京市昌平区人民法院〔2015〕昌民初字第 5320 号民事判决书（节选）：

驳回原告刘某某的诉讼请求。

审理机关

北京市昌平区人民法院

判决依据

《中华人民共和国民事诉讼法》第六十四条：

当事人对自己提出的主张，有责任提供证据。

当事人及其诉讼代理人因客观原因不能自行收集的证据，或者人民法院认为审理案件需要的证据，人民法院应当调查收集。

人民法院应当按照法定程序，全面地、客观地审查核实证据。

金诚同达·研析与提示

对于劳动者与某些农家乐等小微企业甚至是个体工商户之间的劳动争议，劳动者应明确用工主体。司法实践中，在认定用人单位与劳动者之间具有劳动关系时，法院通常会考虑下列因素：

（1）用人单位和劳动者符合法律、法规规定的主体资格；

（2）用人单位依法制定的各项规章制度适用于劳动者，劳动者受用人单位的劳动管理，从事用人单位安排的有报酬的劳动；

（3）劳动者提供的劳动是用人单位工作的组成部分。

通过以上内容综合评定，劳动者可以明确诉讼主体，更好地保护自身合法权益。

5. 内退职工入职其他企业，符合劳动关系特点的认定为劳动关系

案情简介

甘某原系A公司员工，2009年在该公司办理离岗退养手续，每月领取生活费800多元。2010年10月15日，甘某进入B公司上班。双方签订劳动合同约定，合同期限从2010年10月15日起至2015年10月15日止；年薪10万元，B公司每月先支付基本工资5000元，到年底再一次性支付给4万元。合同签订后，B公司每月向甘某支付基本工资5000元（未扣税）至2014年4月份。自2014年5月份至2015年2月份，B公司仅向甘某支付工资13200元，亦未按约定在每年年底一次性支付4万元。甘某在B公司工作至2015年2月，后诉至法院，要求B公司支付拖欠的工资226585元和经济补偿37499元。

另外，甘某于2014年7月在A公司办理退休手续，开始领取退休金。

审判者说

法院认为，《最高人民法院关于审理劳动争议案件适用法律若干问题的解释（三）》第九条规定，企业停薪留职人员、未达到法定退休年龄的内退人员、下岗待岗人员以及企业经营性停产放长假人员，因与新的用人单位发生用工争议，依法向人民法院提起诉讼的，人民法院应当按劳动关系处理。甘某从A公司内退后到B公司上班，在其未领取退休金之前，双方形成劳动关系。但甘某于2014年7月领取退休金后，双方即转为劳务关系。甘某主张B公司应支付经济补偿，于法无据，不予支持。甘某在B公司工作期间，B公司应当按约定向甘某及时足额支

付劳动报酬，遂依法判决B公司支付拖欠的工资210000元。

审理结果

福建省龙岩市新罗区人民法院〔2015〕龙新民初字第6742号民事判决书（节选）：

一、被告B公司应于本判决生效之日起十日内向原告支付拖欠的工资210000元；

二、驳回原告其他的诉讼请求。

审理机关

福建省龙岩市新罗区人民法院

判决依据

1.《中华人民共和国劳动合同法》第三十条：

用人单位应当按照劳动合同约定和国家规定，向劳动者及时足额支付劳动报酬。

用人单位拖欠或者未足额支付劳动报酬的，劳动者可以依法向当地人民法院申请支付令，人民法院应当依法发出支付令。

2.《最高人民法院关于审理劳动争议案件适用法律若干问题的解释（三）》第七条：

用人单位与其招用的已经依法享受养老保险待遇或领取退休金的人员发生用工争议，向人民法院提起诉讼的，人民法院应当按劳务关系处理。

3.《最高人民法院关于审理劳动争议案件适用法律若干问题的解释（三）》第八条：

企业停薪留职人员、未达到法定退休年龄的内退人员、下岗待岗人员以及企业经营性停产放长假人员，因与新的用人单位发生用工争议，依法向人民法院提起诉讼的，人民法院应当按劳动关系处理。

金诚同达·研析与提示

现实中，因国企改制、职工分流下岗、职工“下海”等历史原因，一些企业尤其是国有企业存在相当数量的停薪留职人员。此外，最近一段时间部分企业停工停产停业，客观上形成了一批停薪留职、内退、下岗待岗、放长假人员。这些人员的“组织关系”还在，但在离开原单位后，又入职其他单位从事新的工作。此时，新单位往往出于无法为此类员工办理社保手续、无法转移档案或员工与其他单位保留劳动关系等方面的考虑，认为此类员工与本单位之间未建立劳动关系，因此，不与此类员工签订劳动合同。事实上，部分单位的这种做法是对法律的误解，仍然存在法律风险，极易引发劳动争议。

为解决此类争议，最高人民法院出台的司法解释明确规定，停薪留职、内退、下岗待岗以及企业经营性停产放长假的员工，在新用人单位工作符合劳动关系特点的，应当认定为双方存在劳动关系。据此，用人单位在招聘录用内退、停薪留职等类型的员工时，应当与其签订劳动合同。否则，存在向其支付应签未签劳动合同二倍工资的法律风险。

值得注意的是，我国法律并未禁止同一劳动者与不同用人单位同时建立劳动关系。除根据相关司法解释外，根据《劳动合同法》的有关规定，劳动者如与其他单位同时建立劳动关系，用人单位可以要求其解除其他劳动关系，但并未规定其他劳动关系无效。因此，一些企业沿袭计划经济时代的思维，认为劳动关系必须是“一个萝卜一个坑”的想法，是与法律规定相悖的。

此外，用人单位在招聘录用此类员工时，还应当注意员工的退休年龄，避免劳动合同的终止期限晚于员工达到法定退休年龄的时间。本案中，法院认为员工达到退休年龄后与新单位之间的劳动关系变更为劳务关系，并驳回了员工提出的支付经济补偿的主张。但在一些地区的司法判例中，认定企业明知员工退休年龄，仍与其订立终止期限晚于退休年龄的劳动合同的，员工达到退休年龄时劳动关系并不当然终止。员工退休之日至约定的劳动合同终止之日，双方仍存在劳动关系。

6. 企业拒绝为员工办理退休手续　继续工作劳动关系延续

案情简介

1970 年 4 月宋某到临淄区某仪表成套厂工作，后工厂改制，更名为 A 公司，双方建立无固定期限劳动关系。2001 年，当宋某年满 60 周岁时，A 公司并未参照退休的有关规定为其办理退休手续，而是让其继续工作至 2007 年 3 月。2007 年 3 月，A 公司要求宋某离开 A 公司。2007 年 5 月，宋某申请仲裁，认为 A 公司违法解除劳动合同，请求其支付经济补偿。临淄区劳动争议仲裁委员会决定，对宋某的请求不予受理。后宋某提起诉讼，请求判令 A 公司立即支付其一次性经济补偿 5760 元，一审法院淄博市临淄区人民法院经审理认为，宋某虽在 A 公司工作多年，但其于 2007 年离开时，年龄已超过法定退休年龄，其要求支付一次性经济补偿金无法律依据，故对宋某的请求未予支持，宋某因此向淄博市中级人民法院提起上诉。

审判者说

二审法院认为，宋某自 1970 年开始就与 A 公司建立了长期的无固定期限劳动关系，2001 年，当宋某年满 60 周岁时，A 公司并未参照退休的有关规定为其办理退休手续，而是让其继续工作至 2007 年 3 月，说明双方劳动关系在宋某 60 周岁以后仍延续。2007 年 3 月，A 公司因宋某年龄偏高而终止双方劳动关系，依法应支付解除劳动合同经济补偿。宋某在 A 公司工作 37 年，其请求按月工资 450 元的标准计算其解除劳动合同经济补偿金 5760 元（12 个月）虽然偏低（其月工资收入低于淄博市最低工资标准），但系民事权利的自由处分，法院予以支持。

审理结果

山东省淄博市临淄区人民法院〔2007〕临民初字第2041号民事判决书（节选）：

驳回宋某的诉讼请求。案件受理费10元，由宋某负担。

山东省淄博市中级人民法院〔2008〕淄民三终字第282号民事判决书（节选）：

一、撤销临淄区人民法院〔2007〕临民初字第2041号民事判决；

二、A公司自收到本判决书之日起十日内一次性支付宋某经济补偿金5760元。一、二审案件受理费各10元，均由A公司负担。本判决为终审判决。

审理机关

山东省淄博市临淄区人民法院

山东省淄博市中级人民法院

判决依据

1.《中华人民共和国劳动合同法》第四十六条：

有下列情形之一的，用人单位应当向劳动者支付经济补偿：

（一）劳动者依照本法第三十八条规定解除劳动合同的；

（二）用人单位依照本法第三十六条规定向劳动者提出解除劳动合同并与劳动者协商一致解除劳动合同的；

（三）用人单位依照本法第四十条规定解除劳动合同的；

（四）用人单位依照本法第四十一条第一款规定解除劳动合同的；

（五）除用人单位维持或者提高劳动合同约定条件续订劳动合同，劳动者不同意续订的情形外，依照本法第四十四条第一项规定终止固定期限劳动合同的；

（六）依照本法第四十四条第四项、第五项规定终止劳动合同的；

（七）法律、行政法规规定的其他情形。

金诚同达·研析与提示

本案涉及用人单位与已达退休年龄但未办理退休手续人员用工关系性质的认定问题。关于正式离退休人员受聘后与单位之间形成的用工关系，理论界存在不同看法，一种意见认为，一律应认定为劳动关系，主要理由是离退休人员亦有劳动的权利，所提供的劳动在性质上与其他劳动者并无二致，且劳动法对劳动年龄只有下限规定，对上限并无明文规定，将离退休人员排除在劳动关系之外于法无据。另一种意见认为，应将是否办理退休手续作为重要考量因素，如已办理退休手续，应为劳务关系；如未办理，则为劳动关系。

金诚同达律师同意第二种观点。根据劳动部办公厅对《关于实行劳动合同制度若干问题的请示》的复函，对于已享受养老保险待遇的离退休人员，其与用人单位之间应签订聘用协议，聘用协议的解除不能依据《劳动法》第二十八条执行。可见，离退休人员被再次聘用时签订的不是劳动合同，不再受国家特殊保护，聘用单位无故解除协议时也无需支付经济补偿金。

本案中，宋某自1970年开始就与A公司建立了无固定期限劳动关系，当宋某年满60周岁时，A公司应该参照国家关于退休的有关规定为其办理退休手续，但其并未办理，因此，宋某不属于已办理退休手续的退休人员，仍为劳动法意义上的劳动者，双方形成的是劳动关系而非劳务关系。除山东外，广东省亦对该问题持相同看法，广东省高级人民法院、广东省劳动争议仲裁委员会《关于适用〈劳动争议调解仲裁法〉、〈劳动合同法〉若干问题的指导意见》中明确规定，用人单位招用已达法定退休年龄但未享受养老保险待遇或退休金的人员，双方形成的用工关系可按劳动关系处理。

第二章

未签订劳动合同二倍工资纠纷

关键词：劳动合同签订　二倍工资

7. 公司未签订劳动合同　依法承担支付二倍工资后果

8. 未签劳动合同二倍工资　劳动合同造假　单位被罚 20 万

9. 人事主管未签订劳动合同，法院判决企业无需支付二倍工资

10. 员工协议不能代替劳动合同　企业仍需支付未签劳动合同二倍工资

11. 双重劳动关系中未签订劳动合同不支付二倍工资

12. 因员工原因未续签劳动合同企业不承担责任

13. 股东与企业建立劳动关系的亦需签订劳动合同

7. 公司未签订劳动合同　依法承担支付二倍工资后果

案情简介

张某心于2014年11月1日入职A公司，担任客户总监一职，张某心称其入职的前三个月工资标准为每月固定6000元，自第四个月开始其每月工资为底薪4000元加提成。A公司称张某心入职的前两个月工资标准为每月固定6000元，自第三个月开始每月的工资为底薪4000元加提成，张某心在该公司正常工作至2015年3月8日，双方未签订书面劳动合同。后张某心以要求A公司向其支付工资、未签订书面劳动合同二倍工资差额、超时加班费为由向区劳动人事争议仲裁委员会提出申请。

A公司不服区劳动人事争议仲裁委员会裁决，诉至法院。法院查明相关事实后，一审判决认定，A公司作为负有管理责任的用人单位，在与劳动者建立劳动关系之后，应当及时与张某心订立书面劳动合同；在建立劳动关系之后未能履行上述法定义务，且无证据证明未签订书面劳动合同的原因在张某心，故应当向张某心支付未签订书面劳动合同的二倍工资差额。

A公司不服一审判决提起上诉：请求撤销一审判决，改判支持其公司在一审中的全部诉求。A公司上诉的主要理由是：未签订劳动合同的原因系张某心拒绝同其公司签订劳动合同；张某心在明知其公司自2015年2月16日起在相关负责人允许和安排下，方可提前休假的前提下，于2015年2月6日擅自离岗，其公司有权自该日起自动解除双方之间的劳动关系，故其公司不必支付张某心2015年1月1日至2015年3月8日期间的工资；张某心2015年1月工资应为4000元加提成，并非一审法院认定的6000元；张某心在仲裁时提交的工作证明是其盗用A公司的公章后伪造的；A公司保留追诉张某心盗用公章的刑事及民事责任的权利。

审判者说

一审法院认为，双方对张某心在2015年1月的工资标准存有争议，张某心主张其该月的工资标准为固定的6000元，而A公司则主张张某心该月的工资标准为4000元底薪加提成，但A公司对其主张未向法庭提交相应的证据，故一审法院将采信张某心的主张。

A公司虽称双方未签订劳动合同的原因在于张某心，但未就该主张向法庭提交相应的证据，一审法院对此不予采信，在此情况下，张某心要求A公司向其支付2014年12月1日至2015年3月8日期间未签订劳动合同二倍工资差额的主张，具有事实及法律依据，一审法院予以支持，对该项请求的数额一审法院亦将依照上文认定的张某心的工资标准及出勤天数进行核算。

二审法院认为，当事人对自己提出的诉讼请求所依据的事实或者反驳对方诉讼请求所依据的事实有责任提供证据加以证明。没有证据或者证据不足以证明当事人的事实主张的，由负有举证责任的当事人承担不利后果。A公司主张双方未签订劳动合同的原因在于张某心，并向法庭提交微信记录打印件作为证据，但该微信记录中并未明确涉及关于签订劳动合同问题的交涉，不能据此推断出A公司有要求张某心签订劳动合同，或张某心明确拒绝签订劳动合同的意思表示。张某心对该项证据的证明目的和关联性亦不予认可，故法院对该项证据所欲证明事项不予采信。A公司作为负有管理责任的用人单位，在与劳动者建立劳动关系之后，应当及时与张某心订立书面劳动合同。现A公司在建立劳动关系之后未能履行上述法定义务，应当向张某心支付未签订劳动合同的二倍工资差额，一审法院予以支持并无不当，法院予以维持。

综上，A公司的上诉理由不能成立，对其上诉请求，法院不予支持。一审判决正确，法院予以维持。

审理结果

北京市海淀区人民法院〔2015〕海民初字第25800号民事判决书（节选）：

一、A公司于本判决生效后七日内向张某心支付二〇一五年一月一日至二〇一五年三月八日期间的工资八千七百五十八元六角二分；

二、A公司于本判决生效后七日内向张某心支付二〇一四年十二月一日至二〇一五年三月八日期间未签订劳动合同二倍工资差额一万四千七百五十八元六角二分。

北京市第一中级人民法院〔2015〕一中民终字第9265号民事判决书（节选）：

驳回上诉，维持原判。

本判决为终审判决。

审理机关

北京市海淀区人民法院

北京市第一中级人民法院

判决依据

1.《中华人民共和国劳动合同法》第三十条第一款：

用人单位应当按照劳动合同约定和国家规定，向劳动者及时足额支付劳动报酬。

2.《中华人民共和国劳动合同法》第八十二条：

用人单位自用工之日起超过一个月不满一年未与劳动者订立书面劳动合同的，应当向劳动者每月支付二倍的工资。

用人单位违反本法规定不与劳动者订立无固定期限劳动合同的，自应当订立无固定期限劳动合同之日起向劳动者每月支付二倍的工资。

3.《中华人民共和国民事诉讼法》第一百七十条第一款第（一）项：

第二审人民法院对上诉案件，经过审理，按照下列情形，分别处理：

（一）原判决、裁定认定事实清楚，适用法律正确的，以判决、裁定方式驳回上诉，维持原判决、裁定；

……

金诚同达·研析与提示

因劳动合同具有社会化的特点和人身关系的属性，劳动合同的签订过程和具体内容往往包含着一些强制性规定。《劳动合同法》第十条关于“建立劳动关系，应当订立书面劳动合同”的规定，就属于该类法律的强制性规范。

根据该条规定可知，用人单位应采取书面的形式按照法律相关规定及时与劳动者签订书面劳动合同，否则就要承担相应的法律责任。《劳动合同法》第八十二条明确规定了不按照法定期限签订书面劳动合同用人单位应当承担的法律责任，即用人单位自用工之日起超过一个月但不满一年未与劳动者签订书面劳动合同的，应当向劳动者每月支付二倍的工资。

劳动者在入职新的单位后，若单位并未要求其签订书面劳动合同，要及时向用人单位提出要求，用书面劳动合同确定自己的工作地点、劳动报酬、工作时间等相关问题，这样在以后可能发生的诉讼中才会有书面性的文件对自己的权利进行全面的保护。

反之，若劳动者拒绝与用人单位签订书面劳动合同，法律同样赋予了用人单位终止劳动关系的选择权。即在劳动者拒绝与用人单位签订书面劳动合同的情况下，用人单位可以终止劳动关系。《劳动合同法实施条例》第五条规定，“自用工之日起一个月内，经用人单位书面通知后，劳动者不与用人单位订立书面劳动合同的，用人单位应当书面通知劳动者终止劳动关系，无需向劳动者支付经济补偿，但是应当依法向劳动者支付其实际工作时间的劳动报酬”。

但若单位无法就劳动者拒绝签订书面劳动合同的行为提交相关的证据，亦未按照《劳动合同法实施条例》第五条规定对自己的权利进行救济，行使终止劳动关系的权利，则其作为负有管理责任的用人单位，就会承担支付劳动者未签订书面劳动合同二倍工资的后果。

8. 未签劳动合同二倍工资 劳动合同造假 单位被罚 20万

案情简介

李某主张于2008年1月31日入职A公司，于2008年7月离职，于2010年11月1日再次入职，于2012年5月31日以A公司未与其签订书面劳动合同、未为其缴纳社会保险等为由向A公司发出解除通知书，要求解除双方劳动关系。A公司主张与李某自2008年1月31日至2012年5月31日期间一直存在劳动关系，但李某自2008年7月至2010年10月未正常上班，于2012年5月7日与同事争执后擅自离岗。2012年6月，李某提起劳动仲裁，要求A公司支付2010年11月1日至2012年5月31日期间未签订劳动合同的二倍工资差额等多项请求。劳动仲裁委员会未支持李某未签订劳动合同二倍工资差额的请求，后一审法院也未支持李某的诉讼请求，依据均为A公司提交的劳动合同，该合同期限自2008年1月31日至2013年1月30日，第七页有李某的签名和日期。

李某不服，向北京市第二中级人民法院提起上诉。因确信从未见过A公司提交的劳动合同，也未在该劳动合同上签过字，李某提出了司法鉴定申请。司法鉴定机构鉴定表明：A公司提交的劳动合同第七页与前六页不是同一台打印机连续打印形成，第七页系喷墨打印形成，前六页系激光打印形成，A公司提交的劳动合同存在换页情况。

审判者说

一审法院认为，诉讼当事人对自己提出的诉讼请求所依据的事实或者反驳对方诉讼请求所依据的事实有责任提供证据加以证明。没有证据或者证据不足以证明当事人的事实主张的，由负有举证责任的当事人承担不利后果。根据查明事实，A 公司为李某自 2008 年 4 月至 6 月及 2010 年 12 月至 2012 年 4 月按时缴纳社会保险。由于双方签有书面劳动合同，也不存在 A 公司拖欠工资及未缴纳社会保险的事实，故李某依据《中华人民共和国劳动合同法》第三十八条规定主张解除劳动合同经济补偿金，法院难以支持。

二审法院认为：根据本案查明的事实，A 公司与李某均认可双方自 2010 年 11 月 1 日至 2012 年 5 月 31 日存在劳动关系，法院对此予以确认。李某于二审庭审中同意放弃要求 A 公司支付其 2010 年 11 月 1 日至 2012 年 5 月 31 日期间未休年休假工资的诉讼请求，不违反法律法规的强制性规定，法院对此不持异议并予以确认。

当事人对自己的诉讼请求所依据的事实或反驳对方诉讼请求所依据的事实有责任提供证据予以证明。法院认为，A 公司无正当理由否认其于仲裁阶段自行提交的录音证据的真实性，严重违反了诚实信用原则；A 公司对武某（A 公司提交了一份李某与武某的谈话录音）是否系其公司员工的陈述先后不一，无法自圆其说，严重违反了禁反言原则，妨碍了民事诉讼的顺利进行。

根据劳动合同法相关规定，用人单位未及时足额支付劳动者劳动报酬的，劳动者有权解除双方劳动关系，用人单位依法应当支付劳动者解除劳动关系的经济补偿金。根据本案查明的事实，因 A 公司拖欠李某工资的事实成立，李某以此为由解除双方劳动关系并要求 A 公司支付其相应的经济补偿金的诉讼请求，理由正当，法院予以支持。

关于李某与 A 公司自 2010 年 11 月 1 日至 2012 年 5 月 31 日期间是否签订过书面劳动合同问题，双方争议很大。法院根据相关法律规定及北京市高级人民法院《关于委托司法鉴定工作的规定（试行）》及《关于各法院组织随机确定鉴定机构工作的通知》等相关规定，依法定程序摇号确定并委托北京明正司法鉴定中心对 A 公司提交的前述 5 年期劳动合同第 7 页与其他各页是否为同一台打印机一次性打印形成及是否存在换页情况进行了司法鉴定。相关鉴定结论显示，该劳动合同的第 7 页与第 1–6 页不是同一台打印机连续打印形成，存在换页现象。因该鉴定结论足以否定A公司提交的前述5年期劳动合同的真实性，故法院对该劳动合同不予采信。

根据劳动合同法相关规定，用人单位自用工之日起超过一个月不满一年未与劳动者订立书面劳动合同的，应当向劳动者每月支付二倍的工资。用人单位向劳动者支付二倍工资的期间为用工之日起满一个月的次日起至满一年的前一日，最长不超过十一个月。满一年后，应视为用人单位与劳动者之间已签订无固定期限劳动合同，劳动者再要求用人单位支付二倍工资的，不予支持。本案中，李某主张其自2010年11月1日入职A公司后，双方从未签订过劳动合同。A公司对此虽不予认可，但在其所提交的5年期劳动合同的真实性被否定的情况下，其并无其他证据能证明2010年11月1日至2012年5月31日期间曾与李某签订有书面劳动合同，故法院认定2010年11月1日至2012年5月31日期间A公司并未与李某签订过书面劳动合同。原审法院相关认定错误，法院予以改判。

审理结果

北京市东城区人民法院〔2013〕东民初字第9256号民事判决书（节选）：

一、确认A公司与李某于二〇一〇年十一月一日至二〇一二年五月三十一日存在劳动关系；

二、自判决生效之日起七日内，A公司支付李某二〇一二年五月工资人民币四百六十九元六角六分；

三、A公司无需支付李某二〇一〇年十二月一日至二〇一二年五月三十一日未休年假工资人民币一千九百三十一元零三分；

四、A公司无需支付李某二〇一二年四月工资人民币一千一百三十一元；

五、驳回A公司的其他诉讼请求；

六、驳回李某的其他诉讼请求。

北京市第二中级人民法院〔2014〕二中民终字第01897号民事判决书（节选）：

一、维持北京市东城区人民法院〔2013〕东民初字第9256号民事判决第一、三项；

二、撤销北京市东城区人民法院〔2013〕东民初字第9256号民事判决第四、五、六项；

三、变更北京市东城区人民法院〔2013〕东民初字第9256号民事判决第二项为：自本判决生效之日起七日内，A公司支付李某二〇一二年五月工资六百九十元；

四、自本判决生效之日起七日内，A公司支付李某二〇一二年四月工资一千一百三十一元；

五、自本判决生效之日起七日内，A公司支付李某解除劳动关系的经济补偿金六千元；

六、自本判决生效之日起七日内，A公司支付李某二〇一〇年十二月一日至二〇一一年十月三十一日期间未签订书面劳动合同的双倍工资差额三万三千元；

七、驳回A公司的其他诉讼请求；

八、驳回李某的其他诉讼请求。

如果未按本判决指定期间履行给付金钱义务，应当依照《中华人民共和国民事诉讼法》第二百五十三条之规定，加倍支付迟延履行期间的债务利息。

本判决为终审判决。

注：判决生效后，北京市第二中级人民法院认为A公司伪造案件重要证据，严重妨碍了法院对案件的正常审理，情节非常恶劣，为了维护正常的诉讼秩序，依据《民事诉讼法》第一百一十一条第一款第（一）项、第一百一十五条第一款之规定，对A公司作出了20万元罚款的决定，于2015年4月13日强制执行完毕。

审理机关

北京市东城区人民法院

北京市第二中级人民法院

判决依据

1.《中华人民共和国劳动法》第五十条：

工资应当以货币形式按月支付给劳动者本人。不得克扣或者无故拖欠劳动者的工资。

2.《中华人民共和国劳动合同法》第十条：

建立劳动关系，应当订立书面劳动合同。

已建立劳动关系，未同时订立书面劳动合同的，应当自用工之日起一个月内订立书面劳动合同。

用人单位与劳动者在用工前订立劳动合同的，劳动关系自用工之日起建立。

3.《中华人民共和国劳动合同法》第三十八条：

用人单位有下列情形之一的，劳动者可以解除劳动合同：

（一）未按照劳动合同约定提供劳动保护或者劳动条件的；

（二）未及时足额支付劳动报酬的；

（三）未依法为劳动者缴纳社会保险费的；

（四）用人单位的规章制度违反法律、法规的规定，损害劳动者权益的；

（五）因本法第二十六条第一款规定的情形致使劳动合同无效的；

（六）法律、行政法规规定劳动者可以解除劳动合同的其他情形。

用人单位以暴力、威胁或者非法限制人身自由的手段强迫劳动者劳动的，或者用人单位违章指挥、强令冒险作业危及劳动者人身安全的，劳动者可以立即解除劳动合同，不需事先告知用人单位。

4.《中华人民共和国劳动合同法》第四十六条：

有下列情形之一的，用人单位应当向劳动者支付经济补偿：

（一）劳动者依照本法第三十八条规定解除劳动合同的；

（二）用人单位依照本法第三十六条规定向劳动者提出解除劳动合同并与劳动者协商一致解除劳动合同的；

（三）用人单位依照本法第四十条规定解除劳动合同的；

（四）用人单位依照本法第四十一条第一款规定解除劳动合同的；

（五）除用人单位维持或者提高劳动合同约定条件续订劳动合同，劳动者不同意续订的情形外，依照本法第四十四条第一项规定终止固定期限劳动合同的；

（六）依照本法第四十四条第四项、第五项规定终止劳动合同的；

（七）法律、行政法规规定的其他情形。

5.《中华人民共和国劳动合同法》第四十七条：

经济补偿按劳动者在本单位工作的年限，每满一年支付一个月工资的标准向劳动者支付。六个月以上不满一年的，按一年计算；不满六个月的，向劳动者支付半个月工资的经济补偿。

劳动者月工资高于用人单位所在直辖市、设区的市级人民政府公布的本地区上年度职工月平均工资三倍的，向其支付经济补偿的标准按职工月平均工资三倍的数额支付，向其支付经济补偿的年限最高不超过十二年。

本条所称月工资是指劳动者在劳动合同解除或者终止前十二个月的平均工资。

6.《中华人民共和国劳动合同法》第八十二条：

用人单位自用工之日起超过一个月不满一年未与劳动者订立书面劳动合同的，应当向劳动者每月支付二倍的工资。

用人单位违反本法规定不与劳动者订立无固定期限劳动合同的，自应当订立无固定期限劳动合同之日起向劳动者每月支付二倍的工资。

7.《中华人民共和国民事诉讼法》第一百七十条第一款第（二）项：

第二审人民法院对上诉案件，经过审理，按照下列情形，分别处理：

……

（二）原判决、裁定认定事实错误或者适用法律错误的，以判决、裁定方式依法改判、撤销或者变更；

……

金诚同达·研析与提示

在劳动争议案件中，当事人进行虚假陈述、提交虚假证据的情况正是当前社会诚信危机的一个缩影。现实中，个别用人单位抱有侥幸心理，利用其自身的天然优势进行虚假陈述、提交虚假证据，以掩盖其管理缺位的事实，从而规避法律责任，这就大大增加了本就处于弱势地位的劳动者依法维权的难度。

从中我们不难发现，用人单位的管理缺位是导致未签订劳动合同二倍工资争议的深层原因。因此，为了有效避免因未签订劳动合同而支付二倍工资的法律风险，用人单位还是应当加强和完善自身的企业管理，而不能投机取巧。

总之，对于未签订劳动合同二倍工资纠纷类案件，应当合理地适用举证责任分配原则，才能有效遏制当事人提交虚假证据的不诚信诉讼行为。

9. 人事主管未签订劳动合同，法院判决企业无需支付二倍工资

案情简介

2015 年 5 月 1 日，蔡某入职 A 公司，任职人事经理，双方没有签订劳动合同。2016 年 3 月 9 日，A 公司在员工会议上以蔡某不服从公司安排、散布对公司不利言词为由宣布开除蔡某。双方因此发生纠纷，蔡某申请劳动仲裁，要求 A 公司支付 2015 年 6 月至 2016 年 3 月未签订劳动合同二倍工资差额 55000 元等。

仲裁裁决 A 公司向蔡某支付 2015 年 6 月 1 日至 2016 年 3 月 9 日未签订劳动合同二倍工资差额 45744.34 元。蔡某、A 公司均不服仲裁裁决向一审法院起诉。

一审判后，A 公司不服，提起上诉。上诉请求：1. 撤销广州市荔湾区人民法院〔2016〕粤 0103 民初 3095、3211 号民事判决第三项；2. 改判 A 公司无须向蔡某支付 2015 年 6 月 1 日至 2016 年 3 月 9 日未签订书面劳动合同二倍工资差额 50270 元。

审判者说

一审法院认为，蔡某与 A 公司存在事实劳动关系。A 公司作为用人单位，依法应当与劳动者订立书面劳动合同。故蔡某要求 A 公司支付应签未签书面劳动合同的二倍工资差额，于法有据，法院予以支持。

二审法院认为，关于未签书面劳动合同的二倍工资差额问题，根据双方陈述及证人证言可知，蔡某在 A 公司担任人事主管，其工作职责包括员工劳动合同的签订和保管。蔡某虽然不能同时代理 A 公司与其本人签订劳动合同，但要求 A 公

司与其签订书面劳动合同，不仅是其作为劳动者的权利，也是其作为人事主管的职责。蔡某虽然表示就未签书面劳动合同一事向A公司提出过异议，但也确认只是口头提出并没有任何证据证明。A公司对此并不确认，而是主张双方签订过书面劳动合同，但蔡某没有与公司进行离职交接，即利用其工作便利拿走自己的劳动合同。法院认为，首先，蔡某确认其负责劳动合同的签订和保管，即表明其掌握有A公司员工的劳动合同，但蔡某却没有提交证据证明离职时已经将其保管的劳动合同交还给公司；其次，暂且不论交接问题，即便如蔡某主张，双方没有签订书面劳动合同，但作为人事主管，蔡某没有证据证明其向A公司提出过签订书面劳动合同的要求，即履行了自己应尽的工作职责，因而，与其他普通劳动者不同，作为人事主管，蔡某不能证明不签订书面劳动合同的主要过错在于A公司而不是自己的失职，在此情况下，蔡某要求A公司支付未签订书面劳动合同二倍工资差额的依据不足，法院不予支持。

审理结果

广东省广州市荔湾区人民法院〔2016〕粤0103民初3095、3211号民事判决书（节选）：

一、确认蔡某与A公司在2015年5月1日至2016年3月9日期间存在劳动关系；

二、A公司自本判决发生法律效力之日起7日内向蔡某支付违法解除劳动关系经济赔偿金10666.66元；

三、A公司自本判决发生法律效力之日起7日内向蔡某支付2015年6月1日至2016年3月9日未签订劳动合同二倍工资差额50270元；

四、A公司自本判决发生法律效力之日起7日内向蔡某支付2016年2月工资5500元；

五、A公司自本判决发生法律效力之日起7日内向蔡某支付2016年3月1日至3月21日工资3793.10元；

六、驳回蔡某其余诉讼请求；

七、驳回A公司其余诉讼请求。

广东省广州市中级人民法院〔2016〕粤01民终12793、12794号民事判决书（节选）：

一、维持广州市荔湾区人民法院〔2016〕粤0103民初3095、3211号第一、二、四、五、六项及案件受理费负担的决定；

二、撤销广州市荔湾区人民法院〔2016〕粤0103民初3095、3211号民事判决第三、七项；

三、驳回A公司的其他诉讼请求。

如果未按本判决指定的期间履行给付金钱义务的，应当依照《中华人民共和国民事诉讼法》第二百五十三条之规定，加倍支付迟延履行期间的债务利息。

审理机关

广东省广州市荔湾区人民法院

广东省广州市中级人民法院

判决依据

1.《中华人民共和国民事诉讼法》第一百七十条第一款：

第二审人民法院对上诉案件，经过审理，按照下列情形，分别处理：

（一）原判决、裁定认定事实清楚，适用法律正确的，以判决、裁定方式驳回上诉，维持原判决、裁定；

（二）原判决、裁定认定事实错误或者适用法律错误的，以判决、裁定方式依法改判、撤销或者变更；

（三）原判决认定基本事实不清的，裁定撤销原判决，发回原审人民法院重审，或者查清事实后改判；

（四）原判决遗漏当事人或者违法缺席判决等严重违反法定程序的，裁定撤销原判决，发回原审人民法院重审。

金诚同达·研析与提示

《劳动合同法》出台前，实践中存在大量企业不与员工签订劳动合同，致使员工维权困难的情况。为充分提高劳动合同签订率，保障劳动者合法权益，《劳动合同法》规定，企业应与员工签订书面劳动合同，并规定员工入职后一个月内不签订书面劳动合同的，企业应当向员工每月支付二倍工资差额。

现实中，一些员工故意不签订书面劳动合同的“碰瓷”现象时有发生，企业不胜其扰。因此，在实践中，存在未签订劳动合同但企业不支付二倍工资的例外情况。第一，以本案为例，未签订书面劳动合同的员工系企业主要管理者，如总经理、副总经理等，其工作职责中包含自身劳动合同签订事项的，或为负责人事工作的管理人员时，由于签订书面劳动合同既是作为劳动者的权利，又是其工作职责和义务，除非员工提出签订劳动合同的要求被企业拒绝的，否则员工个人对未签订劳动合同的后果存在过错，主张二倍工资差额一般不会受到支持。第二，对《公司法》或企业章程规定的高级管理人员，其根据《公司法》规定与企业或股东会、董事会签订聘用协议。如该聘用协议包含劳动合同的要件，即使没有冠以劳动合同的名称，也应认定企业履行了与其签订书面劳动合同的义务。

10. 员工协议不能代替劳动合同　企业仍需支付未签劳动合同二倍工资

案情简介

2015 年 11 月 9 日，田某进入 A 酒店工作，任技术部指压技师，双方未签订书面劳动合同，A 酒店未为田某缴纳社会保险。在入职当日，田某签署《员工协议》，该协议约定培训期工资发放标准、如何管理考勤、如何申请假期、申请事假如何计算工时、如何遵守宿舍管理制度、如何申请离职、公司规章制度等内容。

2016 年 3 月 31 日，田某从 A 酒店处离职，后要求 A 酒店支付未签劳动合同二倍工资差额 40000 元并补缴社会保险。

审判者说

法院认为，A 酒店与田某签订的员工协议并不具备劳动合同法所规定的劳动合同必备条款，该员工协议对于劳动合同期限、工资标准、工作时间、终止条件均未有明确约定，协议更多体现的是员工对其规章制度的确认和申明，因此 A 酒店主张员工协议应视为劳动合同的理由不能成立，法院认定 A 酒店未与田某签订劳动合同，应当承担未签书面劳动合同的法律责任。

审理结果

江苏省昆山市人民法院〔2016〕苏 0583 民初 9217 号民事判决书（节选）：

原告 A 酒店支付田某 2015 年 12 月 9 日至 2016 年 3 月 31 日期间未签劳动合同二倍工资差额 27009.83 元，于本判决生效后十日内支付。

审理机关

江苏省昆山市人民法院

判决依据

1.《中华人民共和国劳动合同法》第十七条：

劳动合同应当具备以下条款：

（一）用人单位的名称、住所和法定代表人或者主要负责人；

（二）劳动者的姓名、住址和居民身份证或者其他有效身份证件号码；

（三）劳动合同期限；

（四）工作内容和工作地点；

（五）工作时间和休息休假；

（六）劳动报酬；

（七）社会保险；

（八）劳动保护、劳动条件和职业危害防护；

（九）法律、法规规定应当纳入劳动合同的其他事项。

劳动合同除前款规定的必备条款外，用人单位与劳动者可以约定试用期、培训、保守秘密、补充保险和福利待遇等其他事项。

2.《中华人民共和国劳动合同法》第八十二条：

用人单位自用工之日起超过一个月不满一年未与劳动者订立书面劳动合同的，应当向劳动者每月支付二倍的工资。

用人单位违反本法规定不与劳动者订立无固定期限劳动合同的，自应当订立无固定期限劳动合同之日起向劳动者每月支付二倍的工资。

金诚同达·研析与提示

《劳动合同法》规定，企业的名称、住所和法定代表人或者主要负责人，员工的姓名、住址和居民身份证或者其他有效身份证件号码，劳动合同期限，工作内容和工作地点，工作时间和休息休假，劳动报酬，社会保险，劳动保护、劳动条件和职业危害防护等为劳动合同的法定条款。

本案中，企业与员工签订的《员工协议》，并不具备劳动合同的法定必备条款，该协议体现的更多的是企业对于员工的管制和约束，要求员工对企业的规章制度予以确认和声明。因此，并不能依此认为双方签订了劳动合同，企业亦因此向员工支付未签订劳动合同的二倍工资。

在司法实践中，部分判例认为，考察企业是否履行了与员工签订书面劳动合同的法定义务，不应当将双方签订法律文件的名称仅仅局限为"劳动合同"。如双方签订了"入职协议""聘用协议"等法律文件，且相关法律文件包含了劳动合同的全部要件，可以认定为双方签订了书面劳动合同。尽管如此，从企业合规运营的角度而言，企业仍然应当与员工签订以"劳动合同书"为名的书面劳动合同，对于签订劳动合同一事，既不要心存侥幸，也不要试图打"擦边球"，否则，只会给自己增加诉累，最终损害的仍是企业的利益。

11. 双重劳动关系中未签订劳动合同不支付二倍工资

案情简介

2011年9月至2013年3月期间，原告俞某系某人力资源公司职工，从事汽车钢圈的生产工作，并由人力资源公司为其缴纳职工基本养老保险等。2013年1月，原告俞某在人力资源公司工作的同时，在被告某建材公司从事铲车驾驶工作，当月领取了劳动报酬3100元。同年2月，该劳动关系终止。俞某认为，其自2012年10月开始至2013年2月6日春节前一直在建材公司处工作，虽建材公司借故拖延不予签订劳动合同，但双方已形成事实上的劳动关系，公司无故终止劳动关系违法，并要求建材公司支付未签订劳动合同的二倍工资。

审判者说

法院经审理认为，根据《劳动合同法》第八十二条第一款规定，用人单位自用工之日起超过一个月不满一年未与劳动者订立书面劳动合同的，应当向劳动者每月支付二倍的工资。虽然法律规定签订书面劳动合同是用人单位的法定义务，但劳动合同本质上还是合同，是双方的合意，因此书面合同是否签订，不仅取决于用人单位，还取决于劳动者或者其他客观原因。因此，关于是否应支付应签未签劳动合同二倍工资这一问题，关键应考量未签订书面劳动合同的原因。如果是用人单位的原因，用人单位应当支付二倍工资，如果是其他原因包括劳动者的原因，用人单位不需要支付二倍工资。

本案中，原告俞某上班伊始就与人力资源公司存在劳动关系，在两个单位间隔上班。依照劳动合同法第三十九条第（四）项规定，劳动者同时与其他用人单位建立劳动关系，对完成本单位的工作任务造成严重影响，或者经用人单位提出，拒不改正的，依照《劳动合同法》规定的条件、程序，用人单位可以与劳动者解除固定期限劳动合同、无固定期限劳动合同或者以完成一定工作任务为期限的劳动合同。故被告建材公司在已经知道原告俞某与其他用人单位建立劳动合同关系的情形下，有理由可以在规定的期限内拒绝与原告俞某签订书面劳动合同并终止劳动关系。建材公司未与原告俞某签订书面劳动合同具有客观原因，该原因不可归责于其自身。对于这种确系不可归责于用人单位的原因导致未签订书面劳动合同的情形，如果让用人单位支付二倍工资，对用人单位不公平。本案原告俞某在两个单位从事的工作均需亲力亲为，都具有一定的劳动强度，原告俞某的劳动行为不利于保障安全生产。故原告俞某主张劳动关系而要求被告建材公司支付二倍工资的请求，法院依法不予支持。

审理结果

浙江省桐庐县人民法院〔2013〕杭桐民初字第530号民事判决书（节选）：

判决驳回原告俞某的诉讼请求。

浙江省杭州市中级人民法院〔2013〕浙杭民终字第2732号民事判决书（节选）：

驳回上诉，维持原判。

审理机关

浙江省桐庐县人民法院

浙江省杭州市中级人民法院

判决依据

1.《中华人民共和国劳动合同法》第十条：

建立劳动关系，应当订立书面劳动合同。

已建立劳动关系，未同时订立书面劳动合同的，应当自用工之日起一个月内订立书面劳动合同。

用人单位与劳动者在用工前订立劳动合同的，劳动关系自用工之日起建立。

2.《中华人民共和国劳动合同法》第八十二条：

用人单位自用工之日起超过一个月不满一年未与劳动者订立书面劳动合同的，应当向劳动者每月支付二倍的工资。

用人单位违反本法规定不与劳动者订立无固定期限劳动合同的，自应当订立无固定期限劳动合同之日起向劳动者每月支付二倍的工资。

金诚同达·研析与提示

本案是一起双重劳动关系和二倍工资交织的劳动争议纠纷。《劳动合同法》第八十二条第一款规定，用人单位自用工之日起超过一个月不满一年未与劳动者订立书面劳动合同的，应当向劳动者每月支付二倍的工资。

如确因劳动者的原因而未订立书面劳动合同的，用人单位可以不向劳动者支付二倍工资。但劳动者存在双重劳动关系是否属于用人单位免责的情形，当前存在两种不同观点。一种观点认为，我国《劳动合同法》规定，劳动者存在双重劳动关系且经用人单位提出后拒不改正，属于用人单位解除劳动合同法定事由，类似地，用人单位亦可拒绝与其签订劳动合同，此亦即本案法院的处理思路。另一种观点认为，根据我国现行法律规定，如用人单位无法就劳动者拒绝签订书面劳动合同的行为提交相关证据，亦未按照《劳动合同法实施条例》的规定对自己的权利进行救济，行使终止劳动关系的权利，则用人单位作为负有管理责任的主体，应承担支付劳动者未签订书面劳动合同二倍工资的后果。

就本案而言，金诚同达律师认为，如建材公司自用工之日起一个月内，向俞某发出书面通知，但俞某拒绝与其订立书面劳动合同的，建材公司有权与其终止劳动关系，且无需向劳动者支付经济补偿。除此之外，建材公司未与俞某签订劳动合同的情形，不能作为未签劳动合同的免责事由。

12. 因员工原因未续签劳动合同企业不承担责任

案情简介

2014年9月，孙某入职A幼儿园，与A幼儿园签订劳动合同，后被分派到B幼儿园担任幼师工作。2015年7月1日，A幼儿园又以A学前教育集团（甲方）的名义与孙某（乙方）续签一年固定期劳动合同，约定：甲方根据乙方掌握的知识和技能等情况安排乙方从事教师岗位工作，工作地点在A学前教育集团，甲方根据工作的需要和乙方的工作表现，经与乙方协商一致，可以变更乙方的工作岗位或工作地点；甲方支付给乙方的工资不得低于区最低工资标准或依法签订的集体劳动合同中约定的最低工资水平；双方约定乙方的工资实行月工资，月工资为1450元，由甲方以货币形式在次月15日前支付，甲方不得克扣和无故拖欠。

2015年12月18日，杭州市某区教育局向A幼儿园出具关于终止合作办园的告知书1份，告知A幼儿园根据相关政策的规定，决定于合作到期（即2016年7月31日）后将B幼儿园园舍收归教育局管理使用。2016年7月1日，B幼儿园召开全体会议，幼儿园负责人就续签劳动合同的劳动条件等情况作了阐述，如工资将提高及需变更工作地点等。嗣后，孙某认为续签劳动合同的工资、福利等总收入（包括区政府相关部门对非事业编制教师收入待遇补助）可能降低而不同意续签劳动合同，故未与B幼儿园续签劳动合同，双方劳动合同终止。孙某认为，B幼儿园终止双方劳动合同，应当支付经济补偿。

审判者说

法院认为，关于本案双方在劳动合同到期后未再续签系事实，用人单位是否应当支付经济补偿，应当依照《中华人民共和国劳动合同法》第四十六条第（五）项的规定依法认定，即核心在于未能续签劳动合同的原因。

首先，本案双方劳动合同到期、B幼儿园因合作期届满即将撤并、A幼儿园就包括劳动合同的续签等相关事宜召开了教职工会议事实清楚；A幼儿园的出庭证人证言及补强书证（二位续签了劳动合同的教师的对比工资清单），证明续签后的工资待遇高于原有工资待遇的事实。本案证人周某系当时的单位负责人及上述会议的组织者，作证时已经离职，证人张某参加了上述会议、续签了劳动合同，系补强书证中之一人；孙某对该二项证据虽有异议，但并未提供相应的反驳证据。鉴于证人对所证明的事实具有证明的能力资格，与本案双方均无明显利害关系，相关事实及证据能够相互印证，故法院采信证言，并结合单位在劳动合同到期后又为孙某缴纳了2016年7月份的社会保险的事实，认定双方未能续签劳动合同的原因在孙某并无不当。

其次，《劳动合同书》中约定的工作地点为A学前教育集团，用人单位将工作地点安排至A学前教育集团下属其他幼儿园，事由正当且不违背合同约定。孙某要求A幼儿园支付经济补偿的理由不能成立，故法院驳回了该项诉讼请求。

审理结果

浙江省杭州市西湖区人民法院〔2017〕浙0109民初299号民事判决书（节选）：

A幼儿园无须支付孙某经济补偿金3720元。

浙江省杭州市中级人民法院〔2017〕浙01民终3303号民事判决书（节选）：

驳回上诉，维持原判。

审理机关

浙江省杭州市西湖区人民法院

浙江省杭州市中级人民法院

判决依据

1.《中华人民共和国劳动合同法》第四十四条：

有下列情形之一的，劳动合同终止：

（一）劳动合同期满的；

（二）劳动者开始依法享受基本养老保险待遇的；

（三）劳动者死亡，或者被人民法院宣告死亡或者宣告失踪的；

（四）用人单位被依法宣告破产的；

（五）用人单位被吊销营业执照、责令关闭、撤销或者用人单位决定提前解散的；

（六）法律、行政法规规定的其他情形。

2.《中华人民共和国劳动合同法》第四十六条：

有下列情形之一的，用人单位应当向劳动者支付经济补偿：

（一）劳动者依照本法第三十八条规定解除劳动合同的；

（二）用人单位依照本法第三十六条规定向劳动者提出解除劳动合同并与劳动者协商一致解除劳动合同的；

（三）用人单位依照本法第四十条规定解除劳动合同的；

（四）用人单位依照本法第四十一条第一款规定解除劳动合同的；

（五）除用人单位维持或者提高劳动合同约定条件续订劳动合同，劳动者不同意续订的情形外，依照本法第四十四条第一项规定终止固定期限劳动合同的；

（六）依照本法第四十四条第四项、第五项规定终止劳动合同的；

（七）法律、行政法规规定的其他情形。

金诚同达·研析与提示

依照《劳动合同法》规定，劳动合同到期用人单位不续签劳动合同，需要支付给劳动者经济补偿，但是如果用人单位已经向劳动者提出续订劳动合同，且续订劳动合同的条件不低于原劳动合同的条件，即维持或者提高原条件，而劳动者不愿意续签劳动合同的，那么用人单位无需支付经济补偿金。对此，用人单位应承担关于在其维持或者提高条件的情况下，劳动者不愿意续签劳动合同的证明责任。

本案中，幼儿园在劳动合同到期前 1 个月明确向孙某提出续签劳动合同，并向其告知续签后的劳动条件，在 A 幼儿园已证明续签事宜及续签后劳动条件优于原劳动合同的情况下，孙某拒绝签订新劳动合同，不可归咎于幼儿园。

关于孙某所提出的续签后劳动地点变更，从而主张实际劳动条件变差而拒绝续签的抗辩，事实上涉及续签劳动合同工作变更的尺度问题。就当前司法实践而言，通常会结合事实综合考虑公司变更工作地点是否合理。本案中，法院亦采用了上述审判思路。A 幼儿园被教育局要求终止办学，故与劳动者约定变更工作地点，且变更后的工作地点仍属 A 学前教育集团，法院据此认定幼儿园变更工作地点属合理安排，并无不当。除考量变更工作地点是否合理外，法院一般也将“变更工作地点是否将给员工带来不便”“如带来不便，用人单位是否作出相应补偿”等因素纳入考量范围，综合判断公司变更工作地点是否属于降低劳动条件。

13. 股东与企业建立劳动关系的亦需签订劳动合同

案情简介

宁波A美容院系个体工商户，于2014年8月13日成立，马某系经营者，该美容院于2016年10月9日被注销。邹某于2014年8月入职，既是该美容院的员工又是该美容院的股东。邹某工作期间，A美容院未与其签订劳动合同，也未为其缴纳社会保险费用。2016年8月，邹某因个人原因离职。

2016年10月8日，邹某以A美容院未与其签订劳动合同、未为其缴纳社会保险为由申请仲裁，要求美容院承担相应责任。但因美容院于10月9日被市场监督管理局准予注销登记，劳动人事争议仲裁委员会终止了该案的审理。后邹某以马某未与其签订劳动合同、未为其缴纳社会保险为由，再次申请劳动仲裁，要求马某支付解除劳动合同的经济补偿4689.84元、未签订劳动合同二倍工资差额25794.12元，并为其补缴2014年8月至2016年8月期间的基本养老保险和基本医疗保险。

审判者说

法院认为，美容院于2016年10月9日注销，因其系个体工商户，故其存续期间因劳动关系产生的权利义务应由经营者马某承担。马某抗辩邹某系美容院股东，故无需签订劳动合同及缴纳社会保险费用，缺乏法律依据，法院不予支持。关于经济补偿，邹某系以“因个人原因”为由提出辞职，不符合劳动合同法规定的情形，故其要求马某支付经济补偿缺乏依据。

关于未签订书面劳动合同二倍工资，法院认为，用人单位自用工之日起满一年未与劳动者订立书面劳动合同的，自用工之日起满一个月的次日至满一年的前一日应当依照《劳动合同法》第八十二条的规定向劳动者每月支付二倍工资，并视为自用工之日起满一年的当日已经与劳动者订立无固定期限劳动合同，应当立即与劳动者补订书面劳动合同。

邹某于2014年8月入职，至2016年8月正式离职期间，A美容院一直未与其签订书面劳动合同，按照劳动合同法的规定，邹某可主张二倍工资的期间是2014年9月13日至2015年8月12日，此后则视为双方已签订无固定期限劳动合同。现邹某主张未签订书面劳动合同的期间是2015年9月1日至2016年7月31日，该期间在法律上实际已视为已签订无固定期限劳动合同，且法律并不支持该期间的二倍工资差额，因此，邹某主张该期间未签订书面劳动合同二倍工资差额缺乏依据，法院不予支持。

审理结果

浙江省宁波市海曙区人民法院〔2017〕浙0203民初1021号民事判决书（节选）：

一、马某应于判决书生效之日起五日内至宁波市海曙区社会保险征缴机构为邹某缴纳2014年8月至2016年8月期间基本养老保险费及基本医疗保险费；其中邹某、马某各自承担各自应承担的款项，具体金额由宁波市海曙区社会保险征缴机构核算；

二、驳回邹某的其他诉讼请求。

浙江省宁波市中级人民法院〔2017〕浙02民终1364号民事判决书（节选）：

驳回上诉，维持原判。

审理机关

浙江省宁波市海曙区人民法院

浙江省宁波市中级人民法院

判决依据

1.《中华人民共和国劳动合同法》第三十八条第一款：

用人单位有下列情形之一的，劳动者可以解除劳动合同：

（一）未按照劳动合同约定提供劳动保护或者劳动条件的；

（二）未及时足额支付劳动报酬的；

（三）未依法为劳动者缴纳社会保险费的；

（四）用人单位的规章制度违反法律、法规的规定，损害劳动者权益的；

（五）因本法第二十六条第一款规定的情形致使劳动合同无效的；

（六）法律、行政法规规定劳动者可以解除劳动合同的其他情形。

2.《中华人民共和国劳动合同法》第四十六条：

有下列情形之一的，用人单位应当向劳动者支付经济补偿：

（一）劳动者依照本法第三十八条规定解除劳动合同的；

（二）用人单位依照本法第三十六条规定向劳动者提出解除劳动合同并与劳动者协商一致解除劳动合同的；

（三）用人单位依照本法第四十条规定解除劳动合同的；

（四）用人单位依照本法第四十一条第一款规定解除劳动合同的；

（五）除用人单位维持或者提高劳动合同约定条件续订劳动合同，劳动者不同意续订的情形外，依照本法第四十四条第一项规定终止固定期限劳动合同的；

（六）依照本法第四十四条第四项、第五项规定终止劳动合同的；

（七）法律、行政法规规定的其他情形。

3.《中华人民共和国劳动合同法》第八十二条：

用人单位自用工之日起超过一个月不满一年未与劳动者订立书面劳动合同的，应当向劳动者每月支付二倍的工资。

用人单位违反本法规定不与劳动者订立无固定期限劳动合同的，自应当订立无固定期限劳动合同之日起向劳动者每月支付二倍的工资。

4.《中华人民共和国劳动合同法实施条例》第七条：

用人单位自用工之日起满一年未与劳动者订立书面劳动合同的，自用工之日起满一个月的次日至满一年的前一日应当依照劳动合同法第八十二条的规定向劳动者每月支付两倍的工资，并视为自用工之日起满一年的当日已经与劳动者订立无固定期限劳动合同，应当立即与劳动者补订书面劳动合同。

金诚同达·研析与提示

现实生活中，存在大量公司股东直接参与公司的经营和管理、直接担任公司的法定代表人或者部门负责人的情形。

就浙江省大部分司法实践情况而言，倾向于认为公民个人可同时具有公司股东和公司员工的双重身份，作为股东，相关权利义务受公司法调整；作为员工，有关法律关系受劳动法规制。换言之，此两种身份不能混同。如果基于身份“混同”的认知而未与作为“股东”的员工签订书面劳动合同，且未能提供证据证明未签订的原因在于作为“股东”的员工，则公司在法律层面将直接面临承担《劳动合同法》第八十二条关于应签未签劳动合同二倍工资的惩罚性责任。

但事实上，就该问题而言，其他地区亦存在不同的审判思路。以北京地区为例，对于股东、合伙人等特殊身份者是否属于劳动法意义上的劳动者，法院倾向于结合具体事实，判断其是否受用人单位实际控制和管理，认定其是否具有劳动者身份。

第三章

劳动合同的履行与变更纠纷

关键词：劳动合同履行　变更工作地点　调岗降薪

14. “同工同酬”不等同于相同岗位、等额薪酬

15. 待岗员工也有权得到达标生活费

16. 用人单位不得违法单方安排劳动者待岗

17. 用人单位变更劳动合同　应与劳动者协商一致

18. 擅自调岗至异地　员工可以说不

19. 与劳动者协商变更劳动合同需提供具体岗位

20. 业务终止无法提供原岗位，企业依情势变更调岗合法

14.“同工同酬”不等同于相同岗位、等额薪酬

案情简介

2011 年 7 月，陈某与 A 公司签订劳动合同，并被派遣至 B 公司担任行政助理，年薪 84000 元。

2013 年 7 月，陈某与 A 公司的劳动关系到期终止，陈某与 B 公司用工关系已结束。陈某诉至法院，主张因 B 公司非派遣员工李某某离职，其于 2013 年 4 月接替了李某某的全部工作，但工资待遇远远低于李某某，要求 B 公司和 A 公司支付其工资差额及经济补偿金等。

B 公司辩称公司与陈某签订《聘用意向书》，约定陈某担任行政助理，年薪 84000 元，与陈某与 A 公司签订劳动合同一致，公司也已按此约定向陈某足额支付了工资，不存在拖欠。陈某和李某某的职位种类和级别不同。李某某为高级行政助理，后升为行政主管，而陈某为行政助理，属于 B 级职位，低于李某某的职位。陈某与公司其他同级别员工薪酬待遇相当，甚至略高；陈某与李某某教育背景、工作经验、工作职位及工作能力不同。此外，李某某离职后，陈某只接替了其部分工作，没有导致其额外加班，且仅有数周时间，就该等临时性和协助性工作主张同工同酬，没有事实和法律依据。

2013 年 7 月 15 日，陈某申诉至北京市朝阳区劳动人事争议仲裁委员会，要求 B 公司支付违法退回经济赔偿金 30800 元、支付提前退回的代通知金 7700 元、A 公司支付不续签合同的经济补偿 15400 元、B 公司支付 2011 年 7 月 28 日至 2013 年 6 月 30 日同工同酬工资差额 190798.3 元及 25% 经济补偿金 47699.58 元、B 公司支付 2013 年 5 月报销费 743.71 元、翻译费 600 元。

2013 年 10 月 12 日，北京市朝阳区劳动人事争议仲裁委员会作出裁决书，裁决驳回陈某的申请请求。陈某不服仲裁裁决，起诉至法院。

审判者说

劳动者享有同工同酬的权利。但同工同酬只是相对的同工同酬，而非绝对的同工同酬。用人单位根据本单位的生产经营特点和经济效益，依法自主确定本单位的工资分配方式和工资水平。劳动者存在个体差异，能力水平、熟练程度等不可能完全一样。本案中，陈某与李某某在入职时间、工作经验、职位及岗位职责、教育背景等方面均存在差异，因此不能说陈某与李某某属于同工的范畴。双方根据各方面情况，以《聘用意向书》和《劳动合同书》约定工资标准，不违反同工同酬的原则，且 B 公司也提交了相同岗位其他员工的工资标准，陈某并不低于相同岗位其他员工标准。双方对于陈某接替李某某工作的时间存在异议，但陈某接替李某某工作属于临时性的工作安排，在双方就此未对劳动报酬进行变更的情况下，陈某主张比照李某某的工资标准支付该段期间的工资差额，没有法律依据。

故法院对于陈某主张支付工资差额 190798.3 元及 25% 经济补偿金 47699.575 元的请求，不予支持。B 公司同意支付陈某报销费用 743.71 元，法院不持异议。报销费用属于与工作岗位相关的福利待遇。陈某要求 A 公司就该项请求承担连带责任，法院不予支持。陈某主张支付翻译费用 720 元，没有法律依据，法院不予支持。

审理结果

北京市朝阳区人民法院〔2013〕朝民初字第 39553 号民事判决书（节选）：

一、被告 B 公司于本判决生效后七日内支付原告陈某报销费用七百四十三元七角一分；

二、驳回原告陈某的其他诉讼请求。

审理机关

北京市朝阳区人民法院

判决依据

《中华人民共和国劳动合同法》第三条：

订立劳动合同，应当遵循合法、公平、平等自愿、协商一致、诚实信用的原则。

依法订立的劳动合同具有约束力，用人单位与劳动者应当履行劳动合同约定的义务。

金诚同达·研析与提示

根据《劳动法》第四十六条规定，工资分配应当遵循按劳分配原则，实行同工同酬。此外，《劳动合同法》第六十三条规定，被派遣劳动者享有与用工单位劳动者同工同酬的权利。

同工同酬是指用人单位对于从事相同工作、付出等量劳动且取得相同劳动业绩的劳动者，应支付同等的劳动报酬，也不得因用人单位直接聘用还是劳务派遣而有所区别。但同工同酬作为一项分配原则也有相对性，即使相同岗位的劳动者之间也有资历、能力、经验等方面的差异，因此，立法强调的同工同酬只是相对的同工同酬而非绝对的同工同酬。劳动者存在个体差异，工作能力、水平、经验等不可能相同，因此绝对的同工同酬既不公平也不现实。

用工单位可以对劳动者的岗位细分级别，劳动报酬标准相应细化，使岗位相同、薪酬不同有明确依据，避免采用笼统、粗放的岗位要求和薪酬规定，造成同工不同酬的情况。同时，也要根据经营状况建立正常的工资调整机制，保障劳动者的合法权益。

15. 待岗员工也有权得到达标生活费

案情简介

原告（被告）王某玲诉称，原告是肢体残疾四级的残疾人，左腿股骨头坏死，活动受限。2010年时，经人介绍与单位签合同，说能安排上班就安排上班，没有适合的岗位就发放基本生活费。后原告与被告某物业公司签订了2010年4月1日至2013年11月30日的劳动合同，被告没有安排原告上班，只支付原告几百元不等的生活费。2014年5月，原告从朋友处得知，被告的支付标准低于北京市规定的最低标准。原告向劳动部门提出了仲裁申请，仲裁委对2010年4月至2011年12月期间的生活费请求以缺乏依据为由不予支持。经与银行联系，原告取得相应证据，故向法院起诉，诉讼请求为：被告支付原告2010年4月1日至2013年11月30日的基本生活费差额15016元。

某物业公司辩称，原、被告签订劳动合同，期限为2010年4月1日至2012年3月31日。后续签合同，期限为2012年4月1日至2013年11月30日。在此期间，原告不要求上班，不要求岗位，只是为了享受残疾人政策。双方为挂靠性质，故不存在安排原告上班的问题。原告是通过残联做中介，与我单位人事部门协商，当时双方谈的是缴纳社会保险，发放生活补助金，不用到岗上班。生活补助金按照残联部门残疾病人补助标准发放，不是按照最低生活费标准。被告按照双方当初商谈的约定，已经如实履行义务，没有主观错误，不同意原告的诉讼请求。现不服仲裁裁决，向法院提起诉讼，诉讼请求为：1. 被告不向原告支付2012年1月至2013年11月期间基本生活费差额9404元；2. 本案诉讼费由原告承担。

原告（被告）王某玲对某物业公司的起诉辩称，是原告的街坊介绍的，介绍人没有表明系残联身份，双方没有约定按照重残补助金发放工资。如原告享受残疾补助，应去民政部门领取，不是某单位发放。劳动合同中约定，被告实际发放的是基本生活费。签订劳动合同后，被告应该保证原告享有劳动权利和劳动义务，被告应该主动给原告安排工作岗位，待岗的责任应该由被告承担。签订劳动合同后，双方形成了法律上的劳动关系，某物业公司起诉书中两次提到工资一词，如不是劳动关系何谈工资。劳动仲裁要求被告支付工资符合法律规定，不同意支付诉讼费。不同意被告的诉讼请求。

审判者说

劳动者的合法权益受法律保护。工资应当以货币形式按月支付给劳动者本人，不得克扣或者无故拖欠劳动者的工资。用人单位没有安排劳动者工作的，应当按照不低于本市最低工资标准的 70% 支付劳动者基本生活费。本案中，某物业公司与王某玲签订书面劳动合同，系双方真实意思表示，且未违反法律法规的强制性规定，应属合法有效。

某物业公司未安排王某玲上岗工作，应当按照相关规定和双方约定支付王某玲基本生活费。现某物业公司未足额支付，应予补足，具体数额由法院依法核算。王某玲诉讼请求中的合理部分，法院予以支持。某物业公司关于双方系挂靠关系的答辩意见，未充分举证证明，法院不予采纳。某物业公司辩称双方约定只需支付残疾补助金或低保金，年终奖应计入基本生活费的主张，未充分举证证明，亦缺乏法律依据，不予采纳。

审理结果

北京市西城区人民法院〔2014〕西民初字第 23793 号民事判决书（节选）：

一、被告（原告）某物业公司支付原告（被告）王某玲二〇一〇年四月一日至二〇一三年十一月三十日的基本生活费差额一万四千八百元；

二、驳回原告（被告）王某玲的其他诉讼请求；

三、驳回被告（原告）某物业公司的诉讼请求。

审理机关

北京市西城区人民法院

判决依据

《中华人民共和国劳动法》第五十条：

工资应当以货币形式按月支付给劳动者本人。不得克扣或者无故拖欠劳动者的工资。

金诚同达·研析与提示

根据《北京市工资支付规定》第二十七条规定，非因劳动者本人原因导致用人单位停工、停业的，在一个工资支付周期内，用人单位应按正常提供劳动的标准支付工资；用人单位未安排劳动者工作的，应按不低于本市最低工资 70% 的标准向劳动者支付基本生活费。该标准为基本生活费的法定标准，不允许突破。用人单位低于上述标准发放生活补助金的行为违法。

该案某物业公司主张双方是挂靠关系，约定只发放残疾人生活补助金，但由于举证不充分，没有得到法院支持。此情节提醒用人单位，签署劳动合同是一件严肃的事，其内容应真实反应双方的关系和约定，一旦签署即具有法律约束力。如果双方的真实意思与劳动合同的约定不一致，用人单位未履行劳动合同约定又无其他充分有效的证据证明双方的真实意思，用人单位将承担不利的法律后果。

16. 用人单位不得违法单方安排劳动者待岗

案情简介

2015年9月，朱某利起诉至法院称：我于2010年8月2日入职A公司，任公共事务部经理。双方签订了劳动合同，最后一份劳动合同期限至2019年8月1日。双方劳动合同未约定工资标准，工资均以打卡形式发放，但季度奖和年度奖均以现金形式发放。我在职期间月平均工资为6053.90元。我因工资问题与A公司领导有不同意见，2015年1月中旬A公司法人派其人力资源部经理和我的主管口头通知我解除劳动合同，我不同意，2015年3月3日我休年休假后正常上班，A公司再次提出要与我解除劳动合同，我不同意，A公司向我邮寄了书面待岗通知，通知我待岗，2015年3月3日开始我待岗在家，我多次要求回到A公司处工作，但A公司拒绝。A公司自2015年4月起按照北京市最低工资的70%的标准为我发放工资。现我不服仲裁裁决，诉至法院，请求：1.撤销A公司于2015年3月3日作出的待岗决定，恢复原经理职务；2.A公司补发我2014年年终奖2万元；3.A公司为我补发2015年4月至8月期间扣发的工资24249.50元。

A公司辩称：对朱某利所述入职时间、签订劳动合同情况及岗位情况认可。朱某利在职期间应发工资为8000元，扣除五险一金及个人所得税后实发工资为6053.90元。2015年2月26日我公司总经理办公室研究，因效益不好对内部机构进行调整，朱某利所在部门与其他部门合并成立新的部门，朱某利所任职的原部门撤销，3月初双方口头协商调岗及解除劳动合同事宜，但未达成一致意见，在此情况下我公司通知朱某利待岗，朱某利待岗后确实没有上班，工资自2015年4月份开始按照北京市最低工资的70%发放。我公司没有2014年年终奖，没有出台年终奖发放的相关规定。同时，安排朱某利待岗是企业的用工自主权，法院不应处理。同意仲裁裁决，不同意朱某利的诉讼请求。

审判者说

一审法院认为，企业安排职工待岗的前提是停工、停业以及生产经营困难等情况，本案中，A公司仅是根据生产经营需要进行相应的组织架构调整，合并相关部门，取消公共事务部，免除朱某利公共事业部经理的职务。双方劳动合同中约定朱某利的工作岗位为机关管理岗位，在此种情况下，A公司可与朱某利进行协商，调整其至合适的岗位。A公司选择与朱某利协商解除劳动合同，在朱某利不同意解除的情况下，A公司径行通知朱某利待岗并以北京市最低工资70%的标准向朱某利支付工资，该做法缺乏法律依据，A公司认可仲裁裁决结果，应依法为朱某利补足2015年4月至8月相应的工资，朱某利主张A公司补发支付上述期间工资的诉讼请求有事实及法律依据，且数额并无不妥，予以支持。朱某利要求撤销待岗决定恢复原经理职位的请求，不属于劳动争议案件受案范围，不予处理。朱某利提交的税收完税证明上显示2015年2月朱某利的实缴税额为1833.05元，该月朱某利所得项目为全年一次性奖金22009.45元及普通月工资8024元，朱某利依此主张A公司应为其发放2014年年终奖。A公司将朱某利应得年终奖作为申报基数，2015年2月份朱某利的工资中已经将应得年终奖的相应税款进行了扣除，A公司对上述情况认可，仅以双方没有年终奖书面约定、2014年经营状况不佳没有发放来源为由不同意支付其年终奖，对A公司的答辩意见不予采纳。朱某利主张年终奖的诉讼请求有事实及法律依据，且数额并无不妥，予以支持。

二审法院认为，依法订立的劳动合同具有约束力，用人单位与劳动者应当履行劳动合同约定的义务。A公司与朱某利签订劳动合同约定朱某利担任机关管理岗。现A公司进行组织架构调整，合并相关部门，取消公共事务部，免除朱某利公共事业部经理的职务，在与朱某利就解除劳动合同未能协商一致的情况下，应依劳动合同约定安排朱某利从事其他管理岗位。现A公司通知朱某利待岗并以北京市最低工资70%的标准向朱某利支付工资，不妥，故原审法院判令A公司补足相应的工资并无不当。现朱某利请求恢复经理职务并撤销待岗决定，理由不成立，二审法院不予支持。原审判决并无不当，二审法院予以维持。

审理结果

北京市西城区人民法院〔2015〕西民初字第31076号民事判决书（节选）：

1.A公司支付朱某利二〇一五年四月至二〇一五年八月期间未足额发放工资差额二万四千二百四十九元五角；

2.A公司支付朱某利二〇一四年年终奖二万元；

3.驳回朱某利的其他诉讼请求。

北京市第二中级人民法院〔2016〕京02民终2501号民事判决书（节选）：

驳回上诉，维持原判。

本判决为终审判决。

审理机关

北京市西城区人民法院

北京市第二中级人民法院

判决依据

《中华人民共和国民事诉讼法》第一百七十条第一款第（一）项：

第二审人民法院对上诉案件，经过审理，按照下列情形，分别处理：

（一）原判决、裁定认定事实清楚，适用法律正确的，以判决、裁定方式驳回上诉，维持原判决、裁定；

……

金诚同达·研析与提示

根据《劳动合同法》第三十五条规定，用人单位与劳动者协商一致，可以变更劳动合同约定的内容。原告所在部门因用人单位的调整而发生合并，被告作为用人单位应与原告协商变更新的工作岗位。被告在与原告协商解除劳动合同未能达成一致的情况下，单方作出安排原告待岗的决定没有法律依据，侵犯了劳动者的劳动权。故法院判决被告补发原告待岗期间的工资差额。由于职位安排不属于劳动争议的受案范围，法院没有支持原告恢复职位的请求。

用人单位由于经营管理的需要，常常需要调整员工的工作部门、岗位。但应特别注意，由于工作的部门或岗位、工资都是劳动合同中必不可少的内容，未经与员工协商一致，不能随意变更，更不得以此为由擅自扣减工资，否则属于单方变更劳动合同，法院将不予支持。

17. 用人单位变更劳动合同　应与劳动者协商一致

案情简介

2006 年 7 月 1 日李某文与 A 公司签订劳动合同。

2013 年 5 月 7 日 A 公司向李某文发出《调岗通知书》，根据经营情况进行业务调整，依据《劳动合同》及《就业规则》的规定，将李某文的工作所属部门由技术部调整为销售本部——北京分公司，岗位由认证调整为销售，职位由经理（等级 4c）调整为主管（等级 2a），月基本工资由 10500 元调整为 6800 元，工作地点由北京调整至新疆乌鲁木齐。

李某文不同意上述调整，未按《调岗通知书》执行，因此 A 公司于 2013 年 5 月先后发出《书面警告》《停职处分》，并于 2013 年 6 月 6 日发出《惩戒解雇通知书》，解除与李某文的劳动合同。

李某文主张公司调整工作岗位并未与其协商达成一致意见，且新安排的岗位和待遇低于原来的标准，该单方调整属于违法行为，公司因其拒绝调岗安排将其辞退的行为属于违法解除行为，公司所依据的《劳动合同书》及《就业规则》的有关条款违反法律规定，属于无效条款。

李某文向劳动仲裁委员会提出申请，要求确认公司违法解除双方劳动关系，支付赔偿金、撤销公司出具的书面警告、解除通知书，重新出具合法的解除劳动合同证明等。双方均不服仲裁裁决，诉至法院。

审判者说

法院认为，用人单位与劳动者协商一致，可以变更劳动合同约定的内容；用人单位与劳动者解除劳动合同应当有合法依据。A 公司如在客观上确需变更与李某文劳动合同中约定的工作部门、工作岗位、工作地点、工资标准、职位等级等涉及李某文切身利益的重大事项，应与李某文平等协商，达成一致意见后方可变更。但此次调整系该公司的单方安排，未体现与李某文协商的意图，在双方未经平等协商，未就变更劳动合同内容达成一致意见的情况下，以李某文拒绝调岗、严重违反公司规章制度为由作出《惩戒解雇通知书》，不符合法律规定，应属违法，以上处分应予撤销，A 公司应支付李某文违法解除劳动关系的赔偿金。

审理结果

北京市朝阳区人民法院〔2013〕朝民初字第 34331 号民事判决书（节选）：

一、A 公司于本判决生效之日起七日内支付李某文违法解除劳动关系赔偿金二十一万元九千三百六十六元；

二、A 公司于本判决生效之日起七日内支付李某文二〇一三年度未休年休假工资差额七千零三十二元四角；

三、A 公司于本判决生效之日起七日内支付李某文奖金八千三百五十三元；

四、A 公司于本判决生效之日起七日内撤销对李某文作出的《书面警告》《停职处分》《惩戒解雇通知书》并依法向李某文出具解除劳动关系证明；

五、A 公司无需支付李某文奖金的百分之二十五经济补偿金二千零八十八元二角五分；

六、驳回李某文的其他诉讼请求；

七、驳回 A 公司的其他诉讼请求。

审理机关

北京市朝阳区人民法院

判决依据

1.《中华人民共和国劳动合同法》第三十条第一款：

用人单位应当按照劳动合同约定和国家规定，向劳动者及时足额支付劳动报酬。

2.《中华人民共和国劳动合同法》第三十五条第一款：

用人单位与劳动者协商一致，可以变更劳动合同约定的内容。变更劳动合同，应当采用书面形式。

3.《中华人民共和国劳动合同法》四十七条第一款：

经济补偿按劳动者在本单位工作的年限，每满一年支付一个月工资的标准向劳动者支付。六个月以上不满一年的，按一年计算；不满六个月的，向劳动者支付半个月工资的经济补偿。

4.《中华人民共和国劳动合同法》第四十八条：

用人单位违反本法规定解除或者终止劳动合同，劳动者要求继续履行劳动合同的，用人单位应当继续履行；劳动者不要求继续履行劳动合同或者劳动合同已经不能继续履行的，用人单位应当依照本法第八十七条规定支付赔偿金。

5.《中华人民共和国劳动合同法》第五十条第一款：

用人单位应当在解除或者终止劳动合同时出具解除或者终止劳动合同的证明，并在十五日内为劳动者办理档案和社会保险关系转移手续。

6.《中华人民共和国劳动合同法》第八十七条：

用人单位违反本法规定解除或者终止劳动合同的，应当依照本法第四十七条规定的经济补偿标准的二倍向劳动者支付赔偿金。

7.《中华人民共和国劳动合同法实施条例》第十条：

劳动者非因本人原因从原用人单位被安排到新用人单位工作的，劳动者在原用人单位的工作年限合并计算为新用人单位的工作年限。原用人单位已经向劳动者支付经济补偿的，新用人单位在依法解除、终止劳动合同计算支付经济补偿的工作年限时，不再计算劳动者在原用人单位的工作年限。

8.《中华人民共和国劳动合同法实施条例》第二十四条：

用人单位出具的解除、终止劳动合同的证明，应当写明劳动合同期限、解除或者终止劳动合同的日期、工作岗位、在本单位的工作年限。

9.《中华人民共和国劳动合同法实施条例》二十七条：

劳动合同法第四十七条规定的经济补偿的月工资按照劳动者应得工资计算，包括计时工资或者计件工资以及奖金、津贴和补贴等货币性收入。劳动者在劳动合同解除或者终止前 12 个月的平均工资低于当地最低工资标准的，按照当地最低工资标准计算。劳动者工作不满 12 个月的，按照实际工作的月数计算平均工资。

金诚同达·研析与提示

根据《劳动合同法》第三十五条规定，用人单位与劳动者协商一致，可以变更劳动合同约定的内容。用人单位需要变更劳动合同的，负有向劳动者提出协商的义务，且变更劳动合同的内容应当具有合理性，如不得大幅度降低劳动报酬等。用人单位单方变更劳动合同内容无论出于客观原因还是主观原因，无论是否影响劳动合同履行均应当提前告知劳动者，进行合理的解释说明，必要时还应提供一定便利，以降低变更劳动合同内容给劳动者带来的影响。单方依据其内部规定变更劳动合同约定内容，不符合法律规定，属于无效。

实践中，用人单位为规范企业管理，会制定各类规章制度。这类制度首先不能违反法律强制性规定，否则，即使遵循了法定程序性要求，例如职工代表大会讨论通过，违法的内容也依然无效，进而，依据规章制度的违法条款作出的惩戒或解除劳动合同的决定都将无效，用人单位将承担不利的法律后果。

18. 擅自调岗至异地　员工可以说不

案情简介

2013年4月24日，张某瑶入职A公司，双方签订的劳动合同期限自2013年4月24日至2014年4月23日。后双方于2014年4月24日签订第二份劳动合同，期限至2016年4月23日。合同约定张某瑶工作岗位为导购，工作地点在北京某商场。在合同履行期间，聘用方不能单方面变更工作地点、岗位、工种，双方经协商同意，可以变更工作地点、岗位、工种；同时，张某瑶还签署了企业员工承诺书和公司规章制度。张某瑶户籍地为北京市西城区，家庭住址为北京市海淀区清河镇。

2014年9月28日，A公司作出《关于某商场女装店员工张某瑶调店通知》，通知张某瑶其已被调至公司下属天津店面，工资待遇按天津的标准执行，要求张某瑶于2014年10月1日持交接单到调入门店报到，若逾期未到岗，公司将按自动离职予以处理。

接到公司通知后，张某瑶表示因工作地点距住所地太远，来往上班非常不便，拒绝接受公司作出的调岗决定。2014年9月29日，张某瑶到北京大学人民医院就诊，临床诊断为睡眠障碍，建议休假一周。

2014年10月8日，A公司向张某瑶作出《处罚通告》，以张某瑶不服从公司正常调店安排，连续7天无故不到岗工作，严重违反公司规章制度为由，解除了双方劳动合同。

张某瑶曾向北京市西城区劳动争议仲裁委员会申请劳动仲裁，要求A公司支付2014年6月28日至2014年9月28日延时加班65.25小时加班费1915.75元、违法解除劳动合同的赔偿金 12519.9 元。2015 年 2 月 2 日，该委作出仲裁裁决书，裁决 A 公司支付违法解除劳动合同的赔偿金 12464.01 元、驳回张某瑶的其他申请请求。A 公司不服仲裁裁决，于法定期限内诉至法院。

审判者说

法院认为，劳动者的合法权益受法律保护。本案中，被告张某瑶的户籍所在地为北京市，并否认在天津经常居住，原告 A 公司称不清楚被告是否在天津经常居住。在此情形下，原告未与被告协商一致，径行将被告的工作地点调至天津，并不妥当。原告提交的《员工调动 / 离职交接表》由李某梅和被告签字确认，原、被告均认可被告入职后工作部门调整过程为复兴门百盛店、金源燕莎二层男装、金源燕莎三层女装，被告辩称该表为其自复兴门百盛店调店时形成，因原、被告均认可李某梅为复兴门百盛店店长，故法院对被告该项答辩意见予以采纳，对原告关于被告同意本案涉及调店的主张不予采信。

因用人单位作出的开除、除名、辞退、解除劳动合同、减少劳动报酬、计算劳动者工作年限等决定而发生的劳动争议，用人单位负举证责任。本案中，原告作出调店通知后，被告通过微信方式向其店长请病假，并实际就医，医嘱建议休息一周，被告店长亦同意其 10 月 8 日到店。在此情形下，原告以被告旷工为由作出解除劳动合同的决定，缺乏事实和法律依据，应属违法解除。原告应当支付被告违法解除劳动合同的赔偿金。

审理结果

北京市西城区人民法院〔2015〕西民初字第 7285 号民事判决书（节选）：

一、自本判决生效后七日内，原告 A 公司支付被告张某瑶违法解除劳动合同的赔偿金一万二千四百六十四元零一分；

二、驳回原告 A 公司的诉讼请求。

审理机关

北京市西城区人民法院

判决依据

1.《中华人民共和国劳动法》第三条：

劳动者享有平等就业和选择职业的权利、取得劳动报酬的权利、休息休假的权利、获得劳动安全卫生保护的权利、接受职业技能培训的权利、享受社会保险和福利的权利、提请劳动争议处理的权利以及法律规定的其他劳动权利。

劳动者应当完成劳动任务，提高职业技能，执行劳动安全卫生规程，遵守劳动纪律和职业道德。

2.《最高人民法院关于民事诉讼证据的若干规定》第六条：

在劳动争议纠纷案件中，因用人单位作出开除、除名、辞退、解除劳动合同、减少劳动报酬、计算劳动者工作年限等决定而发生劳动争议的，由用人单位负举证责任。

金诚同达·研析与提示

根据《劳动合同法》第三十五条规定，用人单位与劳动者协商一致，可以变更劳动合同约定的内容。工作地点属于劳动合同中约定的内容，不得单方任意变更，特别是变动大、给劳动者造成极大不便、不具有合理性的变动。确实需要变更的，用人单位应与劳动者协商一致。

本案用人单位以劳动者连续旷工违反公司的规章制度为由，解除了与劳动者的劳动合同，但其所依赖的事实——旷工——因劳动者举证已请病假而不成立，其单方解除劳动合同被判决违法。尽管此案判决没有直接涉及因用人单位单方变更工作地点导致劳动者不同意的法律后果，但判决书中明确表达了不同意用人单位单方变更工作地点的意见，由此可以看出，审判机关对变更劳动者工作地点的要求是必须双方协商一致。

19. 与劳动者协商变更劳动合同需提供具体岗位

案情简介

施某于2009年9月1日进入A公司工作，担任培训员，主要针对S品牌做培训工作。2015年9月，因品牌方收回代理权限，A公司无权继续经营S品牌，A公司与品牌方签订战略转移协议，约定原有店铺逐步脱离A公司的管理范围。施某的岗位因此而不再存在，A公司与施某进行协商，但双方并未就变更劳动合同内容达成一致。

2015年9月23日，A公司向施某发出解除劳动合同通知书，载明"由于公司业务状况及组织架构发生重大变化，你担任的营运培训专员职位已正式取消，因此公司无法安排你在该岗位继续任职。公司于2015年9月10日、9月17日、9月22日多次与你进行沟通协商，仍未能与你达成一致。现依据《中华人民共和国劳动法》《中华人民共和国劳动合同法》和《上海市劳动合同条例》等相关法律法规的规定正式通知你：1. 公司将于2015年10月23日解除与你的劳动合同；2. 公司将按照你的在职年限，支付你经济补偿人民币49660元，经济补偿将随工资一并发放；3. 请在2015年10月23日之前完成交接和离职手续。"

施某认为，A公司系违法解除劳动合同，要求其支付赔偿金99580元。

审判者说

法院认为，A公司与施某之情形确实属于劳动合同订立时所依据的客观情况发生重大变化，致使劳动合同无法履行。A公司主张2015年9月10日、9月17日、9月22日多次与施某进行沟通协商，但未能与施某就变更劳动合同内容达成一致。现A公司针对2015年9月10日、9月22日与施某协商未能提供证据证明，对此应承担相应举证不能的法律后果。A公司仅提供2015年9月17日的录音以证明与施某协商变更劳动合同内容但未能达成一致，但根据录音的内容显示A公司并未提供具体的工作岗位给施某以供其选择。根据《中华人民共和国劳动合同法》第四十条第（三）项的规定，劳动合同订立时所依据的客观情况发生重大变化，致使劳动合同无法履行，经用人单位与劳动者协商，未能就变更劳动合同内容达成协议的，用人单位可以解除劳动合同。虽然法律没有明确规定该款中的协商要求用人单位提供岗位，但显然该款规定的协商是指对变更劳动合同的协商，即以劳动关系继续存续情形下的协商。现A公司表示原岗位没有了，则应当提供新岗位或以其他方式继续履行劳动合同。虽然谈话显示施某能接受的是同样的岗位，但A公司仍然应提供新岗位或以其他方式继续履行劳动合同以进行磋商。鉴于此，此种情形并不属于经用人单位与劳动者协商，未能就变更劳动合同内容达成协议。

综上所述，本院确认A公司系违法解除与施某的劳动合同。

审理结果

上海市浦东新区人民法院〔2016〕沪0115民初17541号民事判决书（节选）：

A公司于本判决生效之日起十日内支付被告施某违法解除劳动合同赔偿金99580元。

上海市第一中级人民法院〔2016〕沪01民终8049号民事判决书（节选）：

驳回上诉，维持原判。

审理机关

上海市浦东新区人民法院

上海市第一中级人民法院

判决依据

1.《中华人民共和国劳动合同法》第四十条：

有下列情形之一的，用人单位提前三十日以书面形式通知劳动者本人或者额外支付劳动者一个月工资后，可以解除劳动合同：

（一）劳动者患病或者非因工负伤，在规定的医疗期满后不能从事原工作，也不能从事由用人单位另行安排的工作的；

（二）劳动者不能胜任工作，经过培训或者调整工作岗位，仍不能胜任工作的；

（三）劳动合同订立时所依据的客观情况发生重大变化，致使劳动合同无法履行，经用人单位与劳动者协商，未能就变更劳动合同内容达成协议的。

2.《中华人民共和国劳动合同法》第四十七条：

经济补偿按劳动者在本单位工作的年限，每满一年支付一个月工资的标准向劳动者支付。六个月以上不满一年的，按一年计算；不满六个月的，向劳动者支付半个月工资的经济补偿。

劳动者月工资高于用人单位所在直辖市、设区的市级人民政府公布的本地区上年度职工月平均工资三倍的，向其支付经济补偿的标准按职工月平均工资三倍的数额支付，向其支付经济补偿的年限最高不超过十二年。

本条所称月工资是指劳动者在劳动合同解除或者终止前十二个月的平均工资。

3.《中华人民共和国劳动合同法》第八十七条：

用人单位违反本法规定解除或者终止劳动合同的，应当依照本法第四十七条规定的经济补偿标准的二倍向劳动者支付赔偿金。

金诚同达·研析与提示

《劳动合同法》规定，劳动合同订立时所依据的客观情况发生重大变化，致使劳动合同无法履行，经企业与员工协商，未能就变更劳动合同内容达成协议的，企业提前三十日以书面形式通知员工本人或者额外支付员工一个月工资后，可以解除劳动合同。不少企业出现相应情形时以此条为依据与员工

解除劳动合同，但是最后被认定为违法解除劳动合同的案例却举不胜举。

该条所规定的与员工“协商”，本意是指对变更劳动合同的协商，即在劳动关系继续存续情形下的协商。但该“协商”应具备什么样的条件、如何认定，法律却没有相应的规定。在本案中，法官认为该企业出现的经营变动确实属于客观情况发生重大变化，致使劳动合同无法履行的情形，但企业并没有向员工提出其他具体的岗位以继续劳动合同，未充分履行协商义务，因此被认定为违法解除劳动合同。

该案例应对其他企业起到警示作用，在适用“客观情况发生重大变化”与员工解除劳动合同时，应与员工进行充分协商，不仅要有协商“之名”，更要有协商“之实”，即向员工提供与员工个人情况相匹配的具体岗位，以及薪酬福利等劳动待遇。如仅以口头含混交涉，而不提供具体岗位，则企业存在违法风险。

20. 业务终止无法提供原岗位，企业依情势变更调岗合法

案情简介

庞某于2013年4月1日入职A公司，双方劳动合同约定工作岗位为中国移动推广客服。后A公司因未能中标《中国移动通信集团广东有限公司客户服务中心2016年电话营销外包业务》项目，全面停止了移动外呼业务。庞某所在的移动项目部门从2016年1月1日开始无外呼移动业务。为此，A公司对移动项目部人员进行分流，提供了顺丰项目客服岗位和电信项目客服岗位供选择，庞某选择调岗至顺丰项目客服岗位，并参加了培训上岗。

后庞某又以A公司单方变换自己工作且降低工资为由，于2016年2月1日申请劳动仲裁，要求A公司支付解除劳动合同经济补偿金。仲裁裁决驳回庞某经济补偿金的仲裁请求。庞某不服仲裁裁决向法院起诉。

审判者说

法院认为，关于解除劳动合同的经济补偿的问题，A公司虽于2016年1月中旬将庞某的工作岗位由原中国移动推广客服调整为顺丰项目客服，但该调整系基于A公司未能中标移动项目的外呼业务。A公司因客观原因无法继续提供原工作岗位而对原岗位全部员工进行工作调整，具有客观合理性。虽然庞某主张其岗位变更后工资收入下降，但根据庞某2016年1月的工资表显示，其工资构成与原工资构成一致，数额的减少主要在于提成方面。鉴于提成受到员工自身的工作能力、投入程度、完成业绩以及市场环境等各方面的影响，其每月数额并不固定，且庞某调整工作岗位仅半月时间，故仅凭该月工资不足以认定A公司无故降

低其工资标准。综合本案实际情况，认定本案不符合用人单位过错导致劳动者被迫解除劳动关系并须支付经济补偿的情形。关于工资问题，庞某主张A公司少算其提成，但其陈述记不清当时手机销售数量，也没有证据证实其在职期间有向公司主张过有关提成的情况，故其现要求A公司补发其提成，依据不足，法院不予支持。

审理结果

广东省广州市越秀区人民法院〔2016〕粤0104民初6268号民事判决书（节选）：

一、确认庞某与A公司在2013年4月1日至2016年2月1日期间存在劳动关系；

二、驳回庞某的其他诉讼请求。

广东省广州市中级人民法院〔2016〕粤01民终15233号民事判决书（节选）：

驳回上诉，维持原判。

审理机关

广东省广州市越秀区人民法院

广东省广州市中级人民法院

判决依据

《中华人民共和国民事诉讼法》第一百七十条第一款第（一）项：

第二审人民法院对上诉案件，经过审理，按照下列情形，分别处理：

（一）原判决、裁定认定事实清楚，适用法律正确的，以判决、裁定方式驳回上诉，维持原判决、裁定；

……

金诚同达·研析与提示

一些用人单位在实践中并不把调动工作岗位“太当回事儿”，把调岗视作用人单位不受限制的经营自主权。但根据法律规定，调岗属于变更劳动合同的范围。一般情况下，用人单位应与劳动者协商一致，方可以变更劳动合同约定的内容，包括工作时间、工作岗位、工资待遇等。法律规定协商一致变更劳动合同，是为了保护劳动者工作的稳定性，避免用人单位肆意调岗，但是这条规定并未堵死用人单位单方调岗的路，仲裁机构和裁判机关还会从调岗必要性、合理性、比例性（调岗是否对劳动者的工作和生活造成了过大的不利影响）等维度予以考量，只有合理、合法的单方调岗才不会面临被法院认定为无效的法律风险。

在本案中，员工参与的项目因客观原因取消，其工作岗位也因此不复存在。企业在对项目人员进行分流时，已就调整岗位问题与员工进行了协商，并已完成调岗。在此情况下，员工再以企业单方调岗违法为由，解除劳动合同并要求企业支付经济补偿，不能获得法院支持。

第四章

规章制度纠纷

关键词：规章制度　员工手册　民主程序　公布实施

21. 母子（关联）公司的规章制度不能直接混用

案情简介

樊某与A公司于2007年6月1日订立劳动合同，任下属部门的客户经理，2012年6月20日B保险公司成立，樊某所在部门整体划归B保险公司，樊某继续从事原工作内容。2015年9月10日，B保险公司以樊某“本年度长期无故旷工超过15天，严重违反公司规章制度”为由，解除劳动合同。樊某对规章制度的民主程序提出异议，并主张规章制度为A公司所有，并非B保险公司制定。

审判者说

法院认为，首先，用人单位在制定、修改或者决定有关劳动报酬、工作时间、休息休假、劳动安全卫生、保险福利、职工培训、劳动纪律以及劳动定额管理等直接涉及劳动者切身利益的规章制度或者重大事项时，应当经职工代表大会或者全体职工讨论，提出方案和意见，与工会或者职工代表平等协商确定。B保险公司将公司规章制度条款作为员工劳动关系解除的依据，属于直接涉及劳动者切身利益的规章制度，应当经过“工会或者职工代表平等协商确定”的民主协商程序。现没有证据证实该规章制度经过了上述民主协商程序，应承担举证不能的后果。

其次，A公司与B保险公司属于两个独立的法人，即使双方存在资产投资的关联关系，也不应当将该规章制度直接适用于自己公司的劳动者，还需要履行相应的民主制定或告知程序。故用人单位B保险公司解除与原告劳动合同违法。

审理结果

天津市和平区人民法院〔2015〕和民二初字第1193号民事判决书（节选）：

一、本判决生效之日起五日内，被告向原告支付违法解除劳动合同赔偿金136725.9元；

二、驳回原告其他诉讼请求。

天津市第一中级人民法院〔2016〕津01民终3068号民事判决书（节选）：

驳回上诉，维持原判。

审理机关

天津市和平区人民法院

天津市第一中级人民法院

判决依据

1.《中华人民共和国劳动合同法》第四条：

用人单位应当依法建立和完善劳动规章制度，保障劳动者享有劳动权利、履行劳动义务。

用人单位在制定、修改或者决定有关劳动报酬、工作时间、休息休假、劳动安全卫生、保险福利、职工培训、劳动纪律以及劳动定额管理等直接涉及劳动者切身利益的规章制度或者重大事项时，应当经职工代表大会或者全体职工讨论，提出方案和意见，与工会或者职工代表平等协商确定。

在规章制度和重大事项决定实施过程中，工会或者职工认为不适当的，有权向用人单位提出，通过协商予以修改完善。

用人单位应当将直接涉及劳动者切身利益的规章制度和重大事项决定公示，或者告知劳动者。

2.《中华人民共和国劳动合同法》第四十七条：

经济补偿按劳动者在本单位工作的年限，每满一年支付一个月工资的标准向劳动者支付。六个月以上不满一年的，按一年计算；不满六个月的，向劳动者支付半个月工资的经济补偿。

劳动者月工资高于用人单位所在直辖市、设区的市级人民政府公布的本地区上年度职工月平均工资三倍的，向其支付经济补偿的标准按职工月平均工资三倍的数额支付，向其支付经济补偿的年限最高不超过十二年。

本条所称月工资是指劳动者在劳动合同解除或者终止前十二个月的平均工资。

3.《中华人民共和国劳动合同法》第四十八条：

用人单位违反本法规定解除或者终止劳动合同，劳动者要求继续履行劳动合同的，用人单位应当继续履行；劳动者不要求继续履行劳动合同或者劳动合同已经不能继续履行的，用人单位应当依照本法第八十七条规定支付赔偿金。

4.《中华人民共和国劳动合同法》第八十条：

用人单位直接涉及劳动者切身利益的规章制度违反法律、法规规定的，由劳动行政部门责令改正，给予警告；给劳动者造成损害的，应当承担赔偿责任。

金诚同达·研析与提示

规章制度是企业进行人力资源管理，以充分合理调动员工工作积极性、发挥员工生产力和创造力的重要手段。同时，在企业管理中，规章制度也是企业裁汰“问题员工”的主要依据之一。因此，在司法实践中，大量劳动争议案件是围绕用人单位规章制度的有关规定展开的。

现实中，一些“集团化”的企业出于集团内各企业统一管理、节省人力管理成本等方面的考虑，在新设立的分公司、子公司中未按照法律规定的民主程序制定规章制度，而是采用股东会决议、董事会决议、总经理办公会议决定等方式，直接适用总部或其他关联公司的规章制度。比如，一些跨国公司在中国设立分支机构时，由于对中国法律不了解，直接照搬了其在国外的“先进”管理经验对中国公司的员工进行管理。以上这些行为，存在违反我国劳动法的风险，是公司在制定规章制度方面的典型误区。

企业在母子公司、关联公司之间直接“套用”“混用”规章制度，都是不可取的，应当坚决杜绝。“集团化”企业在进行规章制度统一化管理时，应当注意确保旗下每家独立用人单位均按照民主程序的要求，制定本单位的规章制度。此外，企业还应当注意留存规章制度经民主程序制定，以及向员工有效送达的证据。

22. 企业不得仅以会议形式确认职工违反规章制度

案情简介

张某在某检测中心处工作，负责检测辅助工作。2015 年 11 月 9 日，检测中心因张某有未按检测规程要求对试块进行更换，涂改编号弄虚作假、拒绝承认错误并及时改正错误等严重违反劳动纪律和法律法规的行为解除了和张某的劳动合同。

张某认为检测中心系违法解除，要求确认检测中心违法解除劳动合同并支付违法解除劳动合同的赔偿金。

检测中心认为自己为合法解除劳动合同，张某作为检测中心的辅工，其工作职责就是搬运试块进出养护室、更换检测试块，但张某未能按照规定更换试块，而只是涂改编号，弄虚作假，严重违反了单位的规章制度并造成不良影响。而且检测中心具有证明其严重违纪的证据——照片、会议纪要、解除劳动合同公函等，能够作为合法解除劳动合同的依据。但检测中心作为证据提交的照片中没有张某在场，未展现张某的操作行为或过程；提交的确认张某严重违纪的会议纪要中，没有显示给予张某进行情况说明或者申辩的机会，仅有会议纪要的结论性陈述。

审判者说

法院认为，从检测中心提供的解除劳动合同通知工会函等证据中可以看出，检测中心解除与张某劳动合同的原因为：张某存在未按照检测规程要求对试块进行更换，涂改编号弄虚作假、拒绝承认错误并及时改正错误等严重违反劳动纪律和法律法规规定行为。为证明张某存在上述行为，检测中心提供了照片、会议纪要等证据。

对上述证据能否证明检测中心解除与张某劳动合同的合法性，应作实质性审查，具体分析、评判如下：检测中心提供的照片中没有张某在场，未展现张某的操作行为或过程，也不能直接证明系张某进行的操作；会议纪要中没有显示给予张某进行情况说明或者申辩的机会，仅会议纪要的结论性陈述不能直接证明张某存在违规操作的行为。从检测中心据以解除劳动合同的证据来看，其对检测工作进行监督的工作流程并不规范，在劳动者处于弱势地位的情况下，对劳动者是否存在违规操作的行为，用人单位应负有严格的举证责任。从检测中心提供的现有证据来看，不足以证明张某存在违反操作流程的行为。

审理结果

江苏省徐州市铜山区人民法院〔2016〕苏0312民初2704号民事判决书（节选）：

一、依法确认原告检测中心违法解除与被告张某之间的劳动合同；

二、原告检测中心于本判决生效之日起十日内支付被告张某违法解除劳动合同赔偿金58008元、2015年8月份及9月份工资3696元、2015年12月至2016年2月份失业保险金损失3804元；

三、驳回原告检测中心其他诉讼请求；

四、驳回被告张某其他诉讼请求。

江苏省徐州市中级人民法院〔2016〕苏03民终3776号民事判决书（节选）：

驳回上诉，维持原判。

审理机关

江苏省徐州市铜山区人民法院

江苏省徐州市中级人民法院

判决依据

1.《中华人民共和国民事诉讼法》第六十四条：

当事人对自己提出的主张，有责任提供证据。

当事人及其诉讼代理人因客观原因不能自行收集的证据，或者人民法院认为审理案件需要的证据，人民法院应当调查收集。

人民法院应当按照法定程序，全面地、客观地审查核实证据。

2.《中华人民共和国劳动合同法》第四十七条：

经济补偿按劳动者在本单位工作的年限，每满一年支付一个月工资的标准向劳动者支付。六个月以上不满一年的，按一年计算；不满六个月的，向劳动者支付半个月工资的经济补偿。

劳动者月工资高于用人单位所在直辖市、设区的市级人民政府公布的本地区上年度职工月平均工资三倍的，向其支付经济补偿的标准按职工月平均工资三倍的数额支付，向其支付经济补偿的年限最高不超过十二年。

本条所称月工资是指劳动者在劳动合同解除或者终止前十二个月的平均工资。

3.《中华人民共和国劳动合同法》第四十八条：

用人单位违反本法规定解除或者终止劳动合同，劳动者要求继续履行劳动合同的，用人单位应当继续履行；劳动者不要求继续履行劳动合同或者劳动合同已经不能继续履行的，用人单位应当依照本法第八十七条规定支付赔偿金。

金诚同达·研析与提示

最高人民法院司法解释规定，因企业作出的开除、除名、辞退、解除劳动合同、减少劳动报酬、计算员工工作年限等决定而发生的劳动争议，企业负举证责任。因此，在企业与员工解除劳动合同时，应尽量确保证据充分且合法，以保障解除劳动合同决定的合法性。

法院对企业以员工违反规章制度为由解除劳动合同的合法性进行审查时，较为严格。企业负有对员工存在其指称的违纪事实的证明责任，因此亦有及时固定证据的义务。事后未给予员工充分解释或申辩机会的单方会议记录，其证明效力较低，是否为违法解除劳动合同法院会结合其他证据予以认定。在员工处于弱势地位的情况下，企业举证时应尽量避免企业在员工未参与的情况下，仅通过会议纪要等方式来确认违纪事实的情况出现。

事实上，要求员工就严重违反公司规章制度的行为进行申诉、答辩，并非企业应当履行的法定义务。但在司法实践中，一些地区的法院通过判例，确定了企业应当给予违反规章制度员工申诉、答辩机会的程序要求，甚至部分判例以企业未给予员工申诉、答辩机会为由，认定企业解除劳动合同的理由不足，判决企业承担违法解除劳动合同的法律责任。此类判决是否合理，存在一定的商榷空间。但此类判决再次给企业敲响“警钟”，在与“问题员工”解除劳动合同前，一定要将相关证据收集扎实，经得住裁判机关的审查检验。

23. 未经民主程序的“末位淘汰制”应淘汰

案情简介

2011 年 7 月 19 日，程某宝加入 A 公司，担任研发工程师，入职后一直在北京工作，双方未签订劳动合同。2012 年 1 月 4 日，A 公司北京技术分公司（简称“北京分公司”）注册成立。2014 年 3 月 18 日，北京分公司与程某宝签订无固定期限劳动合同，劳动合同期限倒签至 2012 年 5 月 1 日。该《劳动合同书》第 65 条约定“甲方（注：北京分公司）承诺 2015 年 3 月 18 日之前不恶意或变相辞退乙方（注：程某宝），如有违反，甲方将按月薪支付未到期前的剩余工资作为违约金”。

2014 年 5 月 8 日，北京分公司召开考核会议，规定考核倒数第一的人员有两种选择，一是自己主动提出辞职，二是根据考评结果只拿 50% 的工资。后北京分公司当场宣布考核结果，要求程某宝主动辞职或自愿接受工资减半，程某宝未同意该决定。2014 年 5 月 12 日，北京分公司发布通告，以程某宝考核不合格，不同意接受处分，违反公司规章制度为由，将程某宝按自动离职处理。

程某宝以北京分公司为被申请人向北京市西城区劳动争议仲裁委员会申请仲裁，要求北京分公司支付工资、违法解除劳动合同赔偿金、违约金，并出具终止劳动合同的书面证明。仲裁委裁决北京分公司支付程某宝主张的工资、驳回其他申请请求。

程某宝不服仲裁裁决，诉至法院。一审法院追加 A 公司为共同被告。后程某宝不服一审判决，以一审法院酌定违约金过低为由提起上诉。

审判者说

法院认为，在劳动争议纠纷案件中，因用人单位作出开除、除名、辞退、解除劳动合同、减少劳动报酬、计算劳动者工作年限等决定而发生劳动争议的，由用人单位负举证责任。对于程某宝提出的早于2012年5月1日入职的主张，A公司、北京分公司虽予以否认，但未对此作出合理解释并提供反证予以证明，因此法院对程某宝于2011年7月19日入职A公司的主张予以采信。

用人单位对劳动者有管理权，但不能侵犯劳动者的合法权益。北京分公司在未与程某宝就考核事项和考核处理结果等事项协商一致的情况下，径行实施考核，进行"末位淘汰"，并作出按照程某宝自动离职处理的决定，属违法解除劳动合同，应支付违法解除劳动合同的赔偿金。因北京分公司系A公司的分公司，故违法解除劳动合同的赔偿金计算年限应当合并计算。

程某宝与北京分公司签订的劳动合同系双方真实意思表示，且未违反法律法规的效力性强制规定，应为合法有效。因北京分公司存在恶意或变相辞退程某宝的情形，应按月薪支付未到期前的剩余工资作为违约金。同时，对于北京分公司关于程某宝违约金数额过高的答辩意见，符合法律规定，法院予以采纳。

审理结果

北京市西城区人民法院〔2014〕西民初字第22838号民事判决书（节选）：

一、自本判决生效后七日内，被告北京分公司支付原告程某宝二〇一四年三月二十六日至二〇一四年五月九日期间的工资一万六千四百一十七元二角四分；

二、自本判决生效后七日内，被告北京分公司支付原告程某宝违法解除劳动合同的赔偿金五万零八百六十九元九角八分；

三、自本判决生效后七日内，被告北京分公司支付原告程某宝违约金一万八千六百三十元；

四、自本判决生效后七日内，被告北京分公司为原告程某宝开具离职证明；

五、驳回原告程某宝的其他诉讼请求。

北京市第二中级人民法院〔2015〕二中民终字第06615号民事判决书（节选）：

驳回上诉，维持原判。

本判决为终审判决。

审理机关

北京市西城区人民法院

北京市第二中级人民法院

判决依据

1.《中华人民共和国劳动法》第五十条：

工资应当以货币形式按月支付给劳动者本人。不得克扣或者无故拖欠劳动者的工资。

2.《中华人民共和国劳动合同法》第四十六条：

有下列情形之一的，用人单位应当向劳动者支付经济补偿：

（一）劳动者依照本法第三十八条规定解除劳动合同的；

（二）用人单位依照本法第三十六条规定向劳动者提出解除劳动合同并与劳动者协商一致解除劳动合同的；

（三）用人单位依照本法第四十条规定解除劳动合同的；

（四）用人单位依照本法第四十一条第一款规定解除劳动合同的；

（五）除用人单位维持或者提高劳动合同约定条件续订劳动合同，劳动者不同意续订的情形外，依照本法第四十四条第一项规定终止固定期限劳动合同的；

（六）依照本法第四十四条第四项、第五项规定终止劳动合同的；

（七）法律、行政法规规定的其他情形。

3.《中华人民共和国劳动合同法》第四十七条：

经济补偿按劳动者在本单位工作的年限，每满一年支付一个月工资的标准向劳动者支付。六个月以上不满一年的，按一年计算；不满六个月的，向劳动者支付半个月工资的经济补偿。

劳动者月工资高于用人单位所在直辖市、设区的市级人民政府公布的本地区上年度职工月平均工资三倍的，向其支付经济补偿的标准按职工月平均工资三倍的数额支付，向其支付经济补偿的年限最高不超过十二年。

本条所称月工资是指劳动者在劳动合同解除或者终止前十二个月的平均工资。

4.《中华人民共和国劳动合同法》第四十八条：

用人单位违反本法规定解除或者终止劳动合同，劳动者要求继续履行劳动合同的，用人单位应当继续履行；劳动者不要求继续履行劳动合同或者劳动合同已经不能继续履行的，用人单位应当依照本法第八十七条规定支付赔偿金。

5.《中华人民共和国劳动合同法》第五十条：

用人单位应当在解除或者终止劳动合同时出具解除或者终止劳动合同的证明，并在十五日内为劳动者办理档案和社会保险关系转移手续。

劳动者应当按照双方约定，办理工作交接。用人单位依照本法有关规定应当向劳动者支付经济补偿的，在办结工作交接时支付。

用人单位对已经解除或者终止的劳动合同的文本，至少保存二年备查。

6.《最高人民法院关于民事诉讼证据的若干规定》第六条：

在劳动争议纠纷案件中，因用人单位作出开除、除名、辞退、解除劳动合同、减少劳动报酬、计算劳动者工作年限等决定而发生劳动争议的，由用人单位负举证责任。

金诚同达·研析与提示

《劳动法》第八条规定，劳动者依照法律规定，通过职工大会、职工代表大会或者其他形式，参与民主管理或者就保护劳动者合法权益与用人单位进行平等协商。《劳动合同法》第四条规定，用人单位在制定、修改或者决定有关劳动报酬、工作时间、休息休假、劳动安全卫生、保险福利、职工培训、劳动纪律以及劳动定额管理等直接涉及劳动者切身利益的规章制度或者重大事项时，应当经职工代表大会或者全体职工讨论，提出方案和意见，与工会或者职工代表平等协商确定。用人单位应当将直接涉及劳动者切身利益的规章制度和重大事项决定公示，或者告知劳动者。

现实中，用人单位的考核制度首先要经过民主程序制定，这是相关制度具备合法性的前提。其次，根据《劳动合同法》的规定，劳动者不能胜任工作，经过培训或者调整工作岗位，仍不能胜任工作的，用人单位可以解除劳动合同。本案中，企业仅以一次排位的结果试图证明员工不能胜任工作，没有与员工协商调岗或对员工予以培训，就直接“淘汰”，实际上是违反上述法律规定的。因此，需要承担违法解除劳动合同的法律责任。

同时，该案也给用人单位提了个醒，未经民主程序制定的企业管理制度可能会得不到法院和仲裁委的认可，用人单位据此管理制度作出的解除劳动合同的决定会因此被认定为“不合法”，进而被裁判支付赔偿金。因此，企业在实际操作中，应尽可能充分、细致地与劳动者进行协商，告知管理制度以及相关处理决定，并注意留存证据。

24. 单位考勤管理不严　以旷工为由解除合同难以成立

案情简介

施某华于2011年4月6日入职A公司，双方签订了期限自2011年4月6日至2014年4月5日的劳动合同。2011年11月25日，施某华与A公司、B公司签订了《劳动关系转移协议》，约定施某华与A公司签订的劳动合同于2011年11月25日解除，施某华与A公司均不再为对方承担或履行任何与该合同有关的责任或义务。施某华与B公司于2011年11月26日签订了劳动合同，有效期为2011年11月26日至2014年4月5日。2013年6月30日，施某华与B公司、C公司签订了《劳动关系转移协议》，约定施某华与B公司签订的劳动合同于2013年6月30日解除，施某华与B公司均不再为对方承担或履行任何与该合同有关的责任或义务。

2013年7月1日，施某华与C公司签订了劳动合同，该合同有效期为2013年7月1日至2014年4月5日。施某华与A公司、B公司、C公司分别签订的三份劳动合同约定的职位均为行政总监一职。另，施某华与A公司、B公司签订的《劳动关系转移协议》约定施某华在A公司的工作年限将合并计算为施某华在B公司的工作年限，施某华与B公司、C公司签订的《劳动关系转移协议》约定施某华在B公司的工作年限将合并计算为施某华在C公司的工作年限。

2014年2月21日，C公司解除与施某华的劳动合同，理由为施某华在2013年9月12日、13日、16日、2014年2月7日、8日各旷工1天，2014年2月17日、19日、20日各旷工半天。施某华对旷工事实不认可，认为其与A公司、B公司及C公司约定的工作性质是根据项目进展情况实行弹性工作时间，认为C

公司该解除行为违法。施某华向北京市劳动争议仲裁委员会提出仲裁请求，要求A公司、B公司、C公司向其支付工资及25%经济补偿金、年终奖及25%经济补偿金、绩效工资及25%经济补偿金、解除劳动合同赔偿金、未休年假工资、期权损失、加班费及25%经济补偿金、竞业禁止补偿金、第十三薪。

后施某华对仲裁裁决不服，向法院提起诉讼。审理过程中，C公司主张施某华为公司高管，实行不定时工作制，没有考勤管理。

A公司、B公司、C公司不服一审法院判决结果，提起上诉。

审判者说

一审法院认为，C公司就施某华存在旷工的主张，仅向法庭提交了经过公证的员工异常考勤申诉表为证，而施某华对该表不予认可，且该表中无施某华的签字确认，同时，C公司就该主张亦未向法庭提交其他相应的证据佐证，故一审法院对于C公司主张的施某华存在旷工9天的主张，不予采信。在无法认定施某华存在旷工的情况下，C公司以施某华存在旷工为由解除与其的劳动关系为违法解除，理应向施某华支付违法解除劳动关系经济赔偿金

二审法院认为，本案争议焦点之一即为“施某华是否存在旷工行为”。对此，首先，C公司针对施某华是否存在加班事实时以施某华实行不定时工作制进行抗辩，现该公司又主张对施某华有考勤管理，与常理不符。其次，C公司针对施某华在2013年3月至9月诸多被记旷工的考勤异常现象，并没有进行相应的劳动管理，该情形进一步佐证了施某华关于没有考勤管理的主张。因此，法院对于C公司所持施某华存在9天旷工的主张不予采信。鉴于施某华的旷工行为无法被认定，C公司以此为由提前解除双方劳动合同，缺乏事实依据，属于违法解除劳动合同，应当向施某华支付违法解除劳动关系赔偿金。

审理结果

北京市海淀区人民法院〔2014〕海民初字第18759号民事判决书（节选）：

一、C公司于本判决生效后七日内向施某华支付二〇一四年二月一日至二〇一四年二月二十一日期间的工资七千三百四十八元六角九分；

二、C公司于本判决生效后七日内向施某华支付二〇一三年一月一日至二〇一三年十二月三十一日的年终奖二万零九百零七元；

三、C公司于本判决生效后七日内向施某华支付二〇一三年一月一日至二〇一三年六月三十日的绩效工资二万零七十元；

四、C公司于本判决生效后七日内向施某华支付违法解除劳动关系赔偿金十万零四千二百八十一元五角；

五、A公司于本判决生效后七日内向施某华支付二〇一一年四月六日至二〇一一年十一月二十五日期间未休年假工资一万五千二百五十元六角四分；B公司于本判决生效后七日内向施某华支付二〇一一年十一月二十六日至二〇一三年六月三十日期间未休年假工资三万五千五百八十四元八角二分；C公司于本判决生效后七日内向施某华支付二〇一三年七月一日至二〇一四年二月二十一日期间未休年假工资一万五千二百五十元六角四分；

六、驳回施某华的其他诉讼请求。

北京市第一中级人民法院〔2014〕一中民终字第8477号民事判决书（节选）：

驳回上诉，维持原判。

本判决为终审判决。

审理机关

北京市海淀区人民法院

北京市第一中级人民法院

判决依据

1.《中华人民共和国劳动合同法》第三十条第一款：

用人单位应当按照劳动合同约定和国家规定，向劳动者及时足额支付劳动报酬。

2.《中华人民共和国劳动合同法》第四十七条：

经济补偿按劳动者在本单位工作的年限，每满一年支付一个月工资的标准向劳动者支付。六个月以上不满一年的，按一年计算；不满六个月的，向劳动者支付半个月工资的经济补偿。

劳动者月工资高于用人单位所在直辖市、设区的市级人民政府公布的本地区上年度职工月平均工资三倍的，向其支付经济补偿的标准按职工月平均工资三倍的数额支付，向其支付经济补偿的年限最高不超过十二年。

本条所称月工资是指劳动者在劳动合同解除或者终止前十二个月的平均工资。

3.《中华人民共和国劳动合同法》第八十七条：

用人单位违反本法规定解除或者终止劳动合同的，应当依照本法第四十七条规定的经济补偿标准的二倍向劳动者支付赔偿金。

4.《中华人民共和国劳动法》第四十五条：

国家实行带薪年休假制度。劳动者连续工作一年以上的，享受带薪年休假。具体办法由国务院规定。

金诚同达·研析与提示

根据《劳动合同法》第四条之规定，用人单位应当依法建立和完善规章制度，保障劳动者享有劳动权利、履行劳动义务。作为负有劳动管理职责的用人单位，其应当在履行劳动合同过程中严格一贯地执行自己的规章制度。判断一个劳动者是否存在旷工事实，不仅要依据用人单位对劳动者的考勤记录，还要看用人单位与劳动者约定采用何种工时制，以及用人单位自劳动者入职以来一贯采用的考勤管理方式。

本案中，C 公司和施某华均认可双方实行不定时工时制，说明施某华的工作时间不受固定时数限制，即便考勤异常申诉表的内容属实，也不能据此判断其存在旷工事实。况且，用人单位对劳动者的劳动管理应当是及时的。根据考勤异常申诉表的记载，施某华很早就存在考勤异常现象，但 C 公司并没有进行相应的劳动管理，该情形进一步佐证了施某华关于没有考勤管理的主张。因此，考勤管理作为用人单位的一项重要且日常的管理制度，应坚持管理一贯性和稳定性，劳动者在用人单位提供劳动一般具有延续性，如果用人单位以违反考勤制度为由向劳动者主张解除劳动合同，应当在考勤管理上尽量做到出现问题及时处理。

25. 企业规定员工旷工罚款被认定为无效

案情简介

2011年2月16日，朱某入职某家政公司，岗位为搬运工，双方未签订劳动合同，未办理社会保险，约定月工资为计件工资即每单业务收入朱某提取70%、家政公司提取30%。2012年4月1日，双方签订劳动合同，约定月工资为计件工资即每单业务收入朱某提取70%、家政公司提取30%，每月15日发放上月工资。双方另约定每月发放月工资的95%，剩余5%工资于劳动合同终止前发放。

2012年11月12日，朱某被其同事程某无故打伤，经派出所调解由程某向朱某赔礼道歉并赔偿损失，但当日家政公司即将朱某口头开除，并对朱某罚款200元。朱某认为，家政公司系违法解除劳动合同，诉请判令家政公司支付2012年10月、11月工资，拖欠的5%工资，以及支付加班费、未签订书面劳动合同二倍工资差额、违法解除劳动合同的赔偿金，并立即办理退工手续。

家政公司认可部分未支付的工资，但主张应予以扣减。原因是因朱某连续旷工十天，按照公司规章制度每旷工一天扣款150元，故应从中扣款1500元。

审判者说

法院认为，针对家政公司有关朱某连续旷工十天，应从未付工资中扣款1500元的抗辩意见，现行的劳动法律只规定劳动者依法承担的法律责任为赔偿责任，并未赋予用人单位对劳动者的经济处罚权；因此，本案中虽然家政公司在规章制度中对员工旷工行为进行扣款作出了相应规定，但因其不具有合法性基础应属无效，故家政公司据此要求对朱某扣款没有法律依据，依法不予采纳。

审理结果

福建省厦门市思明区人民法院〔2013〕思民初字第3227号民事判决书（节选）：

一、被告家政公司应于本判决生效之日起十日内支付给原告朱某2012年10月份工资4125.8元和2012年11月份工资980元；

二、被告家政公司应于本判决生效之日起十日内支付给原告朱某2012年2月份至11月份期间的周休息日加班工资人民币6579.31元和法定节假日加班工资837.93元；

三、被告家政公司应于本判决生效之日起十日内为原告朱某出具解除劳动合同的证明，并办理档案和社会保险关系的转移手续；

四、驳回原告朱某的其他诉讼请求；

五、驳回被告家政公司的诉讼请求。

审理机关

福建省厦门市思明区人民法院

判决依据

1.《中华人民共和国劳动法》第三条第一款：

劳动者享有平等就业和选择职业的权利、取得劳动报酬的权利、休息休假的权利、获得劳动安全卫生保护的权利、接受职业技能培训的权利、享受社会保险和福利的权利、提请劳动争议处理的权利以及法律规定的其他劳动权利。

2.《中华人民共和国劳动法》第四十四条：

有下列情形之一的，用人单位应当按照下列标准支付高于劳动者正常工作时间工资的工资报酬：

（一）安排劳动者延长工作时间的，支付不低于工资的百分之一百五十的工资报酬；

（二）休息日安排劳动者工作又不能安排补休的，支付不低于工资的百分之二百的工资报酬；

（三）法定休假日安排劳动者工作的，支付不低于工资的百分之三百的工资报酬。

3.《中华人民共和国劳动合同法》第三十条：

用人单位应当按照劳动合同约定和国家规定，向劳动者及时足额支付劳动报酬。

用人单位拖欠或者未足额支付劳动报酬的，劳动者可以依法向当地人民法院申请支付令，人民法院应当依法发出支付令。

4.《中华人民共和国劳动合同法》第三十一条：

用人单位应当严格执行劳动定额标准，不得强迫或者变相强迫劳动者加班。用人单位安排加班的，应当按照国家有关规定向劳动者支付加班费。

5.《中华人民共和国劳动合同法》第五十条第一款：

用人单位应当在解除或者终止劳动合同时出具解除或者终止劳动合同的证明，并在十五日内为劳动者办理档案和社会保险关系转移手续。

6.《中华人民共和国民事诉讼法》第六十四条第一款：

当事人对自己提出的主张，有责任提供证据。

金诚同达·研析与提示

计划经济时代，用人单位对劳动者的管理并不局限于劳动关系的必要方面。除对本单位职工进行劳动管理外，用人单位还对职工的组织关系、婚姻关系、家庭关系，甚至思想道德和行为规范进行一定程度的管理和干预。在这样的历史背景下，用人单位比较深入地介入了公民的私生活领域。为单位管理方便的考虑，当时的法律政策赋予了用人单位经济处罚权。

不过，随着《劳动法》尤其是《劳动合同法》的出台，我国逐渐建立起了与社会主义市场经济制度相适应的劳动法律体系。用人单位对劳动者私生活的干预和介入的范围与过去相比，受到了明显的限制，逐渐回归到与劳动关系相关的必要范围内。用人单位的经济处罚权，在人大立法层面已经丧失了法律基础。目前，仍存在大量企业沿袭计划经济时代的思维，或沿用过去的规章制度，规定企业可以对违纪员工进行罚款。在司法实践中，尽管仍有部分地区认可用人单位的经济处罚权，但多数观点对此是持否定态度的。如企业对员工进行罚款，存在被认定为未及时足额支付劳动报酬的法律风险。

不过，用人单位不享有罚款权并不代表用人单位不能对违纪员工进行处分。《劳动合同法》规定，用人单位应当通过民主程序，制定、修改或者决定有关劳动纪律等直接涉及劳动者切身利益的规章制度或者重大事项。如用人单位计划对某些违反劳动纪律和规章制度的行为进行处分，尤其是进行经济处分，可以通过制定绩效考核制度、扣减绩效工资的方式实现相关目的。

因此，为建立健全合法合规的人力资源管理制度，现代企业多以“基本工资 + 绩效工资 + 奖金”的模式为基本模型建立薪酬体系，既有利于激发员工的劳动积极性和创造力，实现人力资源的最优配置，也为严肃劳动纪律，处理违纪员工提供了制度依据和操作空间。

26. 是否虚假报销引争议　解除劳动合同依法补偿

案情简介

2004 年 3 月 15 日，马某域到 A 医疗器械有限公司工作，工作岗位是销售。2008 年 12 月 31 日，A 公司（甲方）与马某域（乙方）签订了《劳动合同书》，合同主要约定：乙方在甲方工作起始时间为 2004 年 3 月 15 日；本合同于 2009 年 1 月 1 日生效，于 2011 年 9 月 14 日终止；根据甲方生产经营需要，甲方可以调整乙方工作岗位；本合同的附件包括《员工手册》及甲方其他规章制度。2011 年马某域升任区域销售经理，每月报销金额上限为 8000 元，超过部分需要找领导审批。

2011 年 9 月 15 日，A 公司与马某域续签了劳动合同书，生效日期为 2011 年 9 月 15 日，至 2014 年 9 月 14 日终止。

2013 年 7 月 8 日，A 公司因准备调整销售战略曾派人与马某域协商调整马某域到生产部门，但马某域不同意；双方还协商解除劳动合同，但因补偿问题未能达成一致意见。A 公司支付马某域工资至 2013 年 7 月 25 日。2013 年 8 月 7 日，A 公司作出《解除劳动合同通知书》，该通知载明马某域在 2012 年 10 月至 2013 年 5 月差旅费用报销中，存在无住宿发生而用住宿发票报销、虚报住宿天数、报销事由与发票明细不符、擅自伪造酒店住宿水单、不同月份发票联号等问题，上述虚报及伪造票据申报金额已达 22899.4 元。A 公司认为马某域上述行为已经严重违反公务报销制度及《员工手册》相关规定。依据《员工手册》和《劳动合同法》的规定，A 公司决定从 2013 年 8 月 7 日起解除与马某域的劳动合同。

马某域向北京市昌平区劳动人事争议仲裁委员会提出仲裁申请，请求公司支付报销款、违法解除劳动合同赔偿金等各项费用。劳动仲裁委支持了马某域的部分申请事项。A 公司不服仲裁裁决，诉至法院。一审法院驳回了 A 公司的诉讼请求，判决 A 公司给付马某域解除劳动合同经济补偿金、报销款等费用。A 公司不服一审判决，提起上诉。

审判者说

法院认为，本案的争议焦点是 A 公司解除与马某域劳动关系的行为是否合法。要判断解除行为的合法性，需考察 A 公司解除行为的程序是否合法以及事实是否真实。A 公司作为用人单位需对程序正当和解除事实承担举证责任。首先，马某域不认可曾收到《关于正式实施 A 公司员工手册的通知》及《员工手册》。A 公司亦未能提供出 2013 年 1 月 23 日公布员工手册的有效证据，且在一审庭审过程中，A 公司未提供出其制定《员工手册》的合法程序，故法院对于 A 公司提供的《关于正式实施 A 公司员工手册的通知》及《员工手册》的证据不予采信。其次，A 公司在通知马某域解除劳动合同时，A 公司尚未取得书面证据证明马某域存在严重票据造假之行为，其仅凭电话查询住宿信息就作出了解除劳动合同的通知，A 公司的该处理行为缺乏依据。法院不能认定马某域严重违反公司规定，因此 A 公司解除与马某域的劳动合同依据不足，应当支付马某域解除劳动合同经济补偿金，同时判决 A 公司支付报销款项。

审理结果

北京市昌平区人民法院〔2014〕昌民初字第 02195 号民事判决书（节选）：

一、驳回原告 A 公司的诉讼请求。

二、原告 A 公司于本判决书生效后十日内支付被告马某域二〇一三年七月二十六日至八月六日期间工资三千九百六十九元三角三分。

三、原告 A 公司于本判决书生效后十日内支付被告马某域解除劳动合同经济补偿金一十四万六千一百元五角。

四、原告 A 公司于本判决书生效后十日内支付被告马某域二〇一三年三月至五月及七月报销款一万一千一百一十六元一角八分。

北京市第一中级人民法院〔2014〕一中民终字第 07737 号民事判决书（节选）：

驳回上诉，维持原判。

本判决为终审判决。

审理机关

北京市昌平区人民法院

北京市第一中级人民法院

判决依据

1.《中华人民共和国劳动法》第二条：

在中华人民共和国境内的企业、个体经济组织（以下统称用人单位）和与之形成劳动关系的劳动者，适用本法。

国家机关、事业组织、社会团体和与之建立劳动合同关系的劳动者，依照本法执行。

2.《中华人民共和国劳动法》第五十条：

工资应当以货币形式按月支付给劳动者本人。不得克扣或者无故拖欠劳动者的工资。

3.《中华人民共和国劳动合同法》第三十条第一款：

用人单位应当按照劳动合同约定和国家规定，向劳动者及时足额支付劳动报酬。

4.《中华人民共和国劳动合同法》第四十六条：

有下列情形之一的，用人单位应当向劳动者支付经济补偿：

（一）劳动者依照本法第三十八条规定解除劳动合同的；

（二）用人单位依照本法第三十六条规定向劳动者提出解除劳动合同并与劳动者协商一致解除劳动合同的；

（三）用人单位依照本法第四十条规定解除劳动合同的；

（四）用人单位依照本法第四十一条第一款规定解除劳动合同的；

（五）除用人单位维持或者提高劳动合同约定条件续订劳动合同，劳动者不同意续订的情形外，依照本法第四十四条第一项规定终止固定期限劳动合同的；

（六）依照本法第四十四条第四项、第五项规定终止劳动合同的；

（七）法律、行政法规规定的其他情形。

5.《中华人民共和国劳动合同法》第四十七条：

经济补偿按劳动者在本单位工作的年限，每满一年支付一个月工资的标准向劳动者支付。六个月以上不满一年的，按一年计算；不满六个月的，向劳动者支付半个月工资的经济补偿。

劳动者月工资高于用人单位所在直辖市、设区的市级人民政府公布的本地区上年度职工月平均工资三倍的，向其支付经济补偿的标准按职工月平均工资三倍的数额支付，向其支付经济补偿的年限最高不超过十二年。

本条所称月工资是指劳动者在劳动合同解除或者终止前十二个月的平均工资。

6.《中华人民共和国民事诉讼法》第六十四条：

当事人对自己提出的主张，有责任提供证据。

当事人及其诉讼代理人因客观原因不能自行收集的证据，或者人民法院认为审理案件需要的证据，人民法院应当调查收集。

人民法院应当按照法定程序，全面地、客观地审查核实证据。

金诚同达·研析与提示

“招聘容易解雇难”是劳动法立法的基本原则，其中一个突出表现是限制用人单位的解聘权利，严格要求用人单位规章制度的制定程序。其中，《劳动合同法》第三十九条、四十条规定了用人单位的单方解除劳动合同的权利。在法律实务中，用人单位援引第三十九条第二款关于劳动者“严重违反用人单位的规章制度的”规定比较常见。需要注意的是，用人单位以劳动者严重违反规章制度为由解除员工劳动关系时，应当保证规章制度的合理性及其制定程序的民主性，确保生效的规章制度及时送达公司员工，并保留充分的证据。如此，需要解雇“问题员工”时，才不致“无章可依”。

此外，本案中药品生产经营行业的特殊性导致的可能出现的劳动法问题，也值得关注。医药销售人员因其工作内容，常常需要出差，报销相关费

用。在工作中，劳动者尤其应注意保管交通费、住宿费、伙食费等费用的正规发票，树立维权意识。同时，因为工作时间不固定，所以在工作时，应注意对工作时间的统计，区分正常工作时间和加班时间，保障自己的合法权益。此外，劳动者还应关注社会保险的缴纳情况，避免出现社会保险遗漏的情形。同时，医药销售企业在内部管理中，应在公司相关规定中，明确销售人员外出时的就餐、住宿标准，同时规定提供虚假发票应承担相应的法律责任，并通过培训等形式向劳动者明示。此外，可根据工种特点，向所在地区的劳动社会保障部门申请对部分工种适用不定时工作制。

第五章

休息休假纠纷

关键词：休息休假　带薪年休假　法定节假日

27. 年休假天数标准须从“头”计算

28. 单位自行安排的休假不能当然抵消带薪年休假

29. 伪造就诊记录　被单位合法解除劳动合同

30. 提交虚假病假条“赔了夫人又折兵”

31. 使用微信请病假，应注意保管好微信记录

32. 企业接收请假手续≠不追究此前未按规定请假的行为

33. 企业按最低工资发放加班费，员工领取的不构成默示同意

34. 全日制劳动合同“一分为二”，法院认定“合二为一”

35. 合法综合计算工时工作制度下企业无须支付额外费用

36. 企业安排员工值班　值班期间可以休息的无需支付加班费

27. 年休假天数标准须从“头”计算

案情简介

2009年11月25日，李某林入职A公司，担任门店店员。2011年至2013年期间公司每年安排李某林享受5天带薪年休假。2014年5月，李某林从公司离职。离职后，李某林起诉公司要求支付在职期间未休满年休假的工资差额。李某林主张，其1983年12月已开始工作，入职被告公司前社保缴费累计年限已达22年零4个月，每年应休年假为15天，公司每年仅安排5天年假的行为违法，起诉要求公司支付未休带薪年假工资差额6831.72元。

面对李某林的请求，A公司主张，年假须是在本单位连续工作1年以上的员工才能享受。累计工作年限1年至10年的年假为5天，10年至20年的年假为10天，工作年限超20年的年假为15天，累计工作年限应以在本单位工作的年限为准，非本单位工作年限不应累计计算。

审判者说

法院认为，职工连续工作1年以上的，享受带薪年休假，累计工作已满20年的，年休假15天。本案中，原告于2009年11月25日入职被告公司，其提交的北京市西城区职业介绍服务中心2015年4月27日出具的《年休假工龄证明》载明其参加工作时间为1983年12月，视同缴费年限为12年零4个月，实际缴费年限为22年零4个月，北京市社会保险个人权益记录载明原告在我市养老保险累计实际缴费年限22年零6个月，故原告入职被告公司时累计工作已满20年。原告工作至2014年5月6日，其2009年至2014年应休年休假天数分别为

1天、15天、15天、15天、15天、5天。被告安排原告2011年、2012年、2013年休年休假各5天，存在差额，故被告应当支付原告不足部分的未休年假工资。原、被告均同意按照每月1560元的标准计算原告的未休年休假工资，法院对此不持异议。经核算，原告主张的金额不超过法院核算的数额，故原告的诉讼请求，有事实和法律依据，法院予以支持。原告在被告处工作至2014年5月6日，于2014年12月29日申请仲裁，故其诉讼请求未超过仲裁时效，被告关于原告部分请求超过仲裁时效的答辩意见，法院不予采纳。被告辩称其公司规定工作满一年才开始享受年休假，每年五天，该规定违反相关法律法规，法院对其该项答辩意见亦不予采纳。

审理结果

北京市西城区人民法院〔2015〕西民初字第13197号民事判决书（节选）：

本判决生效后七日内，被告A公司支付原告李某林二〇〇九年十一月二十五日至二〇一四年五月六日期间未休年休假工资六千八百三十一元七角二分。

审理机关

北京市西城区人民法院

判决依据

《中华人民共和国劳动法》第四十五条：

国家实行带薪年休假制度。劳动者连续工作一年以上的，享受带薪年休假。具体办法由国务院规定。

金诚同达·研析与提示

《职工带薪年休假条例》第二条规定，职工连续工作1年以上的，享受带薪年休假。《企业职工带薪年休假实施办法》第三条规定，职工连续工作满12个月以上的，享受带薪年休假。《职工带薪年休假条例》第三条规定，职工累计工作已满1年不满10年的，年休假5天；已满10年不满20年的，年休假 10 天；已满 20 年的，年休假 15 天。

国家建立带薪年休假制度的宗旨在于保障劳动者连续工作后的休息权，是在考虑劳动者工作时间的基础上对劳动者进行的休假补偿。根据上述规定，只要员工在入职前曾经有“连续满 12 个月”的工作经历，即可在入职新单位后的第一年享受带薪年休假。如果公司规章制度规定，员工享受带薪年休假应以“司龄”而非“工龄”计算，在司法实践中，此类规定将因为违反法律规定而被司法机关认定为无效。

需要注意的是，现实中相当数量的公司给予员工的带薪年休假待遇优于法定标准。在司法实践中，优于法定标准的部分一般视为用人单位给予员工的福利，如果公司规章制度或劳动合同对此进行了明确规定或约定，用人单位也不得随意减少福利假期。

28. 单位自行安排的休假不能当然抵消带薪年休假

案情简介

2015年9月17日，班某向法院起诉A律所，诉称：2011年6月1日，班某入职A律所，并与其签订了劳动合同。2012年6月1日，双方续签了劳动合同，期限至2013年5月31日。班某的税前工资为8350元。合同到期后，班某继续在A律所工作，但双方未签劳动合同，A律所未安排班某休年假。2013年10月21日，A律所无故要求班某离职，违法解除了与班某的劳动合同。

关于年休假问题，A律所辩称：A律所组织班某所在的团队于2012年6月去泰国旅游7天、2013年6月去北戴河休假5天。班某所应得的年休假已经享受完毕，无权主张年休假。

一审判决后，双方均对判决结果不服，上诉至二审法院。

审判者说

一审法院认为，2011年6月1日至2013年10月20日，班某可休年休假11天。A律所组织班某所在的团队于2012年6月去泰国旅游7天、2013年6月去北戴河休假5天，已安排班某休假9天，A律所应支付班某未休年休假工资1535.63元（8350元 ÷21.75×2天 ×200%）。

二审法院认为，就年休假问题，劳动者应当拥有依其自由意愿，自主安排休假时间与方式的权利，用人单位安排集体外出旅游替代休假的，应当证明此方式属于双方约定的休假方式或符合单位合法有效的规章制度中的规定，或双方就此形成专门的合意，不具备上述条件的，安排旅游不属于劳动者享受年休假的情况，而应属于用人单位在年休假之外另行提供的奖励或福利。本案中，A律所未能就上述事项提供相应证据，故二审法院对其主张不予支持，班某的上诉请求及理由，于法有据，二审法院予以支持。本案中，2011年6月1日至2013年10月20日，班某可休年休假11天，A律所应支付班某未休年休假工资8445.98元（8350元 ÷21.75×11天 ×200%）。

审理结果

北京市朝阳区人民法院〔2014〕朝民初字第46620号民事判决书（节选）：

一、A律所于本判决生效后七日内给付班某二○一三年六月一日至二○一三年十月二十日未签劳动合同双倍工资差额三万八千七百七十四元七角一分；

二、A律所于本判决生效后七日内给付班某二○一三年十月一日至二○一三年十月二十日工资五千三百七十四元七角一分；

三、A律所于本判决生效后七日内给付班某未休年休假工资补偿一千五百三十五元六角三分；

四、A律所于本判决生效后七日内给付班某解除劳动关系经济补偿金二万零八百七十五元；

五、A律所于本判决生效后七日内为班某出具离职证明；

六、驳回班某的其他诉讼请求；

七、驳回A律所的其他诉讼请求。

北京市第三中级人民法院〔2015〕三中民终字第12243号民事判决书（节选）：

一、维持北京市朝阳区人民法院〔2014〕朝民初字第46620号民事判决第一项、第二项、第四项、第五项、第七项；

二、撤销北京市朝阳区人民法院〔2014〕朝民初字第46620号民事判决第三项、第六项；

三、A律所于本判决生效后七日内给付班某未休年休假工资补偿八千四百四十五元九角八分；

四、驳回班某的其他上诉请求；

五、驳回A律所的全部上诉请求。

审理机关

北京市朝阳区人民法院

北京市第三中级人民法院

判决依据

1.《中华人民共和国劳动法》第四十五条：

国家实行带薪年休假制度。劳动者连续工作一年以上的，享受带薪年休假。具体办法由国务院规定。

2.《职工带薪年休假条例》第五条：

单位根据生产、工作的具体情况，并考虑职工本人意愿，统筹安排职工年休假。

年休假在1个年度内可以集中安排，也可以分段安排，一般不跨年度安排。单位因生产、工作特点确有必要跨年度安排职工年休假的，可以跨1个年度安排。

单位确因工作需要不能安排职工休年休假的，经职工本人同意，可以不安排职工休年休假。对职工应休未休的年休假天数，单位应当按照该职工日工资收入的300%支付年休假工资报酬。

3.《中华人民共和国民事诉讼法》第一百七十条第一款第（二）项

第二审人民法院对上诉案件，经过审理，按照下列情形，分别处理：

……

（二）原判决、裁定认定事实错误或者适用法律错误的，以判决、裁定方式依法改判、撤销或者变更；

……

金诚同达·研析与提示

关于用人单位组织安排的集体外出旅游能否替代带薪年休假，在司法实践中存在一定争议。本案中，尽管二审法院支持了劳动者的主张，认定用人单位安排的集体旅游不属于劳动者享受年休假的情况，但也没有否认二者存在相互抵消的可能性。事实上，单位安排的旅游度假并非一律视为单位向劳动者提供的福利待遇，应视具体情况加以分析。

根据我国相关法律规定，用人单位有权统筹安排员工的年休假，但进行休假安排时，应当考虑劳动者的意愿。如果用人单位与劳动者约定，或者用人单位的相关规章制度规定，单位组织安排的集体外出旅游可以抵消员工的带薪年休假，审判机关倾向于认可此类约定或规定的效力。否则，单位安排的外出旅游一般应当视为用人单位向劳动者提供的福利，不能抵消员工年休假。

在实际操作过程中，用人单位应当注意，如果需要制定以安排外出旅游抵消年休假的规章制度，需要经过民主程序制定后，确保规章制度送达每位员工，并注意留存制定、送达等相关证据，以降低不必要的法律风险。

29. 伪造就诊记录　被单位合法解除劳动合同

案情简介

2008 年 5 月 12 日，程某苓入职 A 公司，双方签订了期限至 2013 年 3 月 31 日的劳动合同。2012 年 2 月 16 日至 2012 年 9 月 13 日期间，程某苓休了病假。2012 年 10 月 16 日，A 公司以程某苓存在提交虚假诊断证明和门诊就诊记录为由，与程某苓解除了劳动合同，并向其送达了解除劳动合同通知书。程某苓到劳动仲裁委申请仲裁，仲裁委裁决 A 公司支付程某苓违法解除劳动合同赔偿金 38298.06 元。A 公司不服裁决，起诉至法院。庭审中，A 公司向法庭提交了北京市海淀区妇幼保健院诊断证明书、门诊就诊记录复印件及休假申请表、天津市宝坻区牛家牌卫生院诊断证明书、门诊就诊记录复印件及休假申请表，主张该组证据系程某苓向其公司提交的请假材料，但经其公司核实，诊断证明书和门诊就诊记录为伪造的。A 公司员工手册载明：员工提供虚假的个人信息（包括但不限于教育学历、离职证明、健康证明、体检证明、病休证明……）属于严重违纪行为，公司可立即与其解除劳动合同。原告公司主张程某苓存在伪造病历请假的行为，公司解除劳动合同的行为合法。

审判者说

法院认为，当事人对自己提出的诉讼请求所依据的事实或者反驳对方诉讼请求所依据的事实有责任提供证据加以证明。没有证据或者证据不足以证明当事人的事实主张的，由负有举证责任的当事人承担不利后果。因用人单位作出的开除、除名、辞退、解除劳动合同、减少劳动报酬、计算劳动者工作年限等决定而发生的劳动争议，用人单位负举证责任。

程某苓在 2012 年 2 月 16 日至 2012 年 9 月 13 日期间休了病假，A 公司于 2012 年 10 月 16 日与程某苓解除了劳动合同。A 公司主张程某苓存在向其公司提交虚假诊断证明和门诊就诊记录的行为，公司有权依据员工手册的规定与之解除劳动合同，应当提供相应证据证明。庭审汇总，A 公司提交了员工手册、劳动合同书、劳动合同及员工手册送达通知书、绩效考核管理办法送达通知书、相关诊断证明书、门诊就诊记录复印件及休假申请表、卫生部执业医师查询截图等证据加以证明，其中员工手册上规定员工提交虚假病休证明属于严重违纪行为，A 公司有权与员工解除劳动合同。程某苓未提交任何证据，也未就相关诊断证明书、门诊就诊记录复印件中存在的疑点进行合理解释，且经法院释明后亦未提交天津市宝坻区牛家牌卫生院门诊就诊记录的原件。

结合双方当事人提交的证据，法院认定 A 公司已经向程某苓送达员工手册，程某苓存在提交虚假门诊就诊记录的行为。

对此，法院认为，A 公司有权依据已送达给程某苓的员工手册的规定，以程某苓存在提交虚假门诊就诊记录的行为为由通知程某苓与其解除劳动合同，A 公司解除与程某苓之间的劳动合同符合员工手册及相关法律的规定，故无需向程某苓支付违法解除劳动合同赔偿金。

审理结果

北京市大兴区人民法院〔2013〕大民初字第 5090 号民事判决书（节选）：

原告A公司无需支付被告程某苓违法解除劳动合同赔偿金三万八千二百九十八元零六分。

审理机关

北京市大兴区人民法院

判决依据

1.《中华人民共和国劳动合同法》第三十九条第（二）项：

劳动者有下列情形之一的，用人单位可以解除劳动合同：

……

（二）严重违反用人单位的规章制度的；

……

2.《最高人民法院关于民事诉讼证据的若干规定》第二条：

当事人对自己提出的诉讼请求所依据的事实或者反驳对方诉讼请求所依据的事实有责任提供证据加以证明。

没有证据或者证据不足以证明当事人的事实主张的，由负有举证责任的当事人承担不利后果。

3.《最高人民法院关于审理劳动争议案件适用法律若干问题的解释》第十三条：

因用人单位作出的开除、除名、辞退、解除劳动合同、减少劳动报酬、计算劳动者工作年限等决定而发生的劳动争议，用人单位负举证责任。

金诚同达·研析与提示

员工提交虚假假条“泡病号”，一直是令企业非常头疼的一个现象。鉴于劳动案件中，除劳动者主张加班费应就加班事实的存在承担举证责任外，一般情况下举证责任由用人单位承担，企业往往难以举证证明病假材料虚假。

一方面，由于部分医院存在管理不规范的现象，员工获取虚假病假条难度较低。甚至在某些互联网购物平台上，存在不法商贩公开销售病假条的现象。这导致企业即使高度怀疑某些员工提交了虚假材料，也难以向“开具”病假条的医院和医生求证，更难以请医生出庭作证。另一方面，一些企业自身并未建立完善的请假休假规章制度，也未将“提交虚假请假材料”列入企业规章制度，导致需要开除“问题员工”时，缺乏制度依据。为降低相关法律风险，企业首先应当建立完善的规章制度，以免被有心之士利用制度漏洞牟利。

现实中，案件在劳动仲裁阶段时，劳动人事争议仲裁委员会受其调查权限的限制，有时并未深入调查一些关键证据的真伪。企业苦于难以出具有力证据，证明员工提交了虚假材料，往往无法获得有利裁决。但在诉讼阶段，法院会依法履行调查权，认真调查核实相关关键证据的真伪，最大程度杜绝员工因不诚信行为而获得利益。

30. 提交虚假病假条“赔了夫人又折兵”

案情简介

2010年7月5日，高某入职A公司，双方签订了自2010年7月5日至2011年7月4日的劳动合同，后续签至2014年7月4日。2013年4月后，高某以病假为由未再上班，并向公司提交了医院诊断证明。2013年5月17日，公司以高某无故旷工且未到公司补办请假手续为由与其解除劳动合同。诉讼中，高某为证明其因病请假，提交了两份落款时间分别为2013年4月9日、26日的北京同仁医院诊断证明，均写明其为心肌炎，建议休假一个月。

经一审法院向北京同仁医院核实，高某所提交的诊断证明非北京同仁医院出具。在二审审理中，高某认可其一审提交的诊断证明确实不是北京同仁医院开具的，而是去一个诊所开具的。法院认为，高某明知其所持的诊断证明属于虚假材料，仍作为证据提交给一审法院，违反了诚实信用原则，予以严厉批评；高某提交的证据不足以证明已向公司请病假，A公司解除劳动合同符合法律规定。

审判者说

一审法院认为，高某向法院出示的诊断证明经法院调查非北京同仁医院出具，高某称已向公司请病假缺乏证据支持，其未上班的行为应认定为旷工，A公司依据《劳动合同法》及《就业规则》与高某解除劳动合同，符合法律规定，高某要求A公司给付解除劳动合同经济补偿及代通知金缺乏法律依据，法院不予支持。

二审法院认为，A公司以高某无故缺勤、未在规定时间内向公司作出缺勤说明、补办请假手续为由与其解除劳动合同，对此高某主张其因生病已经请假。高某在一审中提交了北京同仁医院的诊断证明以证明其患病，但经一审法院核实，高某提交的诊断证明并非北京同仁医院开具，在二审中高某认可其一审中提交的诊断证明确实不是北京同仁医院开具的。对此，二审法院认为，高某明知其所持的北京同仁医院的诊断证明并非真实仍作为证据提交给一审法院，违反了诚实信用原则，予以严厉批评。高某在二审中又提交了吉林省肝胆病医院开具的诊断证明书和门诊医疗手册，并称二审中提交的上述诊疗材料为其真实病情及就诊情况的反映，但即使如高某所述，则其在明知该诊疗材料已经存在的情况下未向一审法院提交，而是向一审法院提交了虚假材料，此行为有违常理，对此行为高某未做出合理解释；高某提交上述诊疗材料欲证明其因病已向 A 公司请假，A 公司不予认可，高某不能证明其已经以此诊断证明书和门诊医疗手册向 A 公司履行了请假手续。综上，高某提交的证据不足以证明其已向公司请病假，A 公司解除劳动合同符合法律规定。

审理结果

北京市西城区人民法院〔2014〕西民初字第 7342 号民事判决书（节选）：

一、判决生效后十五日内，高某给付 A 公司违约金三万七千七百二十二元六角七分；

二、判决生效后十五日内，高某给付 A 公司社会保险费用及住房公积金费用一千三百一十六元一角五分；

三、驳回高某的诉讼请求；

四、驳回 A 公司的其他诉讼请求。

北京市第二中级人民法院〔2014〕二中民终字第 06546 号民事判决书（节选）：

驳回上诉，维持原判。

本判决为终审判决。

审理机关

北京市西城区人民法院

北京市第二中级人民法院

判决依据

1.《中华人民共和国劳动合同法》第二十二条：

用人单位为劳动者提供专项培训费用，对其进行专业技术培训的，可以与该劳动者订立协议，约定服务期。

劳动者违反服务期约定的，应当按照约定向用人单位支付违约金。违约金的数额不得超过用人单位提供的培训费用。用人单位要求劳动者支付的违约金不得超过服务期尚未履行部分所应分摊的培训费用。

用人单位与劳动者约定服务期的，不影响按照正常的工资调整机制提高劳动者在服务期期间的劳动报酬。

2.《中华人民共和国劳动合同法》第三十九条第（二）项：

劳动者有下列情形之一的，用人单位可以解除劳动合同：

……

（二）严重违反用人单位的规章制度的；

……

3.《中华人民共和国民事诉讼法》第一百七十条第一款第（一）项：

第二审人民法院对上诉案件，经过审理，按照下列情形，分别处理：

（一）原判决、裁定认定事实清楚，适用法律正确的，以判决、裁定方式驳回上诉，维持原判决、裁定；

……

金诚同达·研析与提示

从法理上讲，劳动法调整用人单位与劳动者之间在现实中不平等的合同地位，对作为弱势群体的劳动者进行“倾斜性”保护，以保障劳动者的合法权益不受侵害。然而，这种倾斜性的保护机制在某些情况下也会产生弊端。现实中，少数劳动者缺乏诚信，向用人单位提交虚假假条骗取假期的现象时有发生。很多时候，企业 HR 们对此一筹莫展。

其实，劳动法倾斜性地保护劳动者不等于毫无原则。事实上，劳动法只保护劳动者的合法权益，对于劳动者缺乏诚实信用的行为，是加以谴责的。不过，为了避免因个别员工缺失诚信的行为而遭受损失，企业应当构建好“防火墙”，制定明确的请假休假制度和奖惩制度。一方面避免处理个别员工“泡病号”时面临“无章可循”的窘境，另一方面让需要休假的员工能够真正体会到企业的人文关怀。

31. 使用微信请病假，应注意保管好微信记录

案情简介

李某系A公司员工，双方于2009年7月1日签订劳动合同。后A公司以李某于2014年12月22日至24日连续旷工三天，严重违反公司规章制度为由，与李某解除劳动合同。李某认为，2014年12月22日至24日期间，其生病根据医院建议休病假，且通过微信和电话方式向主管领导请假，并向法院出具微信记录截屏和通话录音作为证据，主张A公司系违法解除劳动合同。

审判者说

法院认为，休息权是劳动者的基本权利之一，病假是劳动者最基本的休息权，直接关系到劳动者的健康与生命安全，在劳动者确有证据证明患病需停工治疗休养并及时通知单位，履行请假手续的情况下，其病假申请应予准许。现李某提交挂号条、诊断证明等，证明其2014年12月22日至24日三天确有因病请假的需要，微信记录截屏、通话录音又可以佐证其履行了请假手续，A公司以李某没有履行请假手续为由认定旷工，并以此解除劳动合同不妥。另公司怀疑李某病假证明的真实性，但未提交相反证据证实，法院不予采信，故确认解除劳动合同行为违法。

审理结果

天津市和平区人民法院〔2015〕和民二初字第1080号民事判决书（节选）：

一、本判决生效之日起十五日内，原告向被告支付解除劳动合同赔偿金

36300 元；

二、本判决生效之日起十五日内，原告向被告支付 2014 年 12 月份工资差额 1480.5 元；

三、本判决生效之日起十五日内，原告向被告支付 2015 年 1 月份工资差额 758.652 元；

四、本判决生效之日起十五日内，原告向被告支付 2014 年度冬季取暖补贴 125 元；

五、驳回原告的其他诉讼请求。

审理机关

天津市和平区人民法院

判决依据

1.《中华人民共和国劳动合同法》第四条：

用人单位应当依法建立和完善劳动规章制度，保障劳动者享有劳动权利、履行劳动义务。

用人单位在制定、修改或者决定有关劳动报酬、工作时间、休息休假、劳动安全卫生、保险福利、职工培训、劳动纪律以及劳动定额管理等直接涉及劳动者切身利益的规章制度或者重大事项时，应当经职工代表大会或者全体职工讨论，提出方案和意见，与工会或者职工代表平等协商确定。

在规章制度和重大事项决定实施过程中，工会或者职工认为不适当的，有权向用人单位提出，通过协商予以修改完善。

用人单位应当将直接涉及劳动者切身利益的规章制度和重大事项决定公示，或者告知劳动者。

2.《中华人民共和国劳动合同法》第四十二条：

劳动者有下列情形之一的，用人单位不得依照本法第四十条、第四十一条的规定解除劳动合同：

（一）从事接触职业病危害作业的劳动者未进行离岗前职业健康检查，或者疑似职业病病人在诊断或者医学观察期间的；

（二）在本单位患职业病或者因工负伤并被确认丧失或者部分丧失劳动能力的；

（三）患病或者非因工负伤，在规定的医疗期内的；

（四）女职工在孕期、产期、哺乳期的；

（五）在本单位连续工作满十五年，且距法定退休年龄不足五年的；

（六）法律、行政法规规定的其他情形。

3.《中华人民共和国劳动合同法》第四十七条：

经济补偿按劳动者在本单位工作的年限，每满一年支付一个月工资的标准向劳动者支付。六个月以上不满一年的，按一年计算；不满六个月的，向劳动者支付半个月工资的经济补偿。

劳动者月工资高于用人单位所在直辖市、设区的市级人民政府公布的本地区上年度职工月平均工资三倍的，向其支付经济补偿的标准按职工月平均工资三倍的数额支付，向其支付经济补偿的年限最高不超过十二年。

本条所称月工资是指劳动者在劳动合同解除或者终止前十二个月的平均工资。

4.《中华人民共和国劳动合同法》第四十八条：

用人单位违反本法规定解除或者终止劳动合同，劳动者要求继续履行劳动合同的，用人单位应当继续履行；劳动者不要求继续履行劳动合同或者劳动合同已经不能继续履行的，用人单位应当依照本法第八十七条规定支付赔偿金。

5.《最高人民法院关于适用〈中华人民共和国民事诉讼法〉的解释》第九十条：

当事人对自己提出的诉讼请求所依据的事实或者反驳对方诉讼请求所依据的事实，应当提供证据加以证明，但法律另有规定的除外。

在作出判决前，当事人未能提供证据或者证据不足以证明其事实主张的，由负有举证证明责任的当事人承担不利的后果。

金诚同达·研析与提示

信息化时代的到来，在极大地方便人与人之间沟通交流的同时，也为司法案件中当事人的举证质证和法官对案件事实的认定提出了新的挑战。

现实中，微信作为网络传播工具，整合了电子邮件、聊天工具、微博、博客、网上购物、网上支付等多种功能，以其强大的资源整合性和便捷性，稳坐我国网络信息交流平台的“头把交椅”。与此同时，微信信息作为证据，在民事案件中的出现频率越来越高。微信记录能否作为民事案件的证据，一直是广大企业和劳动者关注的问题。

根据民事诉讼法司法解释的有关规定，通过电子邮件、电子数据交换、网上聊天记录、博客、微博客、手机短信、电子签名、域名等形成或者存储在电子介质中的信息，属于电子数据；存储在电子介质中的录音资料和影像资料，适用电子数据的规定。据此，通过微信产生的文字聊天记录、语音聊天记录，以及当事人通过微信发送的图片、照片、录音、视频、文档等，从证据形式的角度讲，均属于电子数据的范围，当事人有权将其作为证据向法院提交。

不过，由于电子数据的特殊性，微信中的聊天记录信息极易受到人为篡改、伪造或破坏，微信记录的真实性往往是争议双方举证质证的焦点之一，法院对于微信记录的审查往往也比较严格。

在司法实践中，当事人提交微信记录证明有关主张的，应当注意以下几方面问题：

1. 应当同时留存并向法院提交微信记录的“原件”。现实中，很多当事人仅保留了微信记录的截图或复印件，未保留原始聊天内容。此时，如对方不予认可且无法提出其他证据进行佐证，则此类复制件无法单独作为认定事实的依据。

2. 能够锁定微信收信人的身份，否则难以证明有关内容代表对方的真实意思表示。

3. 尽量提出其他证据进行佐证，以形成证据链。本案中，员工李某不但通过微信记录证明其已向公司请假，更重要的是，其提交了有效证据证明其未到岗期间，确实处于生病状态。在用人单位未提交相反证据的情况下，法官根据生活经验，认定挂号单、病历与向公司请假的微信记录能够起到相互佐证的目的，从而支持了员工的诉讼请求。

32. 企业接收请假手续≠不追究此前未按规定请假的行为

案情简介

2016年8月1日，孙某与某物业公司签订劳动合同，合同期限为自2016年8月1日起至2019年12月31日止。物业公司《考勤管理办法》规定，员工在工作期间如需倒班，须填写《休假申请表》，并附加班审批单，经项目负责人审批后方可进行；未请假而无故缺勤者，请假理由不充分、未申请续假或续假未获批准或请假手续不全而不上班者，按旷工处理。《及时奖惩制度》规定，月度累计旷工3天以上（含）者或年度累计旷工5天以上（含）者视为严重违反公司制度，公司予以开除。

2016年11月22日，物业公司作出《解除劳动合同通知函》，以孙某2016年10月19日至2016年10月31日月度累计旷工超3天，已严重违反公司规章制度为由，与孙某解除劳动合同。

孙某认为，其在单位巡楼时扭伤左脚，于10月19日起向主管通过微信口头请假以加班冲抵病假至10月26日，10月19日至10月26日的医疗证明因为以加班冲抵病假就没有保留。但公司从10月27日起开始接收其病假申请，并将其考勤记录标识为病假，表示公司认可其10月27日前的病假事实。

物业公司不认可孙某关于请假的陈述，同时表示该做法不符合公司考勤管理办法。公司认为，孙某于10月19日至21日、23日至26日未打卡，考勤记录为旷工，累计旷工超3天，故与其解除劳动合同符合规章制度规定。

审判者说

法院认为，根据《劳动合同法》规定，劳动者严重违反用人单位的规章制度的，用人单位可以解除劳动合同。本案中，孙某在19日至21日、23日至26日没有按照公司制度履行请假手续，月度累计旷工3天以上。虽然物业公司在其后接收了孙某的医疗证明并将考勤记录为病假，但并不能视为对孙某的旷工行为不予追究。2016年12月8日，物业公司在向孙某邮寄解除劳动合同通知函无法送达的情况下，登报向孙某发出通知，以其严重违反公司制度为由，与其解除劳动合同，有事实和制度依据，应属合法解除。故对孙某要求物业公司支付违法解除劳动合同赔偿金的请求，不予支持。

审理结果

天津市滨海新区人民法院〔2017〕津0116民初82208号民事判决书（节选）：

一、自本判决生效之日起十日内，被告物业公司向原告支付2016年工资差额761元、2016年11月病假工资1560元、2016年12月病假工资430.34元；

二、驳回原告的其他诉讼请求

审理机关

天津市滨海新区人民法院

判决依据

1.《中华人民共和国劳动合同法》第三十九条：

劳动者有下列情形之一的，用人单位可以解除劳动合同：

（一）在试用期间被证明不符合录用条件的；

（二）严重违反用人单位的规章制度的；

（三）严重失职，营私舞弊，给用人单位造成重大损害的；

（四）劳动者同时与其他用人单位建立劳动关系，对完成本单位的工作任务造成严重影响，或者经用人单位提出，拒不改正的；

（五）因本法第二十六条第一款第一项规定的情形致使劳动合同无效的；

（六）被依法追究刑事责任的。

2.《中华人民共和国民事诉讼法》第六十四条第一款：

当事人对自己提出的主张，有责任提供证据。

金诚同达·研析与提示

本案中，员工孙某主张10月19日以口头形式请假，但未提交有关证据加以证明，是员工一方败诉的重要原因。公司虽然自10月27日起接收其请假材料，但该行为并不代表公司对员工此前未履行请假手续的行为不予追究。不过，如果员工提交有关证据证明其10月19日向有关领导提出请假，并于事后进行补假，而公司再以旷工为由解除劳动合同，则本案的审判结果可能存在不同甚至发生逆转。

现实中，人力资源管理比较规范的公司，通常会对员工的考勤打卡和请假休假等问题制定比较严格的明确可操作的规章制度。以最常见的标准工时制为例，与员工考勤及请病假有关的规章制度通常包含以下方面的内容：

1. 明确规定上下班打卡时间，通过电子打卡系统记录员工的考勤时间，并由人力资源部统一管理、保存、记录并处理有关考勤信息。

2. 明确规定迟到、早退、旷工的认定标准，尤其对视同旷工的情况进行充分列举，如未按规定履行请假手续、迟到达到一定时间以上等情况。

3. 针对迟到、早退、旷工等不同情况的过错程度，制定阶梯型的惩处制度。例如，将一个月内迟到或早退一次者，记为C类过错，降低绩效评分；将连续迟到、一个月内旷工一次或累计迟到达三次者，记为B类过错，取消当月绩效工资；对连续旷工3日或一定时间内累计旷工达一定时间者，记为A类过错，视为严重违反公司规章制度，公司有权单方解除劳动合同。

4. 明确规定员工请病假的手续和应当提交的材料，以及未按规定履行请假手续的处理原则。现实中，一些企业的规章制度规定，如员工未提前请病假，不予补假，并将员工因病不在岗的期间视为旷工。此类规定没有给予因患急病或偶然受伤而无法提前请病假的员工以补假的机会，在司法实践中，很可能被认定为没有保障员工休病假的权利从而被认定为无效，如企业据此解除劳动合同，存在违法风险。因此，对企业而言，比较明智的方式是，明确规定患急病或偶然受伤员工无法提前按规定请病假的变通处理措施，以及员工补假的手续和应当提交的材料，并设置合理期限要求员工履行补假手续。

5. 现实中，面对层出不穷的“泡病号”“假假条”现象，一些企业要求员工提交的假条必须是一定级别以上医院出具的。还有的企业规定，如果企业要求员工前往指定医院复查病情的，员工应当予以配合。不过，复查费用应当由企业先行承担。如果复查结果与员工提交的病历不一致，能够证明员工病历虚假的，则企业有权要求员工赔偿复查费用，并按规章制度进行相应处理。

33. 企业按最低工资发放加班费，员工领取的不构成默示同意

案情简介

2012 年 8 月 6 日，张某进入厦门 A 公司从事焊接工作。张某实行标准工时工作制度，月工资为 3000 元。2012 年 8 月至 2014 年 2 月，张某共计加班 3075.5 小时，A 公司按厦门市最低工资标准支付加班费 21939.15 元。

2014 年 7 月 10 日，张某申请劳动仲裁，请求 A 公司支付 2012 年 8 月 6 日至 2014 年 2 月 28 日加班费差额 31517 元、高温津贴 1740 元以及解除劳动合同经济补偿 8146 元。A 公司认为，关于加班费，公司已按厦门市最低工资标准支付。张某收取加班费的行为已构成默示同意，无权另行要求加班费。

审判者说

法院认为，双方当事人在劳动合同中未约定加班费计算基数，亦无证据证明事后协商一致。A 公司实际发放加班费的行为，不能证明 A 公司向张某提出按照厦门市最低工资标准计算加班费的要求，张某领取加班费的行为亦不构成以行为接受加班费标准的默示。因此，A 公司主张双方当事人以实际行为确认加班费的计算基数，没有事实和法律依据，应以劳动合同约定的工资标准作为加班费计算基数。此外，A 公司未举证证明其在高温季节所采取的降温措施。故法院判决 A 公司支付张某加班费 31517 元以及高温津贴 1435 元。

审理结果

福建省厦门市海沧区人民法院〔2014〕海民初字第3129号民事判决书（节选）：

一、A公司于本判决生效之日起十日内支付张某2012年8月6日至2014年2月28日加班工资31517元；

二、A公司于本判决生效之日起十日内支付张某2012年、2013年高温津贴1435元；

三、驳回张某的其他诉讼请求；

四、驳回A公司的所有诉讼请求。

福建省厦门市中级人民法院〔2015〕厦民终字第768号民事判决书（节选）：

驳回上诉，维持原判。

审理机关

福建省厦门市海沧区人民法院

福建省厦门市中级人民法院

判决依据

1.《中华人民共和国劳动法》第四十四条：

有下列情形之一的，用人单位应当按照下列标准支付高于劳动者正常工作时间工资的工资报酬：

（一）安排劳动者延长工作时间的，支付不低于工资的百分之一百五十的工资报酬；

（二）休息日安排劳动者工作又不能安排补休的，支付不低于工资的百分之二百的工资报酬；

（三）法定休假日安排劳动者工作的，支付不低于工资的百分之三百的工资报酬。

2.《中华人民共和国劳动合同法》第三十一条：

用人单位应当严格执行劳动定额标准，不得强迫或者变相强迫劳动者加班。用人单位安排加班的，应当按照国家有关规定向劳动者支付加班费。

3.《中华人民共和国劳动合同法》第三十八条第一款：

用人单位有下列情形之一的，劳动者可以解除劳动合同：

（一）未按照劳动合同约定提供劳动保护或者劳动条件的；

（二）未及时足额支付劳动报酬的；

（三）未依法为劳动者缴纳社会保险费的；

（四）用人单位的规章制度违反法律、法规的规定，损害劳动者权益的；

（五）因本法第二十六条第一款规定的情形致使劳动合同无效的；

（六）法律、行政法规规定劳动者可以解除劳动合同的其他情形。

4.《中华人民共和国劳动合同法》第四十六条：

有下列情形之一的，用人单位应当向劳动者支付经济补偿：

（一）劳动者依照本法第三十八条规定解除劳动合同的；

（二）用人单位依照本法第三十六条规定向劳动者提出解除劳动合同并与劳动者协商一致解除劳动合同的；

（三）用人单位依照本法第四十条规定解除劳动合同的；

（四）用人单位依照本法第四十一条第一款规定解除劳动合同的；

（五）除用人单位维持或者提高劳动合同约定条件续订劳动合同，劳动者不同意续订的情形外，依照本法第四十四条第一项规定终止固定期限劳动合同的；

（六）依照本法第四十四条第四项、第五项规定终止劳动合同的；

（七）法律、行政法规规定的其他情形。

5.《中华人民共和国劳动争议调解仲裁法》第六条：

发生劳动争议，当事人对自己提出的主张，有责任提供证据。与争议事项有关的证据属于用人单位掌握管理的，用人单位应当提供；用人单位不提供的，应当承担不利后果。

6.《最高人民法院关于审理劳动争议案件适用法律若干问题的解释》第十三条：

因用人单位作出的开除、除名、辞退、解除劳动合同、减少劳动报酬、计算劳动者工作年限等决定而发生的劳动争议，用人单位负举证责任。

7.《最高人民法院关于审理劳动争议案件适用法律若干问题的解释（二）》第十一条：

劳动者和用人单位均不服劳动争议仲裁委员会的同一裁决，向同一人民法院起诉的，人民法院应当并案审理，双方当事人互为原告和被告。在诉讼过程中，一方当事人撤诉的，人民法院应当根据另一方当事人的诉讼请求继续审理。

8.《最高人民法院关于审理劳动争议案件适用法律若干问题的解释（三）》第九条：

劳动者主张加班费的，应当就加班事实的存在承担举证责任。但劳动者有证据证明用人单位掌握加班事实存在的证据，用人单位不提供的，由用人单位承担不利后果。

9.《中华人民共和国民事诉讼法》第六十四条第一款：

当事人对自己的主张，有责任提供证据。

金诚同达·研析与提示

《劳动法》的立法宗旨是，对处于弱势地位的劳动者进行倾斜性保护，以国家立法的强制性力量对抗用人单位在事实上的强势地位，保护劳动者的合法权益，对用人单位与劳动者的法律地位进行平衡。

在此宗旨下，认定员工构成“默示同意”，在法律规定和司法实践中是比较罕见的。在劳动争议中，比较常见的员工构成默示同意的情形是，双方变更劳动合同未采用书面形式，但已经实际履行了口头变更的劳动合同超过一个月，除变更后的劳动合同内容违反法律、行政法规、国家政策以及公序良俗外，视为双方就变更劳动合同的内容达成一致。除此之外，企业如主张员工对企业行为进行了默示同意，尤其是对限制劳动者权利、损抑劳动者利益的行为进行了默示同意，将受到司法机关的严格审查。

此外，根据《工资支付暂行规定》，企业根据实际需要安排员工在法定标准工作时间以外工作的，根据不同情况分别按照不低于劳动合同约定的员工本人小时工资标准的150%、200%、300%支付劳动者工资。据此，在本案中，即使员工明示同意企业以当地最低工资标准为基数计算加班费，企业也依然存在因未按国家规定支付加班费，被要求支付加班费差额的法律风险。需要说明的是，如企业未及时足额支付加班费，员工还可以据此解除劳动合同，并主张经济补偿。

34. 全日制劳动合同“一分为二”，法院认定“合二为一”

案情简介

2009 年 3 月，李某到奉节县某医院从事水电工工作。2010 年 3 月 1 日，李某与奉节县某医院签订两份《非全日制用工劳动合同书》，分别约定李某为医院从事水工工作和电工工作，工作时间均为每日 4 小时。合同期限从 2010 年 3 月 1 日起至工作任务完成时止。2012 年 5 月 1 日，李某同时以自己名义和以彭某某的名义与奉节县某医院分别签订《非全日制用工劳动合同书》，约定其从事水电工工作，平均每日工作 4 小时，按小时计酬。同日，李某亦分别以自己名义和以彭某某的名义提交书面《申请书》，申请担任水电工，并自愿签订非全日制用工合同。后李某即以自己名义和以彭某某的名义在被告单位总务科从事水电工工作，并按期领取计时报酬（即领取两份报酬，实行半月结算）。2015 年 11 月 5 日，奉节县某医院通知李某终止非全日制劳动用工关系。李某经仲裁后提起诉讼，请求奉节县某医院支付加班工资、经济补偿金。

审判者说

法院认为，按照法律规定，用工单位可以与劳动者就建立劳动关系类型达成协议。本案中，表面上看起来原、被告签订的合同明确为非全日制劳动合同，且每个合同项下约定的工作时间也不超过法律规定标准，但事实上被告作为用人单位，明知甚至要求原告分别以电工和水工身份或以他人名义同时与被告签订两份非全日制劳动合同，从而使作为劳动者的原告等人每天实际工作时间达到 8 小时，用以规避被告作为用人单位应当承担的全日制劳动合同法律关系的有关义务，这种以非全日制合同形式建立的劳动关系，用合法形式掩盖其非法的用工方式，实际上形成了全日制用工劳动关系。综上，本案认定为原、被告双方存在全日制劳动合同关系。现因被告解除劳动合同，被告应当依法向原告支付补偿金，即 2806 元 / 月 ×7 个月＝ 19642 元。

审理结果

重庆市奉节区人民法院〔2016〕渝 0236 民初 1613 号民事判决书（节选）：

一、被告奉节县某医院于本判决生效后十日内支付原告李某经济补偿金 19642 元、失业保险待遇 12075 元，共计 31717 元。

二、驳回原、被告的其他诉讼请求。

审理机关

重庆市奉节区人民法院

判决依据

1.《中华人民共和国劳动法》第三条：

劳动者享有平等就业和选择职业的权利、取得劳动报酬的权利、休息休假的权利、获得劳动安全卫生保护的权利、接受职业技能培训的权利、享受社会保险和福利的权利、提请劳动争议处理的权利以及法律规定的其他劳动权利。

劳动者应当完成劳动任务，提高职业技能，执行劳动安全卫生规程，遵守劳动纪律和职业道德。

2.《中华人民共和国劳动合同法》第二十六条第一款第（二）项：

下列劳动合同无效或者部分无效：

……

（二）用人单位免除自己的法定责任、排除劳动者权利的；

……

3.《中华人民共和国劳动合同法》第二十六条第二款：

对劳动合同的无效或者部分无效有争议的，由劳动争议仲裁机构或者人民法院确认。

4.《中华人民共和国劳动合同法》第二十七条：

劳动合同部分无效，不影响其他部分效力的，其他部分仍然有效。

5.《劳动合同法》第四十六条第（三）项：

有下列情形之一的，用人单位应当向劳动者支付经济补偿：

……

（三）用人单位依照本法第四十条规定解除劳动合同的；

……

6.《劳动合同法》第四十七条第一款：

经济补偿按劳动者在本单位工作的年限，每满一年支付一个月工资的标准向劳动者支付。六个月以上不满一年的，按一年计算；不满六个月的，向劳动者支付半个月工资的经济补偿。

7.《最高人民法院关于审理劳动争议案件适用法律若干问题的解释（三）》第九条：

劳动者主张加班费的，应当就加班事实的存在承担举证责任。但劳动者有证据证明用人单位掌握加班事实存在的证据，用人单位不提供的，由用人单位承担不利后果。

8.《重庆市失业保险条例》第二十四条第一款第（五）项：

失业人员领取失业保险金的期限，根据其失业前所在单位和本人累计缴纳失业保险费的时间确定。具体划分为：

……

（五）累计缴费时间满五年不足七年的为十五个月；

……

金诚同达·研析与提示

相比全日制用工，非全日制用工是《劳动合同法》规定的一种相对特殊和灵活的用工形式，主要处理和调整实践中广泛存在的兼职、小时工等情况。非全日制用工的劳动合同可以口头订立且不得约定试用期，对于用人单位而言，非全日制用工的巨大优势有二：其一，用人单位除须承担工伤保险外，无须缴纳其他社保缴费；其二，在认可并保障非全日制用工的灵活性基础上，非全日制用工双方当事人任何一方都可以随时通知对方终止用工。终止用工，用人单位不向劳动者支付经济补偿。

但是，灵活的非全日制用工不是用人单位逃避法定义务的“保护伞”，在实践中，一些用人单位与劳动者签订多份非全日制劳动合同，或在签订一份非全日制劳动合同后利用第三人与劳动者签订其余非全日制劳动合同。由于法院在进行劳动关系认定时并不唯劳动合同论，而是结合具体情况，综合考量判断是否属于全日制劳动关系。一旦法院认定双方实际存在全日制劳动合同关系，则劳动者拥有享受社保待遇和解除劳动合同获得经济补偿金的权利。用人单位为规避义务，通过订立非全日制用工合同掩盖这一非法目的，则会被认定为用人单位免除自己的法定责任、排除劳动者权利的行为，并因此承担支付解除劳动合同经济补偿、补缴保险费、赔偿社保待遇损失等法律责任。

35. 合法综合计算工时工作制度下企业无须支付额外费用

案情简介

1983年7月，沈某自中国人民解放军铁道兵工程学院铁路桥梁专业毕业，毕业后一直在A公司从事技术工作。2007年10月，沈某被派往阿尔及利亚项目部工作。

2010年7月，沈某向济南市劳动人事争议仲裁委员会申请仲裁，要求A公司支付2002年至2010年7月期间拖欠的工资及经济补偿；支付差旅费、招待费、完成任务奖及经济补偿；支付2008年、2009年、2010年带薪年休假工资报酬及经济补偿；支付解除劳动合同的经济补偿；办理社会保险和档案转移手续。

济南市劳动人事争议仲裁委员会裁决双方解除劳动合同，A公司为沈某办理社会保险和档案转移手续，驳回沈某其他仲裁请求。沈某对裁决不服，在法定期限内提起诉讼。

审判者说

法院认为，关于沈某在本案中主张A公司向其支付2007年11月和12月、2008年、2009年、2010年1月至4月的加班费433097.05元及25%的经济补偿金108274.26元的请求，A公司早在2006年就根据公司项目部特殊的工作性质，制定并开始实施工作人员实行不定时工作制度的工资分配办法，且该公司实施包括长期驻外人员在内的部分岗位实行以年为周期的综合计算工时工作制已经人力资源和社会保障部批复同意，同时，A公司为保障工作人员休息的权利，亦制定并实施了相应的年休假制度，而沈某已经根据公司的休假制度于2008年、2009

年、2010年回国休假。

另外，在已经生效的其他民事判决中，沈某对A公司已经发放的加班补贴并无异议，而生效判决在计算解除劳动合同经济补偿时所依据的平均工资基数中也包含了加班费的部分。根据以上事实，本案中沈某主张A公司向其支付依据标准工时制计算的加班费433097.05元及25%的经济补偿金108274.26元的请求，法院不予支持。

审理结果

山东省济南市历下区人民法院〔2010〕历民初字第1973号民事判决书（节选）：

驳回原告沈某要求被告A公司支付2007年11月和12月、2008年、2009年、2010年1月至4月的加班费433097.05元及经济补偿金108274.26元的诉讼请求。

山东省济南市中级人民法院〔2015〕济民一终字第1132号民事判决书（节选）：

驳回上诉，维持原判。

审理机关

山东省济南市历下区人民法院

山东省济南市中级人民法院

判决依据

1.《中华人民共和国劳动法》第三十九条：

企业因生产特点不能实行本法第三十六条、第三十八条规定的，经劳动行政部门批准，可以实行其他工作和休息办法。

2.《劳动部关于企业实行不定时工作制和综合计算工时工作制的审批办法》第五条：

企业对符合下列条件之一的职工，可实行综合计算工时工作制，即分别以周、月、季、年等为周期，综合计算工作时间，但其平均日工作时间和平均周工作时间应与法定标准工作时间基本相同。

（一）交通、铁路、邮电、水运、航空、渔业等行业中因工作性质特殊，需连续作业的职工；

（二）地质及资源勘探、建筑、制盐、制糖、旅游等受季节和自然条件限制的行业的部分职工；

（三）其他适合实行综合计算工时工作制的职工。

3.《劳动部关于企业实行不定时工作制和综合计算工时工作制的审批办法》第六条：

对于实行不定时工作制和综合计算工时工作制等其他工作和休息办法的职工，企业应根据《中华人民共和国劳动法》第一章、第四章有关规定，在保障职工身体健康并充分听取职工意见的基础上，采用集中工作、集中休息、轮休调休、弹性工作时间等适当方式，确保职工的休息休假权利和生产、工作任务的完成。

金诚同达·研析与提示

综合计算工时工作制，是指单位以标准工作时间为基础，以一定的期限为周期，综合计算工作时间的工时制度。企业实行综合计算工时工作制须满足两个条件，一是符合《劳动部关于企业实行不定时工作制和综合计算工时工作制的审批办法》第五条规定，属于可以实行综合计算工时制的行业或企业确出于工作性质特殊之原因导致工作无法按标准工作时间衡量或需要机动作业的；二是须经过劳动行政部门审批。

值得注意的是，经过审批并不意味着企业可随意安排员工的劳动时间，如员工工作时间大大超过法定标准工作时间，则属于侵犯劳动者权益，劳动者有权拒绝，且企业或将面临行政处罚和民事赔偿风险。

本案中，就程序而言，A 公司对部分员工实行以年为周期的综合计算工时工作制系基于驻外工作的特殊性，且经过人力资源和社会保障部的批复同意；就实体内容而言，A 公司保障了实行综合计算工时制员工的休息权，未侵害其合法权益。据此，法院认定沈某主张 A 公司向其支付依据标准工时制计算的加班费及相应经济补偿金没有法律依据，并无不当。

36. 企业安排员工值班　值班期间可以休息的无需支付加班费

案情简介

左某自2011年4月28日到青岛A公司从事保安工作，双方签订书面劳动合同，合同约定不低于最低工资标准的月工资。

A公司每月通过银行转账将职工工资发放至职工的工资账户，工资表均未要求职工签字。根据A公司提供工资表，左某在职期间，其工资组成包含基本工资、综合加班、高温补贴、应发工资、代扣社保、代扣个人所得税、扣水电费、其他扣款、应发工资。A公司提供的工资表体现每月均为左某足额发放加班费。A公司未按规定为左某发放2012年、2013年防暑降温费。

左某在A公司上班期间，实行每日三班轮岗值班工作制，每周转班一次。解除劳动合同前12个月，左某月平均工资为1857.86元。

2013年11月30日，A公司以左某上班期间睡岗违反公司规章制度为由，与左某解除劳动合同。

左某认为，A公司系违法解除劳动合同，应当支付赔偿金12600元、加班费101500元、高温补贴960元。

审判者说

法院认为，《最高人民法院关于审理劳动争议案件适用法律若干问题的解释》第十三条规定，因用人单位作出的开除、除名、辞退、解除劳动合同、减少劳动报酬、计算劳动者工作年限等决定而发生的劳动争议，由用人单位负举证责任。

本案中，A 公司仅提交其单方制作的工作异常报告及工作会议纪要，不足以证实左某违反了公司的规章制度，故其解除与左某的劳动合同不符合法律规定，其应当向左某支付违法解除劳动合同的赔偿金。

关于 A 公司是否应支付左某加班费的问题，A 公司提交的左某的工资表系其单方制作且左某不予认可，故该证据不能作为认定本案事实的依据。《山东省高级人民法院、山东省劳动争议仲裁委员会、山东省人事争议仲裁委员会印发关于适用〈中华人民共和国劳动争议调解仲裁法〉和〈中华人民共和国劳动合法〉若干意见的通知》第三十七条规定，下列情形不属于用人单位应当支付加班费的范围：……用人单位安排劳动者从事与本职工作有关的值班任务，但值班期间可以休息的。本案中，左某在 A 公司从事的保安工作，值班期间并非不能休息，并且左某在二审中对 A 公司提交的调休单质证意见为：调休单充分说明了单位有加班事实。故本案可以认定 A 公司对左某安排了调休，并且根据左某的工作性质，单位可以不予支付加班费。

审理结果

山东省莱西市人民法院〔2015〕西民初字第 139 号民事判决书（节选）：

一、A 公司于判决生效之日起 10 日内支付左某经济赔偿 11147.16 元；

二、A 公司于判决生效之日起 10 日内支付左某防暑降温费 640 元；

三、A 公司于判决生效之日起 10 日内支付左某 2013 年 11 月工资 2128 元；

四、A 公司不予支付左某加班费 101500 元。案件受理费 10 元，速递费 60 元，共计 70 元，由 A 公司负担。

山东省青岛市中级人民法院〔2015〕青民一终字第 1343 号民事判决书（节选）：

驳回上诉，维持原判。二审案件受理费 20 元，由上诉人负担，A 公司、左某各负担 10 元。

审理机关

山东省莱西市人民法院

山东省青岛市中级人民法院

判决依据

1.《山东省高级人民法院、山东省劳动争议仲裁委员会、山东省人事争议仲裁委员会印发关于适用 < 中华人民共和国劳动争议调解仲裁法 > 和 < 中华人民共和国劳动合法 > 若干意见的通知》第三十七条第一款：

下列情形不属于用人单位应当支付加班费的范围：

（1）用人单位因安全、消防、节假日等特殊需要，经劳动者同意安排劳动者从事与本职工作无关的值班任务；

（2）用人单位安排劳动者从事与本职工作有关的值班任务，但值班期间可以休息的。

2.《最高人民法院关于审理劳动争议案件适用法律若干问题的解释》第十三条：

因用人单位作出的开除、除名、辞退、解除劳动合同、减少劳动报酬、计算劳动者工作年限等决定而发生的劳动争议，用人单位负举证责任。

金诚同达·研析与提示

加班，即《劳动法》规定的“延长工作时间”，是指劳动者超出法定工作时间或企业规定的工作时间而进行工作。但是在司法实践中，“加班”与“值班”往往容易混淆，值班是现代企业常见的用工形式，由于法律中缺乏对“值班”的明确规定，导致劳动者要求支付“值班工资”的案件屡见不鲜。

事实上，“加班”与“值班”的主要区别在于是否进行岗位所要求的正常工作。加班是指在正常时间之外从事一般性的生产或工作，而值班则是指负担一定的非生产性的工作，如因公司安全、消防等需要从事公司临时安排或制度安排的与劳动者本职工作无关的任务。因此，区分“加班”与“值班”，主要在于劳动者的工作性质是否与其正常工作时间从事的工作一致，或者是否有具体的生产或经营任务，如果不一致或不属于完成生产经营任务，则应认定为“值班”，企业无须向劳动者支付“加班”工资。

本案中，左某在 A 公司从事的保安工作，实际上属于值班范畴，公司无需向其支付加班费用。同时，在公司与其未明确约定相关津贴的情况下，公司亦无需向其支付其他补偿。法院最终判定单位可不予支付加班费，符合我国法律规定。

第六章

社会保险纠纷

关键词：社会保险　养老、医疗、工伤、生育、失业待遇

37. 用人单位未缴社保　须承担工伤待遇赔偿

38. 不符合退休条件的员工　为何仍有权获得伤残就业补助

39. 劳动者受伤后　单位否认存在劳动关系败诉

40. 用人单位办理工伤保险待遇前要求劳动者签订的免责协议无效

41. 已签订的工伤赔偿协议显失公平可撤销

42. 已赔付的商业保险不能抵偿工伤保险待遇

43. 获得第三人赔偿后，劳动者仍有权主张工伤保险待遇

44. 未办招工手续致使离职员工无法领取失业保险金，公司应予赔偿

45. 宽限期不是免责期，企业应支付空档期产生医疗费中医保可报销部分

37. 用人单位未缴社保　须承担工伤待遇赔偿

案情简介

原告马某莲出生于1964年6月，系农村户籍。自2012年5月10日始，马某莲到北京A公司从事大棚管理工作。双方一直未签订劳动合同。马某莲完成工作后，A公司每月不定期通过银行划账的形式为马某莲支付上月工资，马某莲称其月工资从2012年的1700元增加至2013年的1800元。马某莲在2013年5月12日工作过程中摔伤，造成其尺挠骨远端骨折（双侧）。马某莲先后到北京市怀柔区第一医院、北京市积水潭医院住院治疗，自2012年5月12日至同年5月20日住院8天。A公司为马某莲支付了住院费6万余元和出院后的护理费6000元。马某莲自出院后于2013年11月和12月上班两个月，但单位未付工资。2014年9月9日，马某莲所受伤害被认定为工伤。11月28日，北京市怀柔区劳动能力鉴定委员会出具的劳动能力鉴定、确认结论通知书载明马某莲同志目前已达到职工工伤与职业病致残等级标准8级。

本案中，原告因不服北京市怀柔区劳动人事争议仲裁委员会出具的不予受理通知书，故起诉到法院，请求：1. 依法判令双方于2014年4月14日解除劳动关系。2.A公司支付一次性伤残补助金34471.8元、一次性伤残就业补助金52137元和一次性医疗补助金52137元、复查医疗费238元、复查交通费204元、伙食费159.65元、护理费2100元、营养费1800元、劳动能力鉴定费200元和2013年5月12日至2013年10月31日工资18550元。3.A公司赔偿2012年5月10日至解除劳动关系之日止的社会保险损失。

审判者说

法院认为，因相关部门已经认定马某莲于2013年5月12日所受之伤属于工伤，并被确认已达到职工工伤与职业病致残等级标准8级，故马某莲应当享受相应的工伤保险待遇。因A公司未依法为马某莲缴纳在职期间保险，故其应按照《工伤保险条例》的规定向马某莲支付一次性伤残补助金、一次性工伤医疗补助金和一次性伤残就业补助金。鉴于马某莲现在请求给付的上述各项补助金基数符合法律规定，法院对此不持异议。根据马某莲受伤部位及手术情况，法院参照停工留薪期相关规定，其应享受的停工留薪期为6个月，即自2013年5月12日至2013年11月12日，其在上述期间之内的工资福利待遇不变。据马某莲提供的银行对账单显示受伤前其月平均工资为1663元，法院依法确定其停工留薪期工资为9978元，鉴于其已另行解决了2013年11月份工资1764元，故法院扣除2013年11月12日之前工资705.6元。因马某莲提供的复查医疗费、交通费等票据真实、有效，故A公司应当依法支付马某莲伙食费、医疗费、交通费和鉴定费。

鉴于马某莲未能提供需要护理和加强营养的书证，且马某莲已认可单位支付了护理费1000元，故法院对于其此项请求不予支持。因《社会保险法》已经于2011年7月1日起施行，其中规定了用人单位未按时缴纳社会保险费的由社会保险费征收机构责令其限期缴纳。本案马某莲在入职时上述法律已经开始实施，故其要求单位支付2012年5月10日至解除劳动合同之日止社会保险损失费无据，法院不予支持。

审理结果

北京市怀柔区人民法院〔2015〕怀民初字第00820号民事判决书（节选）：

一、A公司于本判决生效后七日内支付马某莲二〇一三年五月十二日至二〇一三年十一月十二日的停工留薪期工资九千二百七十二元四角；

二、A公司于本判决生效后七日内支付马某莲一次性伤残补助金三万四千四百七十一元八角；

三、A公司于本判决生效后七日内支付马某莲一次性工伤医疗补助金五万二千一百三十七元和一次性伤残就业补助金五万二千一百三十七元；

四、A公司于本判决生效后七日内支付马某莲复查的医疗费一百五十五元零四分、交通费二百零四元、伙食费一百五十九元六角五分和劳动能力鉴定费二百元，以上共计七百一十八元六角九分；

五、驳回原告马某莲的其他诉讼请求。

北京市第三中级人民法院〔2015〕三中民终字第07612号民事裁定书（节选）：

本案按撤回上诉处理，双方均按原审判决执行。

本裁定为终审裁定。

审理机关

北京市怀柔区人民法院

北京市第三中级人民法院

判决依据

1.《工伤保险条例》第三十三条：

职工因工作遭受事故伤害或者患职业病需要暂停工作接受工伤医疗的，在停工留薪期内，原工资福利待遇不变，由所在单位按月支付。

停工留薪期一般不超过12个月。伤情严重或者情况特殊，经设区的市级劳动能力鉴定委员会确认，可以适当延长，但延长不得超过12个月。工伤职工评定伤残等级后，停发原待遇，按照本章的有关规定享受伤残待遇。工伤职工在停工留薪期满后仍需治疗的，继续享受工伤医疗待遇。

生活不能自理的工伤职工在停工留薪期需要护理的，由所在单位负责。

2.《工伤保险条例》第三十七条：

职工因工致残被鉴定为七级至十级伤残的，享受以下待遇：

（一）从工伤保险基金按伤残等级支付一次性伤残补助金，标准为：七级伤残为13个月的本人工资，八级伤残为11个月的本人工资，九级伤残为9个月的本人工资，十级伤残为7个月的本人工资；

（二）劳动、聘用合同期满终止，或者职工本人提出解除劳动、聘用合同的，由工伤保险基金支付一次性工伤医疗补助金，由用人单位支付一次性伤残就业补助金。一次性工伤医疗补助金和一次性伤残就业补助金的具体标准由省、自治区、直辖市人民政府规定。

3.《工伤保险条例》第六十二条第二款：

依照本条例规定应当参加工伤保险而未参加工伤保险的用人单位职工发生工伤的，由该用人单位按照本条例规定的工伤保险待遇项目和标准支付费用。

4.《工伤保险条例》第六十四条：

本条例所称工资总额，是指用人单位直接支付给本单位全部职工的劳动报酬总额。

本条例所称本人工资，是指工伤职工因工作遭受事故伤害或者患职业病前 12 个月平均月缴费工资。本人工资高于统筹地区职工平均工资 300% 的，按照统筹地区职工平均工资的 300% 计算；本人工资低于统筹地区职工平均工资 60% 的，按照统筹地区职工平均工资的 60% 计算。

5.《中华人民共和国社会保险法》第六十三条：

用人单位未按时足额缴纳社会保险费的，由社会保险费征收机构责令其限期缴纳或者补足。

用人单位逾期仍未缴纳或者补足社会保险费的，社会保险费征收机构可以向银行和其他金融机构查询其存款账户；并可以申请县级以上有关行政部门作出划拨社会保险费的决定，书面通知其开户银行或者其他金融机构划拨社会保险费。用人单位账户余额少于应当缴纳的社会保险费的，社会保险费征收机构可以要求该用人单位提供担保，签订延期缴费协议。

用人单位未足额缴纳社会保险费且未提供担保的，社会保险费征收机构可以申请人民法院扣押、查封、拍卖其价值相当于应当缴纳社会保险费的财产，以拍卖所得抵缴社会保险费。

6.《中华人民共和国民事诉讼法》第一百四十四条：

被告经传票传唤，无正当理由拒不到庭的，或者未经法庭许可中途退庭的，可以缺席判决。

7.《最高人民法院关于民事诉讼证据的若干规定》第二条：

当事人对自己提出的诉讼请求所依据的事实或者反驳对方诉讼请求所依据的事实有责任提供证据加以证明。

没有证据或者证据不足以证明当事人的事实主张的，由负有举证责任的当事人承担不利后果。

8.《北京市人力资源和社会保障局、北京市财政局关于北京市工伤保险基金支出项目标准及相关问题的通知》第二条：

工伤保险基金支出的具体项目包括：

（一）工伤医疗费用：

1. 工伤医疗费；

2. 住院伙食补助费；

3. 跨统筹地区就医的食宿、交通费；

（二）因工伤残费用：

1. 一至四级工伤职工伤残津贴；

2. 一次性伤残补助金；

3. 生活护理费；

4. 终止或者解除劳动关系时的一次性工伤医疗补助金；

（三）因工死亡费用：

1. 丧葬补助金；

2. 供养亲属抚恤金；

3. 一次性工亡补助金；

（四）劳动能力鉴定费；

（五）工伤康复费用；

（六）配置辅助器具费用；

（七）工伤预防费；

（八）工伤保险储备金；

（九）其他法律、法规规定应由工伤保险基金支付的费用。

9.《北京市人力资源和社会保障局、北京市财政局关于北京市工伤保险基金支出项目标准及相关问题的通知》第三条：

职工住院治疗工伤的伙食补助费，标准为每人每天 30 元。

10.《北京市人力资源和社会保障局、北京市财政局关于北京市工伤保险基金支出项目标准及相关问题的通知》第五条：

工伤职工在终止或者解除劳动关系时，其领取的一次性工伤医疗补助金具体标准为解除或者终止劳动关系时 3 至 18 个月的本市上年度职工月平均工资。其中五级 18 个月，六级 15 个月，七级 12 个月，八级 9 个月，九级 6 个月，十级 3 个月。

用人单位应当支付的一次性伤残就业补助金，按上述标准执行。

金诚同达 · 研析与提示

现实中，用人单位未足额缴纳社会保险费用的现象较为普遍，一旦职工发生工伤，极易产生补偿争议。工伤保险属于社会保险，是国家强制性保险，我国相关法律法规明确规定，用人单位应当依法与劳动者签订书面劳动合同并为其购买社会保险。工伤保险的立法目的是保障因工作遭受事故伤害或者患职业病的职工获得医疗救治和经济补偿，分散单位的工伤风险，不仅与每位劳动者的切身利益密切相关，而且还关乎企业的效益和经营风险。因此，无论是从法律规定，还是从公司的风险控制角度来看，用人单位都应当依法参加工伤保险。

本案中，公司可能出于节省成本的原因没有给原告缴纳工伤保险，导致了工伤事故发生后，需要承担各项工伤保险待遇十余万元的法律后果，可谓得不偿失。需要注意的是，现实中相当数量的企业与员工约定不缴纳社保费用，以降低用工成本，提高员工实际收入，实现劳资“双赢”。然而，无论是协议约定还是员工自愿承诺放弃社保待遇的行为，都因违反法律强制性规定而无效。事实上，此类协议或单方承诺不但使劳动者处于缺乏社会保险保护的不利境遇，而且增加了用人单位的经营风险和法律风险，恰恰是一种“双输”状态。

38. 不符合退休条件的员工 为何仍有权获得伤残就业补助

案情简介

原告赵某贵于1963年1月30日出生，2012年8月6日入职被告北京A公司西直门分公司，双方于当日签订两年期劳动合同，期限自2012年8月6日至2014年8月30日。2013年1月30日，原告达到法定退休年龄。2013年1月31日，原、被告签订一年期聘用合同，期限为2013年1月31日至2014年1月30日。被告为原告缴纳了在职期间的工伤、养老及医疗保险。

2012年12月30日，原告因工受伤，伤情为腰外伤、腰椎体滑脱。2013年10月14日，北京市西城区人力资源和社会保障局认定原告所受伤情为工伤。2013年12月9日，北京市西城区劳动能力鉴定委员会为原告作出劳动能力鉴定，确认原告已达到职工工伤与职业病致残等级标准十级。

2013年1月30日，赵某贵达到法定退休年龄，但由于其养老保险缴费年限未达退休条件，不能享受领取养老金的待遇。2013年6月开始，原告多次要求被告向其支付工伤待遇中的一次性伤残就业补助金，被告均予以拒绝。故原告诉至法院要求被告支付该待遇。诉讼中，被告强调，原告已达法定退休年龄，不存在再就业问题，不应享受一次性伤残就业补助金。原告诉至法院，请求：1. 被告支付一次性工伤医疗补助金15669元；2. 被告支付原告一次性伤残就业补助金15669元；3. 被告支付原告2013年4月24日至2013年5月6日期间的住院医疗费2846.56元、住院伙食补助费360元；4. 被告支付原告2013年6月4日至2013年12月17日门诊治疗费1097.31元、挂号费78元；5. 诉讼费用由被告承担。

审判者说

法院认为，因工伤发生的医疗费用和康复费用、住院伙食补助费及一次性医疗补助金，应该按照国家规定从工伤保险基金中支付。本案中，被告已为原告缴纳了工伤保险，因此原告的上述请求应由主管行政机关先行审核，法院暂不予处理。

关于一次性伤残就业补助金，伤残就业补助金是对劳动者因工伤导致其劳动能力降低，对再就业所产生的损失的补偿。《社会保险法》规定，终止或者解除劳动合同时，用人单位应向劳动者支付一次性伤残就业补助金。而《工伤保险条例》规定，劳动、聘用合同期满终止，或者职工本人提出解除劳动、聘用合同的，由用人单位支付一次性伤残就业补助金。本案中，《社会保险法》作为上位法规定“终止或者解除劳动合同时，用人单位应该支付一次性伤残就业补助金”，本案原、被告在原告达到法定退休年龄后，双方劳动合同关系根据法律规定终止。原告作为外埠城镇居民，在 2013 年 1 月 30 日达到法定退休年龄时，因其缴费年限未满 15 年，未办理退休并享受养老待遇，其仍需要通过劳动获得生活来源，而工伤给其带来的身体伤害一定程度上对其劳动能力造成损害。因此，原告要求被告支付一次性伤残就业补助金的诉讼请求，法院予以支持，具体标准为《北京市人力资源和社会保障局、北京市财政局关于北京市工伤保险基金支出项目标准及相关问题的通知》第五条规定的解除或者终止劳动合同时 3 个月的本市上年度职工月平均工资。

审理结果

北京市西城区人民法院〔2014〕西民初字第 16679 号民事判决书（节选）：

一、确认原告赵某贵与被告 A 公司西直门分公司在二〇一二年八月六日至二〇一三年一月三十日期间存在劳动关系；

二、本判决生效之日起七日内，被告 A 公司西直门分公司支付原告赵某贵一次性伤残就业补助金一万五千六百六十九元；

三、驳回原告赵某贵的其他诉讼请求

审理机关

北京市西城区人民法院

判决依据

1.《中华人民共和国社会保险法》第三十八条：

因工伤发生的下列费用，按照国家规定从工伤保险基金中支付：

（一）治疗工伤的医疗费用和康复费用；

（二）住院伙食补助费；

（三）到统筹地区以外就医的交通食宿费；

（四）安装配置伤残辅助器具所需费用；

（五）生活不能自理的，经劳动能力鉴定委员会确认的生活护理费；

（六）一次性伤残补助金和一至四级伤残职工按月领取的伤残津贴；

（七）终止或者解除劳动合同时，应当享受的一次性医疗补助金；

（八）因工死亡的，其遗属领取的丧葬补助金、供养亲属抚恤金和因工死亡补助金；

（九）劳动能力鉴定费。

2.《中华人民共和国社会保险法》第三十九条：

因工伤发生的下列费用，按照国家规定由用人单位支付：

（一）治疗工伤期间的工资福利；

（二）五级、六级伤残职工按月领取的伤残津贴；

（三）终止或者解除劳动合同时，应当享受的一次性伤残就业补助金。

3.《工伤保险条例》第三十条：

职工因工作遭受事故伤害或者患职业病进行治疗，享受工伤医疗待遇。

职工治疗工伤应当在签订服务协议的医疗机构就医，情况紧急时可以先到就近的医疗机构急救。

治疗工伤所需费用符合工伤保险诊疗项目目录、工伤保险药品目录、工伤保险住院服务标准的，从工伤保险基金支付。工伤保险诊疗项目目录、工伤保险药品目录、工伤保险住院服务标准，由国务院社会保险行政部门会同国务院卫生行政部门、食品药品监督管理部门等部门规定。

职工住院治疗工伤的伙食补助费，以及经医疗机构出具证明，报经办机构同意，工伤职工到统筹地区以外就医所需的交通、食宿费用从工伤保险基金支付，基金支付的具体标准由统筹地区人民政府规定。

工伤职工治疗非工伤引发的疾病，不享受工伤医疗待遇，按照基本医疗保险办法处理。

工伤职工到签订服务协议的医疗机构进行工伤康复的费用，符合规定的，从工伤保险基金支付。

4.《工伤保险条例》第三十七条第（二）项：

职工因工致残被鉴定为七级至十级伤残的，享受以下待遇：

……

（二）劳动、聘用合同期满终止，或者职工本人提出解除劳动、聘用合同的，由工伤保险基金支付一次性工伤医疗补助金，由用人单位支付一次性伤残就业补助金。一次性工伤医疗补助金和一次性伤残就业补助金的具体标准由省、自治区、直辖市人民政府规定。

金诚同达·研析与提示

《社会保险法》规定，终止或者解除劳动合同时，用人单位应向劳动者支付一次性伤残就业补助金。劳动者因工伤导致劳动能力下降或丧失，对其再就业能力将产生不利影响。为弥补劳动者难以再就业所产生的损失，我国法律规定了一次性伤残就业补助金制度，对上述损失进行补偿，但并未明确规定因劳动者达到法定退休年龄导致劳动关系终止情况下，劳动者是否有权享受一次性伤残就业补偿金待遇。一般而言，由于达到法定退休年龄的员工不存在再就业问题，用人单位无需支付一次性伤残就业补助金。

然而，本案出现的情况比较特殊。本案中，因原告达到法定退休年龄而导致双方劳动合同终止，但原告因客观原因并未办理退休手续，也未享受领取养老金的待遇，其仍需通过劳动获得生活来源，而工伤给其带来的身体伤害一定程度上对其劳动能力造成损害。在此情况下，被告应向原告支付一次性伤残就业补助金。

39. 劳动者受伤后　单位否认存在劳动关系败诉

案情简介

2013 年 9 月 25 日，黄某燕在操作折弯机时左手手面被机器压伤骨折，后被紧急送往医院住院治疗。2014 年 9 月，黄某燕起诉至一审法院称，其于 2013 年 8 月 5 日经老乡介绍入职北京 A 公司担任操作工，月工资 2500 元，由直接上级成某龙发放。双方未签订书面劳动合同，A 公司未缴纳社会保险。2013 年 9 月 25 日其因工受伤后未再回岗工作，但双方劳动关系尚未解除。庭审中，黄某燕提交了其与成某龙的谈话录音，该录音主要涉及协商受伤赔偿等内容，用以证实双方存在事实劳动关系。请求法院确认其与 A 公司于 2013 年 8 月 5 日至 2014 年 11 月 13 日期间存在劳动关系。

对此，A 公司予以否认，称公司没有黄某燕这个职工，也没有折弯机，但对录音的真实性及成某龙系其公司员工予以认可。

黄某燕就双方之间的劳动争议申请劳动仲裁，北京市大兴区劳动人事争议仲裁委员会于 2014 年 8 月 25 日作出仲裁裁决：驳回黄某燕的仲裁请求。黄某燕不服裁决，提起诉讼。

审判者说

一审法院认为，依据法律规定，黄某燕与 A 公司属于适格的劳动关系主体。从黄某燕与成某龙的录音内容可以推出黄某燕在成某龙任职的公司工作并受伤，A 公司否认录音内容与其公司有关，但鉴于成某龙仅在 A 公司任职，且成某龙未能就录音谈话内容作进一步解释，故认定黄某燕与 A 公司存在事实劳动关系。A

公司未对黄某燕的入职时间以及双方劳动关系是否解除进行举证，根据举证责任分配，A 公司应对此承担举证不能的法律后果。

二审法院认为，A 公司于二审中认可与黄某燕自 2013 年 8 月 5 日起存在劳动关系，但上诉称双方劳动关系于 2014 年 1 月 8 日经协商一致解除。黄某燕对 A 公司所述劳动合同解除的事实予以认可，并明确表示不再要求确认 2014 年 1 月 8 日之后双方存在劳动关系。

审理结果

北京市大兴区人民法院〔2014〕大民初字第 12072 号民事判决书（节选）：

确认黄某燕与北京 A 公司于二〇一三年八月五日至二〇一四年十一月十三日期间存在劳动关系。

北京市第二中级人民法院〔2015〕二中民终字第 02172 号民事判决书（节选）：

变更北京市大兴区人民法院〔2014〕大民初字第 12072 号民事判决为确认黄某燕与 A 公司于二〇一三年八月五日至二〇一四年一月八日期间存在劳动关系。

本判决为终审判决。

审理机关

北京市大兴区人民法院

北京市第二中级人民法院

判决依据

1.《中华人民共和国劳动合同法》第七条：

用人单位自用工之日起即与劳动者建立劳动关系。用人单位应当建立职工名册备查。

2.《中华人民共和国民事诉讼法》第一百七十条第一款第（二）项：

第二审人民法院对上诉案件，经过审理，按照下列情形，分别处理：

……

（二）原判决、裁定认定事实错误或者适用法律错误的，以判决、裁定方式依法改判、撤销或者变更；

……

金诚同达·研析与提示

近年来，在《劳动法》相关司法实践中，诚信缺失问题成为了劳动案件中一个引人注目的社会问题，本案即是其中一个典型。劳动者入职公司后，双方未订立书面劳动合同。劳动者发生工伤后，根据相关法律规定，用人单位应当承担工伤保险赔偿责任。对此，公司试图通过否认用工事实的手段逃避相关法律责任，拒绝对劳动者进行工伤赔偿。后经法院审理，终于承认了其与劳动者存在劳动关系的事实。

值得注意的是，本案中，出现诚信问题的并非只有公司一方。劳动者明知双方已于 2014 年 1 月 8 日解除了事实劳动关系，仍然在起诉中称事实劳动关系延续至 2014 年 11 月 13 日，也存在诚信问题。结合案件最后结果来看，诉讼双方其实对案件事实都是心知肚明，却陷入了“你不说实话，我也不说实话”的怪圈当中，直到历经了劳动仲裁、一审、二审三个阶段，才算“握手言和”。这种缺乏诚信，浪费司法资源的行为，应被社会谴责。构建和谐劳动关系，应从诚信二字做起。

40. 用人单位办理工伤保险待遇前要求劳动者签订的免责协议无效

案情简介

2008 年 6 月至 2013 年 4 月期间，林某在武平县 A 公司处从事井下采煤工作。2014 年，林某被确诊为煤工尘肺一期，经劳动能力鉴定，被认定为因工伤残六级，丧失大部分劳动能力。2014 年 5 月 29 日，林某与 A 公司就工伤保险待遇一事，双方签订《协议书》约定：林某的一期矽肺工伤待遇由第三人武平县社会劳动保险管理中心（简称社保中心）核定支付，林某领取第三人核定待遇后，双方劳动关系解除，林某自愿放弃要求 A 公司作为用人单位支付其他工伤保险待遇的权利。2014 年 5 月 28 日，林某（甲方）、A 公司（乙方）、第三人社保中心（丙方）订立《工伤职工终止工伤保险关系三方协议书》（以下简称《三方协议》）约定："一、甲乙双方当事人同意解除或终止劳动关系，终止劳动关系的时间为 2014 年 6 月 4 日。二、本协议书生效后，由乙方一次性支付给甲方一次性伤残就业补助金 72256.86 元。三、本协议书生效后，由丙方一次性支付给甲方一次性医疗补助金 72256.86 元。"协议订立后，林某领取了第三人社保中心核定支付的一次性伤残补助金和一次性工伤医疗补助金，A 公司以之前双方签订的协议约定为由，拒绝支付林某一次性伤残就业补助金 72256.86 元。后林某诉至法院，要求 A 公司支付一次性伤残就业补助金。

审判者说

法院认为，本案中，林某被认定为因工六级伤残。其虽于 2014 年 5 月 29 日与A公司对工伤保险待遇事项进行了协商并签订协议书，放弃了应由用人单位支付的工伤保险待遇权利，但林某、A公司与第三人社保中心又于2014年6月18日经协商同意并自愿达成《三方协议》，对林某工伤保险待遇的协议事项进行了变更。林某、A公司及第三人社保中心之间签订的《三方协议》意思表示真实，具有法律效力，也符合《工伤保险条例》规定的职工因职业病致残应享有的工伤保险待遇。遂判决A公司依约应支付林某一次性伤残就业补助金72256.86元。

审理结果

福建省龙岩市武平县人民法院〔2015〕武民初字第1549号民事判决书（节选）：

被告A公司应于本判决生效之日起十日内支付原告林某一次性伤残就业补助金72256.86元。

福建省龙岩市中级人民法院〔2015〕岩民终字第1337号民事判决书（节选）：

驳回上诉，维持原判。

审理机关

福建省武平县人民法院

福建省龙岩市中级人民法院

判决依据

1.《中华人民共和国合同法》第八条：

依法成立的合同，对当事人具有法律约束力。当事人应当按照约定履行自己的义务，不得擅自变更或者解除合同。

依法成立的合同，受法律保护。

2.《中华人民共和国合同法》第六十条第一款：

当事人应当按照约定全面履行自己的义务。

3.《中华人民共和国合同法》第七十七条第一款：

当事人协商一致，可以变更合同。

4.《工伤保险条例》第三十六条：

职工因工致残被鉴定为五级、六级伤残的，享受以下待遇：

（一）从工伤保险基金按伤残等级支付一次性伤残补助金，标准为：五级伤残为 18 个月的本人工资，六级伤残为 16 个月的本人工资；

（二）保留与用人单位的劳动关系，由用人单位安排适当工作。难以安排工作的，由用人单位按月发给伤残津贴，标准为：五级伤残为本人工资的 70%，六级伤残为本人工资的 60%，并由用人单位按照规定为其缴纳应缴纳的各项社会保险费。伤残津贴实际金额低于当地最低工资标准的，由用人单位补足差额。

经工伤职工本人提出，该职工可以与用人单位解除或者终止劳动关系，由工伤保险基金支付一次性工伤医疗补助金，由用人单位支付一次性伤残就业补助金。一次性工伤医疗补助金和一次性伤残就业补助金的具体标准由省、自治区、直辖市人民政府规定。

5.《中华人民共和国民事诉讼法》第六十四条第一款：

当事人对自己提出的主张，有责任提供证据。

6.《最高人民法院关于民事诉讼证据的若干规定》第二条：

当事人对自己提出的诉讼请求所依据的事实或者反驳对方诉讼请求所依据的事实有责任提供证据加以证明。

没有证据或者证据不足以证明当事人的事实主张的，由负有举证责任的当事人承担不利后果。

7.《最高人民法院关于适用〈中华人民共和国民事诉讼法〉的解释》第二百四十条：

无独立请求权的第三人经人民法院传票传唤，无正当理由拒不到庭，或者未经法庭许可中途退庭的，不影响案件的审理。

金诚同达·研析与提示

《工伤保险条例》规定，员工因公致残被鉴定为五至十级伤残的，其可以享受的工伤保险待遇包括：企业应支付员工停工留薪期工资待遇，社保中心应支付一次性伤残补助金；员工本人要求解除或终止劳动关系的，企业和

社保中心还应分别支付一次性伤残就业补助金和一次性伤残医疗补助金。

当前，多数地区要求由企业负责办理有关工伤保险待遇申请手续。一些企业为了逃避工伤保险待遇支付责任，趁机要求工伤员工与其签署免责协议，以约定员工放弃一次性伤残就业补助金为代价，为员工办理有关工伤保险申请手续。此种免责协议，侵害了员工的合法权益，造成了不良社会影响，不利于构建和谐的劳动关系。

《劳动合同法》规定，用人单位免除自己的法定责任、排除劳动者权利的劳动合同无效或者部分无效。金诚同达律师认为，此处法律规定的“劳动合同”，不应作限缩解释，即仅将“劳动合同”局限于员工与企业签订的《劳动合同书》，而应将其范围解释为双方劳动关系存续期间签订的与劳动关系有关的合同。据此，员工签订的放弃一次性伤残就业补助金的免责书，应当认定为无效。此时，不宜适用《合同法》关于当事人自愿放弃民事权利的有关规定，认定免责书免除了企业支付有关工伤保险待遇的法定责任。

此外，本案中，员工、企业与社保中心签订的《三方协议》已经对在先的免责条款进行了变更，依法对企业具有法律约束力。法院判令企业承担支付伤残就业补助金的法定义务，符合法律规定，维护了员工的合法权益。

41. 已签订的工伤赔偿协议显失公平可撤销

案情简介

李某某于2011年7月16日入职被告A公司处工作，未签订劳动合同。2011年9月22日。李某某在值班室，被员工杨某砍伤颈部，经抢救无效死亡。2011年12月10日，李某某之父李某与A公司签订《协议书》，约定由A公司一次性赔偿家属共计25万元，收到款项后，李某不再以任何理由向A公司以诉讼或者仲裁等方式主张民事赔偿或其他补充赔偿责任，之后，A公司支付了赔偿款。后博罗县人社局认定李某某为工伤，应享有工伤待遇，故李某以双方签订的《协议书》存在重大误解为由向法院起诉，请求法院判令被告赔偿原告其余不足部分的损失。

另，原告李某、马某系死者李某某的父母。被告张某、唐某系A公司股东。A公司因经营不善而依法宣告破产，并于2012年4月5日被注销。

审判者说

法院认为，本案属工伤保险待遇纠纷。李某与张某签订的《协议书》是否存在重大误解及显失公平是本案争议的焦点。法院认为，李某与张某在签订《协议书》时，博罗县人社局尚未就李某某死亡事件作出工伤认定，李某在并不清楚其是否能够获得一次性工亡补助金的情况下，签订工伤补偿的《协议书》，确实存在重大误解。其次，根据《广东省工伤保险条例》第三十七条第一款第（三）项之规定，李某依法可获得的一次性工亡补助金为382180元（19109元×20倍），而张某按协议给予李某的补偿金仅为250000元，二者差距达132180元，协议补偿金仅为法定补助金的65.4%，确属显失公平。综上，法院认为本案所涉《协议书》因协议一方李某存在重大误解，且确实严重损害了李某合法权益，显失公平，在协议签订之日起一年内主张应予撤销，符合法律规定。李某、马某诉请支付一次性工亡补助金差额132180元于法有据，法院予以支持。

关于A公司是否为本案适格当事人的问题，二审法院认为，A公司经清算已注销，不再具有民事行为能力，故A公司并不是本案适格的当事人，一审法院错将A公司列为本案当事人，应予纠正。但由于A公司尚有未履行完毕的法定义务，因此，相应的民事责任应由清算义务人即本案被告承担，故唐某、张某应向李某、马某支付一次性工亡补助金差额132180元。

审理结果

广东省惠州市博罗县人民法院〔2013〕惠博法溪民初字第84号民事判决书（节选）：

驳回原告李某、马某的诉讼请求。

广东省惠州市中级人民法院〔2014〕惠中法民三终字第82号民事判决书（节选）：

一、撤销广东省惠州市博罗县人民法院〔2013〕惠博法溪民初字第84号民事判决；

二、唐某、张某应于本判决生效之日起五日内向李某、马某支付一次性工亡补助金差额132180元；

三、驳回李某、马某其他诉讼请求。

审理机关

广东省惠州市博罗县人民法院

广东省惠州市中级人民法院

判决依据

1.《中华人民共和国合同法》第五十四条第一款：

下列合同，当事人一方有权请求人民法院或者仲裁机构变更或者撤销：

（一）因重大误解订立的；

（二）在订立合同时显失公平的。

2.《广东省工伤保险条例》第三十七条第一款第（三）项：

职工因工死亡，其近亲属按照下列规定从工伤保险基金领取丧葬补助金、供养亲属抚恤金和一次性工亡补助金：

……

（三）一次性工亡补助金标准为上年度全国城镇居民人均可支配收入的二十倍。

3.《中华人民共和国民事诉讼法》第一百七十条第一款第（二）项：

第二审人民法院对上诉案件，经过审理，按照下列情形，分别处理：

……

（二）原判决认定基本事实不清的，裁定撤销原判决，发回原审人民法院重审，或者查清事实后改判；

……

金诚同达·研析与提示

本案系一个典型的工伤保险待遇纠纷，在我国，工伤保险待遇纠纷亦属于劳动争议的一种类型，《劳动法》第七十七条规定：“用人单位与劳动者发生劳动争议，当事人可以依法申请调解、仲裁、提起诉讼，也可以协商解决。”这一规定，为发生工伤事故后，用人单位与劳动者协商补偿奠定了合法性基础。合法有效的工伤补偿协议，不仅是双方当事人意思自治原则的重要体现，且极大程度上提高了劳动者一方获取工伤补助金的便利性，还大大节省了劳动仲裁、诉讼成本，是程序公正和实体公正的统一，对保障劳动者合法权益、高效处理纠纷具有显著意义。

但是，在实践中，由于劳动者和用人单位信息、地位不对等，存在大量协议补偿显著低于工伤员工应获得法定工伤补助金的情况。因此，劳动者和用人单位双方皆须谨慎处之，既要合理、合法约定补偿金额，也要谨慎约定弃权条款，否则有关协议仍可能因重大误解或显失公平被依法撤销。

此外，本案中还应当关注，由于原用人单位已于一审前依法注销，已不再属于本案适格当事人，但这并不意味着用人单位未尽的补偿义务因此消灭，本案中两被告作为用人单位股东、清算义务人仍应承担支付义务。

42. 已赔付的商业保险不能抵偿工伤保险待遇

案情简介

李某于2010年年初入职林某开设的惠州市某广告装饰部处工作。广告装饰部未与李某签订书面劳动合同，亦未依法为李某缴纳社会保险费，但为李某投保了意外伤害保险。李某起诉时，广告装饰部已注销。

2013年9月，李某在工作过程中，不慎从高处摔下致伤，被认定为工伤。经鉴定，李某系功能障碍（伤残）四级，生活自理障碍等级四级。后保险公司发出《理赔通知书》，向李某赔付保险金。

另，被告林某、曾某系夫妻关系，曾某曾在广告装饰部工作。

李某主张，林某、曾某应向其支付工伤生活护理费217044元。林某、曾某认为，李某已领取本事故的保险赔偿金21万元，该赔偿金应与生活自理障碍护理费的赔偿款相抵。

审判者说

法院认为，本案系劳动合同纠纷。原告李某入职被告林某开设的广告装饰部工作，双方劳动关系已因广告装饰部注销而终止。李某于2010年年初至2014年5月6日期间与被告林某开设的广告装饰部存在劳动关系，法院予以确认。

原告因工伤被鉴定为生活自理障碍四级，且其与广告装饰部之间的劳动关系于2014年5月6日而终止，根据《广东省工伤保险条例》第二十七条、第三十一条的规定，原告可按统筹地区上年度职工月平均工资的百分之三十的标准一次性领取十年的生活护理费。被告林某未以广告装饰部的名义为原告缴纳社会保险费用，上述生活护理费应由被告林某支付。故原告要求被告林某支付生活护理费的诉讼请求，具有相应的事实和法律依据，法院予以支持。

因原告于2013年9月11日发生工伤事故，故其生活护理费应按2012年度惠州市在岗职工月平均工资数额3459元/月计算，原告的生活护理费计算为124524元（3459元/月 ×30%×12个月 ×10年）。原告称其生活自理障碍等级于2015年7月23日确定，主张生活护理费按2014年度惠州市在岗职工月平均工资4465元/月标准计算，于法无据，法院不予支持。因此，被告林某应向原告支付生活护理费124524元。

被告辩称应将原告已获赔的意外伤害保险金抵扣其应承担的生活护理费责任，但被告林某以广告装饰部的名义为原告向幸福人寿保险股有限公司投保的意外伤害保险系商业保险，依法不能抵偿其应承担的工伤保险待遇支付责任。故被告的上述抗辩意见，法院不予采纳。

此外，被告林某、曾某虽系夫妻关系，且曾某曾在广告装饰部工作，但原告未提交证据证明曾某与林某共同经营。因此，原告主张被告曾某支付其生活护理费，缺乏相应的事实和法律依据，法院不予支持。

审理结果

广东省惠州市惠城区人民法院〔2016〕粤1302民初1074号民事判决书（节选）：

一、被告林某应于本判决生效之日起七日内一次性向原告李某支付生活护理费人民币124524元。

二、驳回原告李某的其他诉讼请求。

审理机关

广东省惠州市惠城区人民法院

判决依据

1.《中华人民共和国劳动法》第二条第一款：

在中华人民共和国境内的企业、个体经济组织（以下统称用人单位）和与之形成劳动关系的劳动者，适用本法。

2.《广东省工伤保险条例》第二条第一款：

职工有依法享受工伤保险待遇的权利。本省行政区域内的企业、事业单位、社会团体、民办非企业单位、基金会、律师事务所、会计师事务所等组织和有雇工的个体工商户（以下称用人单位）应当在生产经营所在地依法参加工伤保险，为本单位全部职工或者雇工（以下称职工）缴纳工伤保险费。

3.《广东省工伤保险条例》第二十七条第一款、第二款：

工伤职工已经被鉴定为一级至四级伤残等级并经劳动能力鉴定委员会确认需要生活护理的，由工伤保险基金按照工伤职工生活自理障碍等级支付生活护理费。

生活护理费以统筹地区上年度职工月平均工资的一定比例按月计发，标准为：一级为百分之六十，二级为百分之五十，三级为百分之四十，四级为百分之三十。

4.《广东省工伤保险条例》第三十一条：

户籍不在统筹地区的一级至四级伤残职工，本人要求解除或者终止劳动关系并一次性享受工伤保险待遇的，可以与统筹地区社会保险经办机构签订协议，由社会保险经办机构按照以下规定支付工伤保险待遇费用，终结工伤保险关系：

（一）一次性伤残补助金。按照本条例第二十九条第一款第一项规定的标准计发。

（二）伤残津贴。按照本条例第二十九条第一款第二项规定的标准一次性计发十年。

（三）一次性工伤医疗补助金。按照以下标准计发：一级伤残为十五个月的本人工资，二级伤残为十四个月的本人工资，三级伤残为十三个月的本人工资，四级伤残为十二个月的本人工资。

（四）生活护理费。经劳动能力鉴定委员会确认需要生活护理的，按照本条例第二十七条第二款规定的标准一次性计发十年。

5.《广东省工伤保险条例》第五十七条：

用人单位依照本条例规定应当参加工伤保险而未参加或者未按时缴纳工伤保险费，职工发生工伤的，由该用人单位按照本条例规定的工伤保险待遇项目和标准向职工支付费用。

用人单位按照规定补缴应当缴纳的工伤保险费和滞纳金后，由工伤保险基金和用人单位按照本条例的规定支付新发生的费用。

6.《中华人民共和国民事诉讼法》第一百四十二条：

法庭辩论终结，应当依法作出判决。判决前能够调解的，还可以进行调解，调解不成的，应当及时判决。

金诚同达·研析与提示

工伤保险待遇是劳动者应当享有的法定待遇，《社会保险法》规定："职工应当参加工伤保险，由用人单位缴纳工伤保险费，职工不缴纳工伤保险费。"据此，工伤保险既是劳动者的法定权利，又是用人单位的法定义务，用人单位不能以办理商业保险为由免除工伤保险义务。《广东省工伤保险条例》亦明确规定，不以劳动者是否获得理赔为承担工伤保险责任的要件。只要用人单位未按时缴纳工伤保险费，并导致职工在发生工伤后不能享受工伤保险待遇的，用人单位都须承担工伤待遇等有关费用，不能为其他商业保险所抵偿。

此外，在实务操作中，如因工伤保险待遇发生纠纷，用人单位和劳动者亦可以协商解决，但从类似判例来看，用人单位与劳动者签订的远低于工伤补偿标准的《补偿协议》可能会被认定为无效或被撤销。因此，对于用人单位与劳动者双方而言，成本最低、风险最小、效果最好的解决方案即用人单位严格依照工伤补偿标准与劳动者达成协议，既高效便捷地解决了工伤保险待遇纠纷，也降低了诉讼成本和法律风险。当然，比起按照法律规定按期、足额缴纳工伤保险，这仍然是"舍本逐末"。归根结底，工伤等社会保险义务，不是想逃就能逃。

43. 获得第三人赔偿后，劳动者仍有权主张工伤保险待遇

案情简介

2011年4月6日，龚某到重庆A公司上班，从事维修工作。A公司于2012年3月至2014年10月为龚某参加了工伤保险。2012年7月14日，龚某因交通事故受伤。2012年12月2日，龚某与侵权人胡某某就交通事故达成赔偿协议，由胡某某赔偿龚某各项费用共计124725.78元。2013年2月8日，重庆市北碚区人力资源和社会保障局认定龚某受伤为工伤。2013年9月25日，重庆市北碚区劳动能力鉴定委员会鉴定龚某的伤残等级为七级，无护理依赖。后龚某提起仲裁、诉讼，要求A公司支付各项工伤保险待遇。

审判者说

法院认为，双方争议的焦点为龚某因交通事故受工伤后，在获得侵权人胡某某赔偿的情况下，能否再请求A公司支付相关工伤保险待遇的问题。《社会保险法》第四十二条规定："由于第三人的原因造成工伤，第三人不支付工伤医疗费用或者无法确定第三人的，由工伤保险基金先行支付。工伤保险基金先行支付后，有权向第三人追偿。"《重庆市人力资源和社会保障局关于涉及第三方责任工伤保险待遇支付问题的通知》规定："用人单位及其职工按规定参加工伤保险并按时足额缴纳工伤保险费的，由于第三方责任造成工伤（亡），治疗工伤的医疗费不得重复享受，工伤保险经办机构根据民事伤害赔偿法律文书等合法有效依据确定的医疗费总额与应由工伤保险基金支付的医疗费总额比较，不足部分予以补足，其他工伤保险待遇按《条例》（《工伤保险条例》）和《实施办法》（《重庆市人民政

府关于印发重庆市工伤保险实施办法的通知》）规定的项目和标准支付。”以上规定仅将医疗费用排除在可以兼得的费用之外。因此，龚某因案外人胡某某的侵权行为导致工伤，在获得侵权人胡某某的赔偿后，可以主张除医疗费用之外的工伤保险待遇。

审理结果

重庆市北碚区人民法院〔2014〕碚法民初字第06945号民事判决书（节选）：

一、被告重庆A公司于本判决生效之日起10日内支付原告龚某一次性伤残就业补助金、停工留薪待遇、护理费合计68529.22元；

二、驳回原告龚某的其他诉讼请求。

审理机关

重庆市北碚区人民法院

判决依据

1.《中华人民共和国劳动合同法》第三十七条：

劳动者提前三十日以书面形式通知用人单位，可以解除劳动合同。劳动者在试用期内提前三日通知用人单位，可以解除劳动合同。

2.《中华人民共和国社会保险法》第四十二条：

由于第三人的原因造成工伤，第三人不支付工伤医疗费用或者无法确定第三人的，由工伤保险基金先行支付。工伤保险基金先行支付后，有权向第三人追偿。

3.《工伤保险条例》第三十三条：

职工因工作遭受事故伤害或者患职业病需要暂停工作接受工伤医疗的，在停工留薪期内，原工资福利待遇不变，由所在单位按月支付。

停工留薪期一般不超过12个月。伤情严重或者情况特殊，经设区的市级劳动能力鉴定委员会确认，可以适当延长，但延长不得超过12个月。工伤职工评定伤残等级后，停发原待遇，按照本章的有关规定享受伤残待遇。工伤职工在停工留薪期满后仍需治疗的，继续享受工伤医疗待遇。

生活不能自理的工伤职工在停工留薪期需要护理的，由所在单位负责。

4.《工伤保险条例》第三十六条：

职工因工致残被鉴定为五级、六级伤残的，享受以下待遇：

（一）从工伤保险基金按伤残等级支付一次性伤残补助金，标准为：五级伤残为18个月的本人工资，六级伤残为16个月的本人工资；

（二）保留与用人单位的劳动关系，由用人单位安排适当工作。难以安排工作的，由用人单位按月发给伤残津贴，标准为：五级伤残为本人工资的70%，六级伤残为本人工资的60%，并由用人单位按照规定为其缴纳应缴纳的各项社会保险费。伤残津贴实际金额低于当地最低工资标准的，由用人单位补足差额。

经工伤职工本人提出，该职工可以与用人单位解除或者终止劳动关系，由工伤保险基金支付一次性工伤医疗补助金，由用人单位支付一次性伤残就业补助金。一次性工伤医疗补助金和一次性伤残就业补助金的具体标准由省、自治区、直辖市人民政府规定。

5.《中华人民共和国民事诉讼法》第六十四条：

当事人对自己提出的主张，有责任提供证据。

当事人及其诉讼代理人因客观原因不能自行收集的证据，或者人民法院认为审理案件需要的证据，人民法院应当调查收集。

人民法院应当按照法定程序，全面地、客观地审查核实证据。

金诚同达·研析与提示

因第三人责任造成工伤，用人单位是否仍需要支付工伤保险待遇这一问题在实践中存在广泛争议，在不同级别、不同地区的司法裁判指引和实践判例中都有着不尽相同的规定。一般而言，考虑到已有第三人承担人身损害赔偿责任，用人单位和社会保险机构支付工伤保险待遇的义务会有所减弱。《社会保险法》第四十二条规定：“由于第三人的原因造成工伤，第三人不支付工伤医疗费用或者无法确定第三人的，由工伤保险基金先行支付。工伤保险基金先行支付后，有权向第三人追偿。”

最高人民法院2014年公布的《关于审理工伤保险行政案件若干问题的规定》第八条第三款规定:“职工因第三人的原因导致工伤，社会保险经办机构以职工或者其近亲属已经对第三人提起民事诉讼为由，拒绝支付工伤保险待遇的，人民法院不予支持，但第三人已经支付的医疗费用除外。”由于第三人的人身损害赔偿责任和工伤赔偿责任系同一事件引发的不同法律关系，以上两条规定确定了劳动者（即受害人）可以得到双赔，但医疗费用除外的原则。这一原则在《重庆市人力资源和社会保障局关于涉及第三方责任工伤保险待遇支付问题的通知》中得到了落实，该通知明确将医疗费用排除在劳动者可以兼得的费用之外。

但是,《工伤保险条例》规定了十三种工伤保险待遇，除医疗费外，还包括：住院伙食补助费、外地就医交通（食宿）费、康复医疗费、辅助器械费、停工留薪期工资、生活护理费、一次性伤残补助金、伤残津贴、一次性伤残就业补助金、丧葬补助及供养亲属抚恤金和一次性工亡补助金。除法律、法规另有规定外，劳动者在获得工伤认定和第三人的人身损害赔偿后，还可依实际情况，主张除医疗费外的其他工伤保险待遇。

44. 未办招工手续致使离职员工无法领取失业保险金，公司应予赔偿

案情简介

苏某系某证券公司员工，双方经仲裁调解，确认于2015年12月1日解除双方的劳动合同，证券公司给付苏某一定的经济补偿。后苏某在申领失业金时发现因证券公司没有办理招工手续，无法通过审批，导致其无法申请失业金，故苏某起诉证券公司要求赔偿上述失业金损失。证券公司认可在2011年9月招录员工时未办理网上招工手续，后期也未能及时补办，但不同意苏某的请求事项。证券公司认为，本案系苏某主动提出解除劳动合同，不属于非本人意愿中断就业的情况，苏某不符合领取失业保险金的条件。此外，失业保险金应由社保部门支付，不应由证券公司支付，公司没有支付保险金的义务。劳动仲裁支持了员工的仲裁请求，证券公司不服仲裁裁决，向法院起诉。

审判者说

法院认为，基于员工提起仲裁的事实，可以看出双方是在争议已经产生的前提下作出协商解除劳动关系的意思表示，属于非因本人意愿中断就业的情形，苏某有权领取失业金。根据《中华人民共和国社会保险法》有关规定，用人单位应当及时为失业人员出具终止或者解除劳动关系的证明，并将失业人员的名单自终止或者解除劳动关系之日起十五日内告知社会保险经办机构。现因证券公司原因未将被告名单告知社会保险经办单位，造成被告无法领取失业保险金，致使其失业保险权益受损，应由证券公司依法承担相应责任。

审理结果

天津市和平区人民法院〔2016〕津0101民初2893号民事判决书（节选）：

一、驳回原告的全部诉讼请求；

二、本判决生效后五日内，原告给付被告2015年12月、2016年1月的失业保险金损失1920元。

审理机关

天津市和平区人民法院

判决依据

1.《中华人民共和国社会保险法》第四十五条：

失业人员符合下列条件的，从失业保险基金中领取失业保险金：

（一）失业前用人单位和本人已经缴纳失业保险费满一年的；

（二）非因本人意愿中断就业的；

（三）已经进行失业登记，并有求职要求的。

2.《中华人民共和国社会保险法》第四十六条：

失业人员失业前用人单位和本人累计缴费满一年不足五年的，领取失业保险金的期限最长为十二个月；累计缴费满五年不足十年的，领取失业保险金的期限最长为十八个月；累计缴费十年以上的，领取失业保险金的期限最长为二十四个月。重新就业后，再次失业的，缴费时间重新计算，领取失业保险金的期限与前次失业应当领取而尚未领取的失业保险金的期限合并计算，最长不超过二十四个月。

3.《中华人民共和国社会保险法》第四十七条：

失业保险金的标准，由省、自治区、直辖市人民政府确定，不得低于城市居民最低生活保障标准。

4.《中华人民共和国社会保险法》第五十条：

用人单位应当及时为失业人员出具终止或者解除劳动关系的证明，并将失业人员的名单自终止或者解除劳动关系之日起十五日内告知社会保险经办机构。

失业人员应当持本单位为其出具的终止或者解除劳动关系的证明，及时到指定的公共就业服务机构办理失业登记。

失业人员凭失业登记证明和个人身份证明，到社会保险经办机构办理领取失业保险金的手续。失业保险金领取期限自办理失业登记之日起计算。

金诚同达·研析与提示

领取失业保险金是劳动者的法定权利，但在实际操作中，劳动者行使该项权利需要满足一定条件并办理相关手续，否则，人社部门将不予发放。

首先，失业员工在失业前，用人单位和其本人已经累计缴纳失业保险费满一年。未缴纳失业保险费或缴费期限未满一年的，不符合发放失业保险金的条件。

其次，员工失业非因本人原因造成。如劳动者主动辞职，则不得领取失业保险金。需要注意的是，在司法实践中，不能因员工单方解除劳动合同或与企业协商一致解除劳动合同，就直接认定员工不属于非因本人原因失业的情况。例如，因企业未及时足额发放劳动报酬导致员工解除劳动合同的，或者在企业裁员、进行职工安置过程中与员工协商一致解除劳动合同的，均属于非因员工本人原因造成的失业。

再次，企业应及时为失业人员出具终止或者解除劳动关系的证明，并将失业人员的名单依法及时告知社会保险经办机构。

最后，员工应当持终止或者解除劳动关系的证明，办理失业登记。

综上，企业应当为员工支付失业保险费，并配合失业员工办理领取失业保险金的相关手续。如因企业原因导致员工无法领取失业保险金的，相关损失应当由企业承担。

45. 宽限期不是免责期，企业应支付空档期产生医疗费中医保可报销部分

案情简介

上海A公司与余某签署劳动合同，约定：合同期限自2015年1月19日至2018年1月18日止，其中试用期3个月，余某任行政专员，月薪6800元。

2015年2月7日下午，余某因腰椎间盘突出赴医院治疗，院方开具2月8日至2月13日的病假建议书。2月12日，余某入住上海市第一人民医院，进行腰椎植骨融合固定手术治疗，并于2月26日出院，院方开具“全休贰月”的证明书。

余某入职前，与原单位的劳动关系于2014年12月19日终止，原单位于2015年1月7日为余某办理社保账户转出手续。2015年1月，余某的社保费暂停缴纳。2015年2月17日，A公司为余某办理社保登记并为余某缴纳自同年2月起的社保费。同年3月，A公司为余某补缴同年1月的社保费。2015年2月15日起，余某的医保账户处于封存状态。余某住院手术后支付医疗费47311.97元。

2015年4月18日，A公司向余某出具《试用期考核结果通知书》，载明：你在我司试用期的结束日期为2015年4月18日，你试用期考核未能通过。你2015年1月19日入职，2月9日起离岗，至今尚未到岗。你未能达到试用期的要求……

余某于2015年4月29日向上海市黄浦区劳动人事争议仲裁委员会申请仲裁，要求与A公司自2015年4月18日起恢复劳动关系，并支付自恢复之日起的工资（按月工资6800元计算），支付2015年2月15日至2月26日期间发生的医疗费31696.32元。

该委于2015年7月9日裁决：A公司支付余某2015年2月15日至2月26

日期间的医疗费25666.88元，不支持余某的其他请求事项。A公司不服裁决，起诉至法院。

审判者说

法院认为，用人单位与劳动者建立劳动关系后，就应充分考虑劳动者社保登记及社保费缴纳的相关情况，有义务尽快为职工办理社保登记并及时缴纳社保费，以避免出现因社保费缴纳不及时导致劳动者不能享受相关社保待遇的情形。A公司虽在法律规定的最长期限内为余某办理了社保登记手续，但却未能遵循及时办理的原则，对此造成的损失A公司不能免责，故判令公司支付余某医疗费。

审理结果

上海市黄浦区人民法院〔2015〕黄浦民一（民）初字第5516号民事判决书（节选）：

一、驳回原告A公司的诉讼请求；

二、原告A公司于判决生效之日起七日内支付被告余某医疗费人民币25666.88元。

上海市第二中级人民法院〔2015〕沪二中民三（民）终字第1507号民事判决书（节选）：

驳回上诉，维持原判。

审理机关

上海市黄浦区人民法院

上海市第二中级人民法院

判决依据

1.《中华人民共和国劳动法》第七十三条：

劳动者在下列情形下，依法享受社会保险待遇：

（一）退休；

（二）患病、负伤；

（三）因工伤残或者患职业病；

（四）失业；

（五）生育。

劳动者死亡后，其遗属依法享受遗属津贴。

劳动者享受社会保险待遇的条件和标准由法律、法规规定。

劳动者享受的社会保险金必须按时足额支付。

金诚同达·研析与提示

《社会保险法》规定，用人单位应当自用工之日起三十日内为其职工向社会保险经办机构申请办理社会保险登记。实务中，企业一般也都在员工入职后三十日内办理社会保险登记手续。

但在该案中，员工入职前原单位已经为其办理了社保账户转出手续，现单位有充足的时间为员工办理社保登记手续，缴纳社会保险并不存在客观障碍。企业虽然在法律规定的最长期限三十日内为员工办理了相关手续，但在办理手续前，仍然需要承担用人单位的法定义务。员工应当享受但因未办理社保手续而无法享受的医疗保险、工伤保险等社保待遇，应当由企业承担。

在此，提醒广大用人单位，员工入职后应尽快办理社会保险手续，避免出现本案例中的情形。

第七章

女职工权益保护纠纷

关键词：女职工孕期、产期、哺乳期　流产产假

46. 怀孕期间被降薪　法院判决补足差额

47. 用人单位医疗期内解除劳动合同未获支持

48. 生育津贴低于本人工资标准　企业须补足差额

49. 劳动者隐瞒婚姻状况不影响劳动合同的履行

50. 员工怀孕未告知单位　法院认为属违法解除

46. 怀孕期间被降薪　法院判决补足差额

案情简介

王某红起诉A公司至法院称，2009年8月13日，王某红入职A公司，岗位为研究员。同日双方签订无固定期限书面劳动合同。王某红于2013年1月26日生产，其怀孕期间A公司无任何正当理由克扣其工资，王某红正常工资为每月9641元，怀孕期间A公司却以北京市最低工资每月1260元发放。A公司上述行为已严重影响王某红及其家庭的正常生活，违反《劳动合同法》及相关规定，侵犯劳动者的合法权益，现王某红依法向法院提起诉讼，请求：1. 判令A公司支付王某红2012年6月21日至2013年5月20日期间的工资69005.57元及25%的经济补偿金17251.5元；2. 本案的诉讼费用由A公司承担。

A公司在一审法院答辩称：1. 2012年7月之后，在没有医疗机构证明的情况下，A公司3次对王某红进行岗位调整，王某红均予拒绝，且未在原岗位继续工作。王某红未提供任何实验结果，无权获得全额劳动报酬。2.A公司已为王某红缴纳生育保险，不应再支付王某红产假期间工资差额。请求法院驳回王某红的诉讼请求。

一审判决后，王某红、A公司均不服一审判决，提起上诉。

审判者说

一审法院认为，国家对女职工和未成年工实行特殊劳动保护。任何单位均应根据妇女的特点，依法保护妇女在工作和劳动时的安全和健康，不得安排不适合妇女从事的工作和劳动。妇女在经期、孕期、产期、哺乳期受特殊保护。任何单位不得因结婚、怀孕、产假、哺乳等情形，降低女职工的工资，辞退女职工，单方解除劳动（聘用）合同或者服务协议。但是，女职工要求终止劳动（聘用）合同或者服务协议的除外。应当指出，A 公司在王某红怀孕期间降低其工资的做法明显违反了国家的法律规定。A 公司应当将降低工资部分补发给王某红。

关于王某红要求 A 公司支付 2012 年 6 月 21 日至 2013 年 5 月 20 日期间的工资 69005.57 元及 25% 的经济补偿金 17251.5 元一节，因 A 公司已经为王某红缴纳了生育保险，王某红在生育期间应当享受生育保险待遇，其工资由社会保险基金支付，对王某红要求补发产假期间工资差额及 25% 经济补偿金的该部分诉讼请求，法院不予支持；A 公司应当支付王某红在怀孕期间降低工资部分，共计 36574.8 元，A 公司还应支付王某红 25% 的经济补偿金 9143.7 元；法院对于王某红诉讼请求过高部分不予支持。

二审法院认为，本案二审的争议焦点为，A 公司是否应支付王某红 2012 年 7 月 1 日至 2013 年 1 月 25 日期间的工资差额及 25% 的经济补偿金。

根据规定，任何单位不得因结婚、怀孕、产假、哺乳等情形，降低女职工的工资。因用人单位作出的开除、除名、辞退、解除劳动合同、减少劳动报酬等决定而发生的劳动争议，用人单位负举证责任。本案中，A 公司主张，因王某红在 2012 年 7 月之后一直处于缺勤状态，未履行工作职责，A 公司对王某红工资进行相应扣减，但 A 公司提供的证据并不足以证明其主张。而王某红主张其在孕期一直上班，亦提供了考勤打卡机照片、公司发送的邮件等予以佐证。原审法院综合考虑全案证据，判令 A 公司支付王某红 2012 年 7 月 1 日至 2013 年 1 月 25 日期间工资差额 36574.8 元并无不当，二审法院予以确认。A 公司在上述期间扣减王某红工资缺乏事实和法律依据，A 公司还应支付王某红工资差额 25% 的经济补偿金 9143.7 元。对 A 公司不同意支付王某红上述期间工资差额及 25% 经济补偿金的上诉请求，二审法院不予支持。

审理结果

北京市昌平区人民法院〔2013〕昌民初字第 10286 号民事判决书（节选）：

一、被告 A 公司于本判决书生效后十日内给付原告王某红二〇一二年七月一日至二〇一三年一月二十五日期间工资差额三万六千五百四十七元八角及经济补偿金九千一百四十三元七角；

二、驳回原告王某红的其他诉讼请求。

北京市第一中级人民法院〔2014〕一中民终字第36号民事判决书(节选)：

驳回上诉，维持原判。

本判决为终审判决。

审理机关

北京市昌平区人民法院

北京市第一中级人民法院

判决依据

1.《中华人民共和国劳动法》第二条：

在中华人民共和国境内的企业、个体经济组织（以下统称用人单位）和与之形成劳动关系的劳动者，适用本法。

国家机关、事业组织、社会团体和与之建立劳动合同关系的劳动者，依照本法执行。

2.《中华人民共和国劳动法》第三条：

劳动者享有平等就业和选择职业的权利、取得劳动报酬的权利、休息休假的权利、获得劳动安全卫生保护的权利、接受职业技能培训的权利、享受社会保险和福利的权利、提请劳动争议处理的权利以及法律规定的其他劳动权利。

劳动者应当完成劳动任务，提高职业技能，执行劳动安全卫生规程，遵守劳动纪律和职业道德。

3.《中华人民共和国劳动法》第五十条：

工资应当以货币形式按月支付给劳动者本人。不得克扣或者无故拖欠劳动者的工资。

4.《中华人民共和国劳动法》第五十八条第一款：

国家对女职工和未成年工实行特殊劳动保护。

5.《中华人民共和国劳动法》第五十九条：

禁止安排女职工从事矿山井下、国家规定的第四级体力劳动强度的劳动和其他禁忌从事的劳动。

6.《中华人民共和国劳动法》第六十一条：

不得安排女职工在怀孕期间从事国家规定的第三级体力劳动强度的劳动和孕期禁忌从事的劳动。对怀孕七个月以上的女职工，不得安排其延长工作时间和夜班劳动。

7.《中华人民共和国妇女权益保障法法》第二十七条：

任何单位不得因结婚、怀孕、产假、哺乳等情形，降低女职工的工资，辞退女职工，单方解除劳动（聘用）合同或者服务协议。但是，女职工要求终止劳动（聘用）合同或者服务协议的除外。

各单位在执行国家退休制度时，不得以性别为由歧视妇女。

8.《中华人民共和国民事诉讼法》第六十四条：

当事人对自己提出的主张，有责任提供证据。

当事人及其诉讼代理人因客观原因不能自行收集的证据，或者人民法院认为审理案件需要的证据，人民法院应当调查收集。

人民法院应当按照法定程序，全面地、客观地审查核实证据。

9.《中华人民共和国民事诉讼法》第一百七十条第一款第（一）项：

第二审人民法院对上诉案件，经过审理，按照下列情形，分别处理：

（一）原判决、裁定认定事实清楚，适用法律正确的，以判决、裁定方式驳回上诉，维持原判决、裁定；

……

金诚同达·研析与提示

因女性特殊的生理特点，女职工在就业及履行劳动合同期间，用人单位不仅不应在女性生理原因导致的怀孕、生育、哺乳等期间，降低其工资或给予其他形式的歧视，而且还应依法对其予以特殊保护。本案中，用人单位在女职工怀孕期间降低工资，侵害了女职工的合法权益，其行为未受到法院判决支持，用人单位应引以为戒。

47. 用人单位医疗期内解除劳动合同未获支持

案情简介

原告刘某晶诉被告A公司、B公司称，2011年11月，刘某晶到北京市C社区服务中心工作，被派遣到B公司从事公交车售票员工作。

2012年11月，在刘某晶不知情的情况下，用人单位变成了A公司。A公司从未与刘某晶签订过劳动合同。刘某晶每月实发工资1700元左右，工资标准低于B公司职工2000元左右的工资标准。2013年3月，刘某晶怀孕，2013年7月23日，A公司向刘某晶下达了《解除劳动合同通知书》。A公司拖欠刘某晶2013年6月5日至违法解除劳动关系之日的工资。刘某晶怀孕后A公司在无任何理由的情况下强迫刘某晶向其缴纳应由用人单位承担的社会保险费用，刘某晶被迫在2013年7月18日将1029.81元交给A公司。

为维护合法权益，刘某晶曾以C中心为被申请人申请劳动仲裁，在仲裁审理过程中方知晓用人单位变更为A公司。后刘某晶又于2013年10月10日以A公司和B公司为被申请人申请劳动仲裁，2014年1月28日收到房山区劳动人事争议仲裁委员会下达的裁决书，刘某晶对该仲裁裁决不服，故诉至法院要求：1.A公司支付刘某晶2012年12月至2013年7月未签订劳动合同双倍工资差额16000元；2.A公司支付刘某晶2011年1月至2013年7月违法解除劳动关系赔偿金12000元，B公司承担连带给付责任；3.A公司支付刘某晶2013年6月5日至2013年7月23日拖欠的工资3000元，B公司承担连带给付责任；4.A公司退还刘某晶违法收取的社会保险费用1029.81元；5.B公司支付刘某晶2011年8月至2013年7月同岗不同酬工资差额7200元；6.A公司赔偿刘某晶因违法停止缴纳社会保险导致刘某晶无法享受生育保险待遇造成的生育费用损失 9648.48 元。

审判者说

法院认为，2011 年 3 月至同年 6 月，B 公司为刘某晶缴纳有社会保险，故根据现有证据，法院认为自 2011 年 3 月起，B 公司即已与刘某晶建立劳动关系。B 公司主张因刘某晶提出辞职，故其公司与刘某晶于 2011 年 7 月份之后不存在劳动关系，但其未提供充分的证据加以证明，故对 B 公司的上述主张，法院不予采信。

2012 年 1 月 1 日，刘某晶与 C 中心签订劳动合同，与 C 中心建立劳动关系，并被派遣至 B 公司从事售票员工作，2012 年 11 月，刘某晶的用人单位变更为 A 公司，B 公司于 2013 年 5 月 25 日以刘某晶严重违反其公司劳动纪律为由将刘某晶退回 A 公司。刘某晶与 A 公司曾就刘某晶怀孕后上班问题进行沟通，A 公司要求刘某晶上班，刘某晶表示怀孕了不能上班，考虑到刘某晶提交的医院开具的诊断证明中显示刘某晶有先兆流产迹象，另考虑到刘某晶当时的工作岗位，刘某晶在怀孕的情况下并不适合从事公交车售票员工作，A 公司在知道刘某晶怀孕后应安排刘某晶调整工作岗位，A 公司在未先行安排刘某晶调整工作岗位的情况下径行以刘某晶存在旷工情况，被 B 公司退回为由与刘某晶解除劳动关系缺乏法律依据。

2013 年 6 月 5 日至 2013 年 7 月 23 日，A 公司未为刘某晶安排工作，其应按同期北京市最低工资标准支付刘某晶上述期间工资，B 公司应对上述工资给付义务承担连带责任。刘某晶与 A 公司建立新的劳动关系后，A 公司应自用工之日起一个月内与劳动者签订劳动合同，现 A 公司在法律规定的期限内未与刘某晶签订书面劳动合同，故对刘某晶要求 A 公司支付其 2012 年 12 月 1 日至 2013 年 7 月 23 日未签劳动合同双倍工资差额的诉讼请求，其合理部分，法院予以支持。刘某晶要求 B 公司支付其同岗不同酬工资差额缺乏法律依据，法院不予支持。

审理结果

北京市房山区人民法院〔2014〕房民初字第 4319 号民事判决书（节选）：

一、被告 A 公司于本判决生效后十日内支付原告刘某晶未签劳动合同双倍工资差额一万零八百零四元八角九分；

二、被告A公司于本判决生效后十日内返还刘某晶社会保险费用一千零二十九元八角一分；

三、被告A公司于本判决生效后十日内支付原告刘某晶违法解除劳动关系赔偿金八千零八十六元，被告B公司对上述给付义务承担连带责任；

四、被告A公司于本判决生效后十日内支付原告刘某晶二〇一三年六月五日至二〇一三年七月二十三日工资二千二百五十二元八角七分，被告B公司对上述给付义务承担连带责任；

五、驳回原告刘某晶的其他诉讼请求。

审理机关

北京市房山区人民法院

判决依据

1.《中华人民共和国劳动法》第五十条：

工资应当以货币形式按月支付给劳动者本人。不得克扣或者无故拖欠劳动者的工资。

2.《中华人民共和国劳动合同法》第十条：

建立劳动关系，应当订立书面劳动合同。

已建立劳动关系，未同时订立书面劳动合同的，应当自用工之日起一个月内订立书面劳动合同。

用人单位与劳动者在用工前订立劳动合同的，劳动关系自用工之日起建立。

3.《中华人民共和国劳动合同法》第八十二条第一款：

用人单位自用工之日起超过一个月不满一年未与劳动者订立书面劳动合同的，应当向劳动者每月支付二倍的工资。

4.《中华人民共和国劳动合同法》第八十七条：

用人单位违反本法规定解除或者终止劳动合同的，应当依照本法第四十七条规定的经济补偿标准的二倍向劳动者支付赔偿金。

5.《中华人民共和国劳动合同法》第九十二条：

违反本法规定，未经许可，擅自经营劳务派遣业务的，由劳动行政部门责令停止违法行为，没收违法所得，并处违法所得一倍以上五倍以下的罚款；没有违法所得的，可以处五万元以下的罚款。

劳务派遣单位、用工单位违反本法有关劳务派遣规定的，由劳动行政部门责令限期改正；逾期不改正的，以每人五千元以上一万元以下的标准处以罚款，对劳务派遣单位，吊销其劳务派遣业务经营许可证。用工单位给被派遣劳动者造成损害的，劳务派遣单位与用工单位承担连带赔偿责任。

金诚同达·研析与提示

根据我国《劳动合同法》规定，劳动者患病或非因工负伤，在规定的医疗期满后不能从事原工作，也不能从事由用人单位另行安排的工作的，劳动者不能胜任工作。经过培训或者调整工作岗位，仍不能胜任工作的，用人单位提前三十日以书面形式通知劳动者本人或者额外支付一个月工资后，可以解除劳动合同。

根据上述规定，在劳动者因身体或者其他原因不能胜任或从事原工作的情况下，用人单位如果未先行对劳动者进行调岗或者培训，而是直接与劳动者解除劳动关系或者强行要求劳动者从事原岗位工作，在劳动者不同意的情况下，以旷工为由与劳动者解除劳动关系，即构成违法解除劳动合同，需支付劳动者违法解除劳动合同赔偿金。

我们建议，用人单位在用工过程中注意保护弱势群体劳动者的利益，在与劳动者解除劳动合同时持慎重态度，在安排劳动者工作岗位时，充分考虑劳动者身体状况、个人能力和工作岗位的适配性等因素，如果劳动者在经过调岗或培训程序后仍不能胜任工作，或者劳动者被调岗至合适的工作岗位后，仍然拒绝到岗工作，用人单位方能采取与劳动者解除劳动关系等后续处理措施。

48. 生育津贴低于本人工资标准　企业须补足差额

案情简介

原告淮南A公司诉被告张某、第三人B矿业（集团）有限责任公司北京办事处（简称“B矿业北京办事处”）称，2010年1月1日，原告与被告签订期限自2010年1月1日至2011年12月31日止的派遣员工劳动合同，约定原告派遣被告至第三人处从事服务工作。原、被告、第三人三方经协商于2011年11月28日、2012年12月15日两次变更劳务派遣协议和派遣员工劳动合同的终止期限至2016年10月31日。我公司根据第三人报的工资数额并按我公司所在地标准缴纳了生育保险，并按我公司所在地社保机构核算数额支付被告生育津贴，该行为并无过错，不同意给付生育津贴差额。因被告工资均由第三人发放，现无法提交两年内给个人发放工资的凭证。现起诉至法院请求判令不支付被告产假工资差额7969.84元。诉讼费由被告承担。

被告张某辩称，不同意原告的诉讼请求。原告所述派遣情况，签订合同情况、生育津贴数额均属实。2014年8月19日我生了孩子，应享受128天产假。在职期间我的月工资为4500元，现金支付，能提供5个月的工资条，没有其他时间的工资条。根据《北京市企业职工生育保险规定》第15条，原告应支付已发放剩余津贴与本人工资标准之间的差额。我的用工地点、用工单位均在北京，应按北京市的规定予以支付。

2010年1月1日，原、被告签订期限自2010年1月1日至2011年12月31日止的派遣员工劳动合同，约定原告派遣被告至第三人处从事服务工作。原、被告、第三人经协商于2011年11月28日、2012年12月15日两次变更劳务派遣协议和派遣员工劳动合同的终止期限至2016年10月31日。被告的工作地点在北京。

在职期间原告为被告在淮南市缴纳了生育保险。被告于2014年8月19日生育一女。淮南市职工生育津贴支付审批表显示，被告享受生育津贴月数为4个月，核定月缴费基数为2507.54元，金额为10030.20元（原告已领取该部分费用）。

诉讼前，被告曾向西城区劳动人事争议仲裁委员会申请劳动仲裁，请求A公司、B矿业北京办事处支付解除劳动关系经济补偿金、2014年8月19日至2015年1月19日产假期间工资、2006年8月1日至2014年7月30日未休年假工资。B矿业北京办事处未出庭进行仲裁，A公司出庭参与了劳动仲裁。2015年7月15日，该委作出裁决书，裁定原告支付被告产假工资差额7969.84元（第三人承担连带责任）、第三人支付被告2014年1月1日至7月30日未休年假工资827.58元（原告承担连带责任）。驳回被告其他请求。裁决作出后，原告在法定时限内向法院起诉。被告、第三人均未起诉。

审判者说

法院认为，劳动仲裁裁定第三人支付被告2014年1月1日至7月30日未休年假工资827.58元（原告承担连带责任），在原告、被告、第三人均未就此裁决提起诉讼情况下，对此不持异议并予以确认。

生育津贴审批表显示被告产假期间为4个月，被告已领取生育津贴10030.20元，对此予以确认。

本案争议焦点在于是否存在被告应得产假工资高于生育津贴应予补齐的情况。根据相关法律规定，女职工休产假期间的工资标准不应降低。被告提供的工资条显示其生育前工资标准高于缴纳生育保险的缴费基数，证明原告作为用人单位未按实际工资情况为被告缴纳生育保险，由此导致的生育津贴与应得工资差额，应由原告补齐。被告未就该项裁决内容提起诉讼视为其认可仲裁裁决该项内容，法院对此不持异议。原告虽不认可被告提供工资条显示的工资情况，但作为用人单位，原告未就其负有举证责任的工资发放凭证向法院提供证据，对原告该部分意见，法院不予采纳。

审理结果

北京市西城区人民法院〔2015〕西民初字第23855号民事判决书（节选）：

本判决生效后三日内，原告A公司、B矿业北京办事处连带支付被告张某产假工资差额七千九百六十九元八角四分、二〇一四年一月一日至七月三十日期间未休年假工资八百二十七元五角八分。

审理机关

北京市西城区人民法院

判决依据

1.《中华人民共和国劳动争议调解仲裁法》第六条：

发生劳动争议，当事人对自己提出的主张，有责任提供证据。与争议事项有关的证据属于用人单位掌握管理的，用人单位应当提供；用人单位不提供的，应当承担不利后果。

2.《中华人民共和国社会保险法》第四条：

中华人民共和国境内的用人单位和个人依法缴纳社会保险费，有权查询缴费记录、个人权益记录，要求社会保险经办机构提供社会保险咨询等相关服务。

个人依法享受社会保险待遇，有权监督本单位为其缴费情况。

3.《中华人民共和国社会保险法》第五十三条：

职工应当参加生育保险，由用人单位按照国家规定缴纳生育保险费，职工不缴纳生育保险费。

4.《中华人民共和国社会保险法》第五十四条：

用人单位已经缴纳生育保险费的，其职工享受生育保险待遇；职工未就业配偶按照国家规定享受生育医疗费用待遇。所需资金从生育保险基金中支付。

生育保险待遇包括生育医疗费用和生育津贴。

5.《中华人民共和国社会保险法》第五十六条：

职工有下列情形之一的，可以按照国家规定享受生育津贴：

（一）女职工生育享受产假；

（二）享受计划生育手术休假；

（三）法律、法规规定的其他情形。

生育津贴按照职工所在用人单位上年度职工月平均工资计发。

6.《中华人民共和国劳动合同法》第六十一条：

劳务派遣单位跨地区派遣劳动者的，被派遣劳动者享有的劳动报酬和劳动条件，按照用工单位所在地的标准执行。

金诚同达·研析与提示

生育津贴制度设立的目的是保障女职工生育子女休产假期间工资收入不降低，《北京市企业职工生育保险规定》第十五条第二款规定，生育津贴为女职工产假期间的工资，生育津贴低于本人工资标准的，差额部分由企业补足。

本案中，单位为职工缴纳生育保险的缴费基数低于其实际工资，致使职工享受生育津贴的数额低于其实际工资，故单位应将差额予以补足。

49. 劳动者隐瞒婚姻状况不影响劳动合同的履行

案情简介

原告A公司诉被告徐某娜称：2011年1月4日，被告入职我公司，双方签订了自2011年1月4日至2014年1月3日的劳动合同。在2012年3月30日至2012年4月6日期间，被告有5个工作日无故不来上班，截至我公司要求的2012年4月9日上午12点，被告都没有提交任何请假手续或未到岗的情况说明，违反了我公司的规章制度。另外，被告入职时以未婚身份填写求职表，但实际上已经登记结婚，其未能如实告知本人求职信息，已构成对我公司的欺诈。被告的上述行为已经属于自动离职，因此我公司不同意北京市朝阳区劳动争议仲裁委员会的裁决，诉至法院，要求判令我公司不再履行与被告的劳动合同。

2011年1月4日，被告入职原告公司，从事产品推广。双方签订了自2011年1月4日至2014年1月3日的劳动合同，其中约定试用期3个月，试用期月工资为3600元，转正后月工资为4500元。

在入职前，被告填写了原告公司的求职表，在婚姻状况一栏，其填写为“否”（事实上被告于2008年5月26日登记结婚），并签字确认其所填写的各项内容保证真实，本人如有不实或隐瞒，愿自动离职（该内容为表格的格式条款）。

原告公司制定有《考勤管理制度》和《员工异动管理制度》，规定员工月连续旷工两天属于严重违反公司的规章制度，视为员工自动解除劳动合同；未经公司批准私自延长假期，或擅自离开公司岗位2天以上，连续旷工达到或超过2天的，视为自动离职。被告在该制度后签名。

2012年3月12日，被告因先兆流产住院，向原告请假至2012年3月29

日，并将请假条邮寄至原告公司人力负责人姜某涛。2010年3月30日至2010年4月9日，被告未出勤。对此，被告主张其因先兆流产仍需休息，但未将假条交至公司，而是一直通过电话向公司人力负责人姜某涛请假，并当庭出示了河北燕郊二、三医院分别于2012年3月30日和2012年4月10日出具的诊断证明，上写明“先兆流产，休息一周”，以及其手机通话记录和仲裁庭审笔录，上显示原告分别于2012年3月26日和2012年4月6日主动拨打号码为“186××××××××”的电话。

2012年4月9日，原告向被告邮寄了《关于徐某娜自动离职的说明》，通知被告因其在2012年3月30日至2012年4月6日期间连续旷工5日，严重违反了公司的规章制度，视为自动离职。

审判者说

法院认为，我国《劳动合同法》明确规定了用人单位可以单方解除劳动合同的几种法定情形，其中与本案相关的是劳动者严重违反用人单位的规章制度和以欺诈手段使用人单位在违背真实意思的情况下订立劳动合同的情形。

被告提交的证据和原告在仲裁期间的陈述，能够证实被告系因生病未能出勤，并通过电话的方式向公司人力部门的负责人请假，不属于无故旷工，因此不构成严重违反单位规章制度。原告虽否认诊断证明的真实性，但未提供反证，故法院对其主张不予采信。被告在入职时隐瞒了已婚事实，是对其自身情况的虚假陈述，法院对这种不诚实的行为予以批评，但原告并不因此而享有即时解除合同的权利。被告的婚姻状况并非其应聘产品策划、推广岗位的基本职业资格，亦非其履行职务的实质性要件，更非其能否胜任工作的决定性因素。也就是说，被告的婚姻状况与其履行劳动合同无关。对无关事项的隐瞒并不会使原告作出错误判断，进而违背真实思表示而订立劳动合同，因此原告的行为并不构成欺诈。据此，法院认为原告解除与被告的劳动合同，缺乏法律依据，不予支持，其应当继续履行合同义务。

审理结果

北京市朝阳区人民法院〔2013〕朝民初字第03190号民事判决书（节选）：

一、原告A公司自本判决生效之日起继续履行与被告徐某娜之间的劳动合同；

二、驳回原告A公司的诉讼请求。

审理机关

北京市朝阳区人民法院

判决依据

《中华人民共和国劳动合同法》第三十九条：

劳动者有下列情形之一的，用人单位可以解除劳动合同：

（一）在试用期间被证明不符合录用条件的；

（二）严重违反用人单位的规章制度的；

（三）严重失职，营私舞弊，给用人单位造成重大损害的；

（四）劳动者同时与其他用人单位建立劳动关系，对完成本单位的工作任务造成严重影响，或者经用人单位提出，拒不改正的；

（五）因本法第二十六条第一款第一项规定的情形致使劳动合同无效的；

（六）被依法追究刑事责任的。

金诚同达·研析与提示

我国法律保护劳动者的平等就业权，劳动者不因民族、种族、性别、宗教信仰等不同而受歧视。女性的婚姻状况并非从事工作的实质性要件，也非企业进行正常营运的合理需要，更非应聘所需的基本职业资格，属于与劳动合同不直接相关的事项。用人单位在录用和使用人员过程中，不应对已婚女性和未婚女性实行差别对待，应保证所有女性享有平等的就业权。

50. 员工怀孕未告知单位　法院认为属违法解除

案情简介

原告（被告）陆某诉被告（原告）A公司称：我于2010年12月20日到A公司上班，未签订劳动合同，直到2011年5月方签订了劳动合同，合同期到2011年12月19日，此后又未签订劳动合同。入职后我工资为每月3200元，职务为办公室出纳。2013年年初，我怀孕，后A公司一直通过各种方式刁难我，由于我为高龄产妇，医院医嘱要求停工休养，为此，我向A公司请休病假，病假期间，A公司违法与我解除劳动合同，并且未支付我自2013年1月起的工资。我向北京市昌平区劳动人事争议仲裁委员会申请劳动仲裁，北京市昌平区劳动人事争议仲裁委员会于2013年10月28日作出裁决书。但由于对裁决结果部分不服，遂起诉至法院，请求：1. 确定继续履行劳动合同，撤销A公司解除劳动关系的决定；2.A公司支付2013年1月至7月工资20900元及拖欠工资25%的经济补偿金5225元；3.A公司支付2011年1月至5月未签订劳动合同的双倍工资差额11600元；4.A公司支付2012年1月后未签订劳动合同的双倍工资差额34210元。

A公司辩称：陆某的诉讼请求和其叙述的事实是错误的，不同意陆某的诉讼请求，并诉称：1. 无需向陆某支付2013年1月至7月期间工资、病假工资14875.4元，2012年未休年假工资1287.36元，医疗费5600元；2. 本案诉讼费由陆某负担。

审判者说

法院认为，当事人对自己提出的诉讼请求所依据的事实或者反驳对方诉讼请求所依据的事实有责任提供证据加以证明，没有证据或者证据不足以证明当事人的事实主张的，由负有举证责任的当事人承担不利后果。陆某提交的《航空总医院病假证明书》复印件、后附的 EMS 快递单及邮件网上查询记录可以证明陆某履行了请假手续，虽然第六张请假单未经 A 公司签收，但由于陆某前五张请假单与第六张的请假单的邮寄地址和收件人均一致，且陆某的第六张请假单于 2013 年 5 月 31 日才被名为周某英的人代收，而 A 公司于 2013 年 5 月 29 日即作出解除与陆某劳动关系的决定欠妥，此外 A 公司虽称陆某向公司隐瞒了其个人真实情况信息，但其提交的网上聊天记录打印件不足以证明其主张，A 公司向陆某发出解除劳动关系通知时陆某尚在怀孕期间，该公司的解除理由缺乏证据支持，故法院对陆某称双方劳动关系仍存续的主张予以采信，对于陆某要求撤销 A 公司解除与其劳动关系的决定的请求予以支持。

陆某与 A 公司的《劳动合同书》虽显示月工资为 2000 元，但陆某提交的银行对账单查询记录等证据可以证明其实际收入高于 2000 元，A 公司未提交工资支付记录证明陆某的工资发放情况，故法院对陆某主张的月基本工资 2800 元，另有 100 元工龄补助、210 元餐补予以采信。A 公司主张已以现金方式支付陆某 2013 年 1 月工资 3000 元，但未能提交支付陆某现金工资时其本人的领取签字，且 A 公司亦不认可陆某的主张，故法院对陆某称该期间工资未支付的主张予以采信。

陆某自 2013 年 4 月 10 日起开始连续休假，故 A 公司应支付陆某 2013 年 1 月至 4 月 9 日期间的工资 9301.15 元。2013 年 4 月 10 日起陆某连续请病假，以 2013 年北京市最低工资标准的 80% 为计算依据，A 公司应支付陆某 2013 年 4 月 10 日至 2013 年 7 月 6 日期间病假工资 3257.01 元。陆某于 2013 年 7 月 7 日入院生产，故其 2013 年 7 月 7 日至 7 月 31 日处于产假期间，该期间工资应全额照发，以每月基本工资 2800 元为依据，A 公司应支付陆某 2013 年 7 月 7 日至 7 月 31 日期间工资 2317.24 元。综上，A 公司应支付陆某 2013 年 1 月至 7 月期间工资、病假工资合计 14875.4 元，陆某的过高诉讼请求，法院不予支持；陆某要求支付拖欠工资 25% 经济补偿金的请求，法院不予支持。

A 公司提交的《劳动合同续订书》显示有陆某签名，故法院对《劳动合同续订书》的真实性予以采信，陆某要求 A 公司支付其未续签劳动合同双倍工资差额的请求，法院不予支持。陆某于 2011 年 5 月补签劳动合同，在签订合同时将日期补签到实际用工之日，法院视为系陆某与 A 公司已达成合意，故陆某要求 A 公司支付其 2011 年 1 月至 2011 年 5 月期间未签订劳动合同的双倍工资差额的请求，法院不予支持。

A 公司未提交证据证明陆某已休年假，应承担举证不能的后果，故法院对陆某未休年休假的主张予以采信，以每月基本工资 2800 元为依据，A 公司应支付陆某 2012 年未休年休假工资 1287.36 元。A 公司为陆某缴纳社保至 2013 年 5 月，陆某于 2013 年 7 月入院生产，其提交的医疗费收据经核准符合报销条件的金额为 5600 元，故 A 公司应支付陆某医疗费 5600 元。

审理结果

北京市昌平区人民法院〔2013〕昌民初字第 15293 号民事判决书（节选）：

一、撤销 A 公司解除与陆某劳动关系的决定；

二、A 公司于本判决生效后七日内支付陆某二〇一三年一月至二〇一三年七月期间工资、病假工资合计一万四千八百七十五元四角；

三、A 公司于本判决生效后七日内支付陆某二〇一二年未休年休假工资一千二百八十七元三角六分；

四、A 公司于本判决生效后七日内支付陆某医疗费五千六百元；

五、驳回陆某的其他诉讼请求；

六、驳回 A 公司的诉讼请求。

审理机关

北京市昌平区人民法院

判决依据

1.《中华人民共和国劳动法》第五十条：

工资应当以货币形式按月支付给劳动者本人。不得克扣或者无故拖欠劳动者的工资。

2.《中华人民共和国劳动合同法》第四十八条：

用人单位违反本法规定解除或者终止劳动合同，劳动者要求继续履行劳动合同的，用人单位应当继续履行；劳动者不要求继续履行劳动合同或者劳动合同已经不能继续履行的，用人单位应当依照本法第八十七条规定支付赔偿金。

3.《中华人民共和国民事诉讼法》第六十四条：

当事人对自己提出的主张，有责任提供证据。

当事人及其诉讼代理人因客观原因不能自行收集的证据，或者人民法院认为审理案件需要的证据，人民法院应当调查收集。

人民法院应当按照法定程序，全面地、客观地审查核实证据。

4.《职工带薪年休假条例》第三条：

职工累计工作已满 1 年不满 10 年的，年休假 5 天；已满 10 年不满 20 年的，年休假 10 天；已满 20 年的，年休假 15 天。

国家法定休假日、休息日不计入年休假的假期。

5.《职工带薪年休假条例》第五条：

单位根据生产、工作的具体情况，并考虑职工本人意愿，统筹安排职工年休假。

年休假在 1 个年度内可以集中安排，也可以分段安排，一般不跨年度安排。单位因生产、工作特点确有必要跨年度安排职工年休假的，可以跨 1 个年度安排。

单位确因工作需要不能安排职工休年休假的，经职工本人同意，可以不安排职工休年休假。对职工应休未休的年休假天数，单位应当按照该职工日工资收入的 300% 支付年休假工资报酬。

金诚同达·研析与提示

按照《劳动合同法》第四十八条的规定，在用人单位违法解除劳动合同的情形下，劳动者申请劳动仲裁或向法院起诉时可选择要求用人单位继续履行劳动合同，也可以要求用人单位承担违法解除赔偿金的责任，但二者只能择一。

本案中，公司解除行为没有事实和法律依据，被法院判定为违法解除。公司违法解除劳动合同的决定被撤销后，因劳动者未主张违法解除劳动合同赔偿金，双方之间的劳动合同继续履行。

第八章

用人单位经营管理纠纷

关键词：营业执照出借　承包经营合伙人

51. 出借营业执照仍需承担“老板”责任

案情简介

原告杨某前诉被告A小吃店、被告侯某、被告王某称，原告于2013年5月应聘被告处从事送餐工作，为非全日制用工，每天中午送餐，每天工作3小时，月工资为1200元。2013年8月至2013年11月，被告一直未向我发放工资，经多次索要未果。

2014年11月杨某前向北京市西城区劳动争议仲裁委员会提起劳动仲裁。现不服仲裁裁决，起诉请求法院确认其与三被告于2013年5月1日至2013年11月30日期间存在劳动关系，并判令三被告共同支付2013年8月至2013年11月期间的工资4800元。

被告A小吃店辩称，虽然营业执照上的登记经营者是王某停，但已将小吃店的门面出租给王某和侯某夫妇，由此二人具体经营，故对他们雇佣员工的事情并不清楚。此案的关键人物是王某和侯某，应当把他们追加到诉讼中来。现不同意原告的诉讼请求。

被告王某、侯某辩称：2012年9月，我们夫妻二人承租了王某停名下位于北京市西城区宫门口4条43号3间的房屋用于经营餐饮，营业执照是王某停办理的，故经营者是王某停，双方约定我们每月向其交纳3660元租金，但王某停未实际参与具体经营。原告是原来老板留下的员工，我们接手该店后同意其继续在店里工作，具体入职时间记不清了。原告每天工作时间3小时，每月工资1200元，主要负责送餐。2013年12月，我们决定停止营业，所有员工的工资都已按时结清。工资发放一直采用现金形式，也没有签收凭证。现不同意原告的诉讼请求。

经审理查明，王某、侯某二人承租王某停名下的房屋，并借用王某停作为经营者的营业执照，以A小吃店的名义对外从事餐饮经营。

杨某前于2013年5月1日入职A小吃店，担任送餐工，为非全日制用工，口头约定月工资1200元，以现金形式发放。杨某前工作至2013年11月30日，其未领取2013年8月至2013年11月的工资4800元。

后杨某前以A小吃店为被申请人向北京市西城区劳动争议仲裁委员会申请仲裁，要求支付2013年8月至2013年11月期间工资4800元。该仲裁委于2015年2月12日作出裁决，驳回其仲裁请求。后杨某前不服仲裁裁决，诉至法院。

庭审中，杨某前提交证人证言数份，以证明存在劳动关系及拖欠工资情况。A小吃店的经营者王某停表示对此不了解情况，王某、侯某均对此持有异议，认可杨某前为其送餐工，但未就已向其支付2013年8月至2013年11月期间工资的主张向法院充分举证。

审判者说

法院认为，劳动者的合法权益受法律保护。依据相关司法解释，未办理营业执照、营业执照被吊销或者营业期限届满仍继续经营的用人单位，以挂靠等方式借用他人营业执照经营的，应当将用人单位和营业执照出借方列为当事人。本案中，王某、侯某二人借用A小吃店的营业执照并以A小吃店的名义对外从事餐饮经营，而A小吃店作为个体工商户，具备用工主体资格，故其应对杨某前承担作为用人单位的全部义务，法院结合现有证据，认定双方劳动关系存续期间为2013年5月1日至2013年11月30日。现杨某前主张A小吃店未向其支付2013年8月至2013年11月期间的工资，A小吃店应就上述期间的工资发放情况承担举证责任，否则要承担不利的法律后果。然而，经营者王某停在诉讼中表示对此不了解情况，王某、侯某亦未就已向杨某前支付上述期间工资的主张向法院充分举证。故A小吃店应当按照每月1200元标准向杨某前支付上述期间的工资共计4800元，王某、侯某对此应当承担连带给付责任。

审理结果

北京市西城区人民法院〔2015〕西民初字第08571号民事判决书（节选）：

一、确认原告杨某前与被告A小吃店于二〇一三年五月一日至二〇一三年十一月三十日期间存在非全日制劳动关系；

二、被告A小吃店于本判决生效后七日内给付原告杨某前二〇一三年八月至二〇一三年十一月工资四千八百元，被告王某、被告侯某需对此承担连带给付责任；

三、驳回原告杨某前之其他诉讼请求。

审理机关

北京市西城区人民法院

判决依据

1.《中华人民共和国劳动合同法》第三十条：

用人单位应当按照劳动合同约定和国家规定，向劳动者及时足额支付劳动报酬。

用人单位拖欠或者未足额支付劳动报酬的，劳动者可以依法向当地人民法院申请支付令，人民法院应当依法发出支付令。

2.《最高人民法院关于审理劳动争议案件适用法律若干问题的解释（三）》第五条：

未办理营业执照、营业执照被吊销或者营业期限届满仍继续经营的用人单位，以挂靠等方式借用他人营业执照经营的，应当将用人单位和营业执照出借方列为当事人。

金诚同达·研析与提示

根据《最高人民法院关于审理劳动争议案件适用法律若干问题的解释（三）》第五条规定，未办理营业执照、营业执照被吊销或者营业期限届满仍继续经营的用人单位，以挂靠等方式借用他人营业执照经营的，应当将用人单位和营业执照出借方列为当事人。本案中，业主王某停将其登记申领的小吃店营业执照借给王某、侯某使用，在其拖欠劳动者工资情况下，根据上述规定，营业执照出借方应与实际经营人承担连带支付工资的责任。

52. 企业被吊销营业执照但仍继续经营的仍具有用人单位主体资格

案情简介

青岛某食品有限公司济南办事处于2003年1月7日在济南市工商行政管理局登记，系某食品公司的分支机构。2009年11月10日，济南办事处因不依照规定接受年度检验而被吊销营业执照。食品公司并未及时办理该分支机构的工商登记、公章等注销手续，也未收回该办事处公章，并仍以该办事处名义对外经营。2012年3月25日，白某通过网络招聘到济南办事处，从事相关产品在超市专柜的策划、执行工作等。在工作期间，双方未签订书面劳动合同，办事处也未为白某缴纳社会保险。2013年2月26日，白某因个人原因向食品公司提出书面辞职申请并获批准，但食品公司未向被告出具解除劳动关系证明书。

白某请求确认与食品公司存在事实劳动关系，并主张食品公司支付其未发放的工资、经济补偿及未签订书面劳动合同二倍工资等。

审判者说

法院认为，劳动关系是指用人单位招用劳动者为其成员，由劳动者在用人单位的管理下提供有报酬的劳动而产生的权利义务关系。食品公司下属济南办事处虽已于2009年11月10日被吊销营业执照，但并未及时注销工商登记及公章，仍以食品公司下属办事处的名义从事经营活动。食品公司也述称，“在没有授权的情况下，属于办事处私自招聘白某”。白某与食品公司下属办事处形成了事实上的劳动关系，根据《最高人民法院关于审理劳动争议案件适用法律若干问题的解释（三）》第四条，“劳动者与未办理营业执照、营业执照被吊销或者营业期限届满仍继续经营的用人单位发生争议的，应当将用人单位或者其出资人列为当事人”。食品公司作为该办事处出资人，应承担相应的法律责任。食品公司作为用人单位，未提交证据证实白某的入职时间及工资标准，对白某的陈述，应予采信。白某与食品公司下属办事处于2012年3月25日至2013年2月26日存在事实劳动关系。

2013年2月26日，白某提出辞职并获得批准，之后未再向食品公司提供劳动，双方劳动关系已经自行协商解除。白某要求食品公司支付2013年1月、2月工资4600元，符合法律规定，唯数额应予变更，为3992元。食品公司未与白某签订书面劳动合同，故应自2012年4月25日起支付二倍工资21412元，白某主张18105元，系对权利的自由行使，符合法律规定，应予支持。白某系因个人原因自行辞职，故其请求支付经济补偿于法无据，不应支持。

审理结果

山东省济南市天桥区人民法院〔2013〕天民一初字第1542号民事判决书（节选）：

一、原告食品公司与被告白某之间的事实劳动关系于2013年2月26日解除。

二、原告食品公司于本判决生效之日起10日内支付被告白某2013年1月、2月工资共计3992元。

三、原告食品公司于本判决生效之日起10日内支付被告白某未签订书面劳动合同2倍工资差额18105元。

四、原告食品公司无须向被告白某支付解除劳动关系经济补偿金。

审理机关

山东省济南市天桥区人民法院

判决依据

1.《中华人民共和国劳动合同法》第十条：

建立劳动关系，应当订立书面劳动合同。

已建立劳动关系，未同时订立书面劳动合同的，应当自用工之日起一个月内订立书面劳动合同。

用人单位与劳动者在用工前订立劳动合同的，劳动关系自用工之日起建立。

2.《中华人民共和国劳动合同法》第八十二条：

用人单位自用工之日起超过一个月不满一年未与劳动者订立书面劳动合同的，应当向劳动者每月支付二倍的工资。

用人单位违反本法规定不与劳动者订立无固定期限劳动合同的，自应当订立无固定期限劳动合同之日起向劳动者每月支付二倍的工资。

3.《最高人民法院关于审理劳动争议案件适用法律若干问题的解释（三）》第四条：

劳动者与未办理营业执照、营业执照被吊销或者营业期限届满仍继续经营的用人单位发生争议的，应当将用人单位或者其出资人列为当事人。

金诚同达·研析与提示

本案涉及用工主体实为非法用工单位的情形。非法用工单位是指不具备合法经营资格的用人单位，主要包括未办理营业执照、营业执照被吊销或者营业期限届满仍继续经营三种情形。根据我国《劳动合同法》规定，对不具备合法经营资格的用人单位，劳动者已经付出劳动的，该单位或者其出资人应当依照本法有关规定向劳动者支付劳动报酬；给劳动者造成损害的，应当承担赔偿责任。

因此，在司法实践中，只要非法用工单位与劳动者签订的劳动合同或存在的事实劳动关系不违反法律强制性规定，即使存在非法用工，也应承认劳动关系的存在。

本案中食品公司济南办事处虽因不依照规定接受年度检验而被吊销营业执照，但并不因此免除其或相关出资人对员工所负劳动法上的义务。据此，法院最终判决其出资方食品公司向员工支付未签书面劳动合同二倍工资及应支付但未支付工资，符合我国法律规定。

53. 公司内部承包经营　不能取代劳动关系

案情简介

2013 年 4 月，郑某涛经站长李某波招聘到某快递公司朝阳 7 站工作，担任快递员，每月平均工资 6000 元，由站长李某波以现金形式发放。工作时，郑某涛所用手机登记用户为快递公司，手机所用套餐是快递公司办理的集团套餐业务，每月由快递公司支付费用。郑某涛工作时穿着的工作服及驾驶的快递车辆上均印有快递公司名称。郑某涛在快递公司朝阳 7 站工作至 2015 年 2 月 13 日。

后郑某涛向劳动人事争议仲裁委员会提出仲裁申请，要求确认劳动关系并支付经济赔偿金、带薪年休假工资等各项费用。仲裁委裁决确认双方存在劳动关系，并支持了郑某涛的部分请求。快递公司对该裁决书不服，诉至法院，主张郑某涛与公司不存在劳动关系，不支付郑某涛 2014 年 11 月 1 日至 2015 年 2 月 13 日期间的工资 18000 元和 2014 年未休年假工资 2758.62 元。

审判者说

法院认为，当事人对自己提出的诉讼请求所依据的事实或者反驳对方所依据的事实有责任提供证据加以证明。没有证据或者证据不足以证明当事人的事实主张的，由负有举证责任的当事人承担不利后果。

郑某涛经李某波招聘在快递公司下属朝阳 7 站担任快递员，快递公司虽与李某波签订《责任经营协议》，并提交李某波承诺欠员工工资的承诺书及法院判决李某波支付快递公司代收货款的判决书，主张郑某涛系李某波承包后雇佣人员，与快递公司不存在劳动关系，但快递公司与李某波签订《责任经营协议》系内部承包行为，且公司未提交证据证明已将承包事宜告知郑某涛等员工，郑某涛亦表示并不知晓该承包事宜，故快递公司应对郑某涛承担相应的用工责任。

另外，郑某涛使用的手机号码系快递公司办理，登记使用者为快递公司，费用由快递公司支付，公司提交的《责任经营协议》亦显示快递公司要对快递员提供培训，培训内容包括规章制度，并要求按照快递公司标准提供快递投递服务，快递公司在大兴法院诉李某波合同纠纷案中亦曾主张代李某波向员工发放工资。故快递公司在郑某涛提供劳动过程中对其进行了用工管理，公司应承担劳动法上用人单位的责任，快递公司与李某波之间的内部承包协议不能作为其不承担责任的依据。

用人单位对员工的入职时间、出勤情况及工资支付情况负有举证责任，快递公司未提交相应证据予以证明，故法院对郑某涛主张其2013年4月23日入职、工作至2015年2月13日、月平均工资6000元、工资支付至2014年10月31日、未休年休假的陈述予以采信。

快递公司要求确认与郑某涛之间不存在劳动关系的诉讼请求，无事实及法律依据，法院不予支持。公司未提交证据证明已向郑某涛支付2014年11月1日至2015年2月13日期间工资及2014年未休年休假工资，故其要求不予支付2014年11月1日至2015年2月13日期间工资18000元及2014年未休年休假工资2758.62元的诉讼请求，法院不予支持。

审理结果

北京市昌平区人民法院〔2015〕昌民初字第10755号民事判决书（节选）：

一、原告快递公司与被告郑某涛自二〇一三年四月二十三日至二〇一五年二月十三日期间存在劳动关系；

二、原告快递公司于本判决生效后十日内支付被告郑某涛二〇一四年十一月一日至二〇一五年二月十三日期间工资一万八千元；

三、原告快递公司于本判决生效后十日内支付被告郑某涛二〇一四年未休年假工资二千七百五十八元六角二分。

审理机关

北京市昌平区人民法院

判决依据

1.《中华人民共和国劳动法》第二条：

在中华人民共和国境内的企业、个体经济组织（以下统称用人单位）和与之形成劳动关系的劳动者，适用本法。

国家机关、事业组织、社会团体和与之建立劳动合同关系的劳动者，依照本法执行。

2.《中华人民共和国劳动法》第四十五条：

国家实行带薪年休假制度。劳动者连续工作一年以上的，享受带薪年休假。具体办法由国务院规定。

3.《中华人民共和国劳动法》第五十条：

工资应当以货币形式按月支付给劳动者本人。不得克扣或者无故拖欠劳动者的工资。

4.《中华人民共和国民事诉讼法》第六十四条：

当事人对自己提出的主张，有责任提供证据。

当事人及其诉讼代理人因客观原因不能自行收集的证据，或者人民法院认为审理案件需要的证据，人民法院应当调查收集。

人民法院应当按照法定程序，全面地、客观地审查核实证据。

金诚同达·研析与提示

劳动关系的根本特征是劳动者与用人单位之间形成付出劳动与支付劳动报酬、接受管理和实施劳动管理的权利义务关系。本案中，由于快递公司站长不具备用工主体资格，因此其与劳动者之间不构成劳动关系。在快递公司与劳动者之间，虽然二者没有签署劳动合同，但实际上，劳动者接受快递公司的统一管理，并从事快递公司安排的有报酬的劳动，因此快递公司对郑某涛有实质上的用工行为，应认定为劳动关系成立。

在司法实践中，各地法院对用工行为的认定及判断主要依据原劳动和社会保障部于2005年颁布的《关于确立劳动关系有关事项的通知》第一条之相关规定，即“用人单位招用劳动者未订立书面劳动合同，但同时具备下列情形的，劳动关系成立。（一）用人单位和劳动者符合法律、法规规定的主体资格；（二）用人单位依法制定的各项劳动规章制度适用于劳动者，劳动者受用人单位的劳动管理，从事用人单位安排的有报酬的劳动；（三）劳动者提供的劳动是用人单位业务的组成部分”。根据前述规定，在劳动者为企业提供有相关劳动但并不知晓企业可能存在的相关承包关系的情形下，如果企业在劳动者提供劳动过程中对其进行了用工管理，则应当认定劳动者与企业之间存在劳动关系，企业应承担《劳动法》项下用人单位的责任。

结合本案，快递公司应树立依法用工意识，加强内部管理，规范用工标准，明确公司招聘与个人承包经营之分。对于由公司招聘的劳动者，应主动与劳动者签订劳动合同，按时缴纳社会保险，避免在法院确认劳动关系后需要支付未签订劳动合同所多支出的二倍工资及其他补偿。对于由个人雇佣的快递员，在维权时，适用民事法律中的有关雇佣关系的规定。在这种情形下，快递公司应与承包个人通过书面协议、店面通知等形式向快递员告知实际用工者。此外，快递公司应根据行业特点，适时申请不定时工时制或综合工时制，以便根据行业特点更好地调整快递员的工作时间和工作内容，对于超出法律规定的工作时间，应当计为加班时间，支付加班费用，这样既可以保障劳动者工作权益，同时也保障了企业的合法权益。

54. 出租车司机与公司签订承包经营合同自负盈亏不构成劳动关系

案情简介

2013年起，徐州市试行出租车“公车公营”运营模式，包括A公司在内的多家出租车企业中标并取得运营资格。2014年7月3日，A公司与郭某签订《客运出租汽车承包经营合同》，约定郭某自主经营，自负盈亏，独立承担法律责任。因郭某多次拖延支付出租车承包费用，A公司于2015年12月25日向郭某送达《解除合同通知书》，解除与其签订的《客运出租汽车承包经营合同》，并告知其前来A公司办理后续事宜。

郭某认为，A公司系违法解除劳动合同，主张其支付赔偿金15586元、返还扣留的风险保证金50000元、未签订劳动合同应支付11个月的二倍工资57149元、各项损失26984元。

审判者说

法院认为，劳动关系是指用人单位招用劳动者为其成员，劳动者在用人单位的管理、指挥与监督下提供有报酬的劳动而产生的权利义务关系。而事实劳动关系是指无书面劳动合同而存在劳动关系的一种客观状态，即只要客观上存在劳动关系，就可以认定为事实劳动关系。事实劳动关系应具备三个特征：一是劳动行为已经发生。劳动者按照用人单位的要求，付出一定的体力和智力，完成工作内容，创造劳动成果，并归用人单位所有，意味着劳动者与用人单位之间已经在法律上形成一种劳动关系。二是劳动者与用人单位之间的从属关系已经形成，包括人格上的从属性和经济上的从属性。三是欠缺形式要件，即指用人单位与劳动者在建立劳动关系时未以法律要求的形式订立劳动合同，即应当签订书面劳动合同而未签订。

本案中，郭某与A有限公司之间并未形成人格上和经济上的从属性，双方之间签订的《客运出租汽车承包经营合同》约定，乙方自主经营，自负盈亏，独立承担法律义务。郭某符合自主经营的情形，自行安排车辆行驶路线，并不接受A公司的指挥。因此，郭某与A公司之间未形成人格上的从属性。同时，涉案营运车辆的直接劳动成果归郭某所有，郭某定期缴纳的费用属于郭某与A公司之间所约定的承包费。由此，郭某与A公司之间未形成经济上的从属性。

审理结果

江苏省徐州市泉山区人民法院〔2016〕苏0311民初2344号民事判决（节选）：

驳回原告郭某的诉讼请求。

江苏省徐州市中级人民法院〔2016〕苏03民终6940号民事判决书（节选）：

驳回上诉，维持原判。

审理机关

江苏省徐州市泉山区人民法院

江苏省徐州市中级人民法院

判决依据

1.《中华人民共和国合同法》第六十条：

当事人应当按照约定全面履行自己的义务。

当事人应当遵循诚实信用原则，根据合同的性质、目的和交易习惯履行通知、协助、保密等义务。

2.《中华人民共和国合同法》第九十一条：

有下列情形之一的，合同的权利义务终止：

（一）债务已经按照约定履行；

（二）合同解除；

（三）债务相互抵销；

（四）债务人依法将标的物提存；

（五）债权人免除债务；

（六）债权债务同归于一人；

（七）法律规定或者当事人约定终止的其他情形。

3.《中华人民共和国合同法》第九十七条：

合同解除后，尚未履行的，终止履行；已经履行的，根据履行情况和合同性质，当事人可以要求恢复原状、采取其他补救措施、并有权要求赔偿损失。

金诚同达·研析与提示

本案的关键问题在于郭某与A公司之间是否存在劳动关系。

首先，从双方建立权利义务关系的状况来看，双方在平等、自愿、协商一致的基础上签订了经营合同，双方并无建立劳动关系的合意，且对承包经营模式均为明知。

其次，从双方履行合同的情况来看，郭某并不接受出租车公司的考勤管理，出租车公司也无需向郭某发放劳动报酬。虽然在履行承包合同的过程中有部分经营行为接受出租车公司管理，但基于出租车行业系公共服务行业，根据该行业的要求，法律、行政部门、行业协会等均有着诸多要求，不能当然视为A公司对出租车驾驶员的直接管理。郭某与A公司之间的人身依附性、管理与被管理的关系并不完全符合劳动关系的特征。

因此，在双方之间并不符合建立劳动关系特征的情况下，出租车公司无需对郭某承担劳动法上的企业责任。

55. 出租车公司用工需规范，挂靠人员工伤问题不容忽视

案情简介

2011 年 1 月 17 日，泉州市某出租车公司与王某签订《出租汽车责任承包经营合同》，约定将出租汽车交由王某承包经营。王某招收卢某为出租车夜班司机，负责该出租车的夜班营运。卢某在出租车公司参加工伤保险，后卢某遭受交通事故受伤。经泉州市人社局认定，卢某所受事故伤害属于工伤。经鉴定，卢某的工伤构成劳动功能障碍（伤残）七级。卢某主张，其与出租车公司存在劳动关系，出租车公司应当向其支付工伤保险待遇费用。出租车公司认为，卢某系王某私人雇佣的夜班司机，其与出租车公司之间不存在劳动关系，且卢某已经法院生效判决获得机动车交通事故侵权人的赔偿，不能再就医疗费等费用主张工伤保险待遇，故公司无需向其支付工伤保险费。

审判者说

法院认为，根据国务院办公厅 2014 年 11 月 14 日《关于进一步规范出租汽车行业管理有关问题的通知》（国办发〔2014〕81 号）的规定，出租汽车企业必须与司机签订劳动合同并向司机详细解释合同的主要条款。本案中，虽然出租车公司与王某之间签订有《出租车责任承包经营合同》，卢某系由王某招用而负责相关出租车辆的夜间营运业务，但因王某个人并不具有运营权，只有出租车公司才具有运营权并实际负责对包括卢某在内的出租汽车司机的日常运营实施管理。因此，出租车公司与卢某之间存在着管理与被管理的关系，双方之间建立的是劳动关系。故判决解除出租车公司与卢某之间的事实劳动关系，出租车公司应支付

卢某各项工伤保险待遇费用 107816.12 元。

审理结果

福建省泉州市鲤城区人民法院〔2014〕鲤民初字第 2949 号民事判决书（节选）：

一、原告出租车公司应于本判决生效之日起十日内支付被告医疗费 103661.72 元、停工留薪期工资 41117 元、护理费 10138.4 元、一次性伤残就业补助金 53445.6 元，共计人民币 208362.72 元。

二、驳回原告出租车公司的其他诉讼请求。

福建省泉州市中级人民法院〔2015〕泉民终字第 1831 号民事判决书（节选）：

一、解除上诉人出租车公司与被上诉人之间的事实劳动关系。

二、变更福建省泉州市鲤城区人民法院〔2014〕鲤民初字第 2949 号民事判决第一项即"原告出租车公司应于本判决生效之日起十日内支付被告医疗费 103661.72 元、停工留薪期工资 41117 元、护理费 10138.4 元、一次性伤残就业补助金 53445.6 元，共计人民币 208362.72 元"为上诉人出租车公司应于本判决生效之日起十日内支付被上诉人医疗费 3115.12 元、停工留薪期工资 41117 元、护理费 10138.4 元、一次性伤残就业补助金 53445.6 元，共计人民币 107816.12 元。

三、撤销福建省泉州市鲤城区人民法院〔2014〕鲤民初字第 2949 号民事判决第二项即"驳回原告出租车公司的其他诉讼请求。"

四、驳回上诉人出租车公司原审的其他诉讼请求。

审理机关

福建省泉州市鲤城区人民法院

福建省泉州市中级人民法院

判决依据

1.《工伤保险条例》第十二条：

工伤保险基金存入社会保障基金财政专户，用于本条例规定的工伤保险待遇，劳动能力鉴定，工伤预防的宣传、培训等费用，以及法律、法规规定的用于工伤保险的其他费用的支付。

工伤预防费用的提取比例、使用和管理的具体办法，由国务院社会保险行政部门会同国务院财政、卫生行政、安全生产监督管理等部门规定。

任何单位或者个人不得将工伤保险基金用于投资运营、兴建或者改建办公场所、发放奖金，或者挪作其他用途。

2.《工伤保险条例》第三十条：

职工因工作遭受事故伤害或者患职业病进行治疗，享受工伤医疗待遇。

职工治疗工伤应当在签订服务协议的医疗机构就医，情况紧急时可以先到就近的医疗机构急救。

治疗工伤所需费用符合工伤保险诊疗项目目录、工伤保险药品目录、工伤保险住院服务标准的，从工伤保险基金支付。工伤保险诊疗项目目录、工伤保险药品目录、工伤保险住院服务标准，由国务院社会保险行政部门会同国务院卫生行政部门、食品药品监督管理部门等部门规定。

职工住院治疗工伤的伙食补助费，以及经医疗机构出具证明，报经办机构同意，工伤职工到统筹地区以外就医所需的交通、食宿费用从工伤保险基金支付，基金支付的具体标准由统筹地区人民政府规定。

工伤职工治疗非工伤引发的疾病，不享受工伤医疗待遇，按照基本医疗保险办法处理。

工伤职工到签订服务协议的医疗机构进行工伤康复的费用，符合规定的，从工伤保险基金支付。

3.《工伤保险条例》第三十三条：

职工因工作遭受事故伤害或者患职业病需要暂停工作接受工伤医疗的，在停工留薪期内，原工资福利待遇不变，由所在单位按月支付。

停工留薪期一般不超过 12 个月。伤情严重或者情况特殊，经设区的市级劳动能力鉴定委员会确认，可以适当延长，但延长不得超过 12 个月。工伤职工评定伤残等级后，停发原待遇，按照本章的有关规定享受伤残待遇。工伤职工在停工留薪期满后仍需治疗的，继续享受工伤医疗待遇。

生活不能自理的工伤职工在停工留薪期需要护理的，由所在单位负责。

4.《工伤保险条例》第三十七条：

职工因工致残被鉴定为七级至十级伤残的，享受以下待遇：

（一）从工伤保险基金按伤残等级支付一次性伤残补助金，标准为：七级伤残为 13 个月的本人工资，八级伤残为 11 个月的本人工资，九级伤残为 9 个月的本人工资，十级伤残为 7 个月的本人工资；

（二）劳动、聘用合同期满终止，或者职工本人提出解除劳动、聘用合同的，由工伤保险基金支付一次性工伤医疗补助金，由用人单位支付一次性伤残就业补助金。一次性工伤医疗补助金和一次性伤残就业补助金的具体标准由省、自治区、直辖市人民政府规定。

5.《工伤保险条例》第六十二条第二款：

依照本条例规定应当参加工伤保险而未参加工伤保险的用人单位职工发生工伤的，由该用人单位按照本条例规定的工伤保险待遇项目和标准支付费用。

6.《工伤保险条例》第六十四条：

本条例所称工资总额，是指用人单位直接支付给本单位全部职工的劳动报酬总额。

本条例所称本人工资，是指工伤职工因工作遭受事故伤害或者患职业病前 12 个月平均月缴费工资。本人工资高于统筹地区职工平均工资 300% 的，按照统筹地区职工平均工资的 300% 计算；本人工资低于统筹地区职工平均工资 60% 的，按照统筹地区职工平均工资的 60% 计算。

7.《福建省实施 < 工伤保险条例 > 办法》第二十五条：

工伤职工住院治疗工伤的伙食补助费，以及经医疗机构出具证明，报经办机构同意，工伤职工到统筹地区以外就医所需的交通、食宿费用从工伤保险基金支付，基金支付的具体标准由统筹地区人民政府规定。

8.《福建省实施 < 工伤保险条例 > 办法》第二十六条：

职工因工致残：有下列情形之一的，由工伤保险基金支付一次性工伤医疗补助金，用人单位支付一次性伤残就业补助金：

（一）被鉴定为五级、六级伤残的，工伤职工本人书面提出自愿与用人单位解除或者终止劳动（聘用）关系的；

（二）被鉴定为七级至十级伤残的，劳动（聘用）合同期满，用人单位不再续签劳动（聘用）合同而终止劳动（聘用）关系的，或者工伤职工本人书面提出自愿解除劳动（聘用）合同的；

（三）用人单位依据《中华人民共和国劳动合同法》第三十六、三十九条规定解除劳动（聘用）关系的；

工伤职工领取一次性工伤医疗补助金、一次性伤残就业补助金的，应当与用人单位、所在地经办机构签定终止工伤保险关系书面协议，不再享受工伤保险待遇。

9.《福建省实施＜工伤保险条例＞办法》第二十七条：

五级至十级工伤职工一次性工伤医疗补助金和伤残就业补助金分别计算。其标准分别按照所在统筹地区最后一次公布的人口平均预期寿命与解除或者终止劳动关系时年龄之差以及解除或者终止劳动关系时统筹地区上年度职工月平均工资为基数计算：

（一）一次性工伤医疗补助金为：五级，每满一年发给 0.7 个月；六级，每满一年发给 0.6 个月；七级，每满一年发给 0.4 个月；八级，每满一年发给 0.3 个月；九级，每满一年发给 0.2 个月；十级，每满一年发给 0.1 个月。不满一年的按一年计算。

五至六级工伤职工一次性工伤医疗补助金低于 15 个月的，按 15 个月支付；七至八级工伤职工一次性工伤医疗补助金低于 10 个月的，按 10 个月支付；九级工伤职工一次性工伤医疗补助金低于 5 个月的，按 5 个月支付；十级工伤职工一次性工伤医疗补助金低于 3 个月的，按 3 个月支付。

患职业病的工伤职工，一次性工伤医疗补助金在上述标准的基础上增发 30%。

（二）一次性伤残就业补助金为：五级，每满一年发给 0.7 个月；六级，每满一年发给 0.6 个月；七级，每满一年发给 0.4 个月；八级，每满一年发给 0.3 个月；九级，每满一年发给 0.2 个月；十级，每满一年发给 0.1 个月。不满一年的按一年计算。

五至六级工伤职工一次性伤残就业补助金低于 15 个月的，按 15 个月支付；七至八级工伤职工一次性伤残就业补助金低于 10 个月的，按 10 个月支付；九级工伤职工一次性伤残就业补助金低于 5 个月的，按 5 个月支付；十级工伤职工一次性伤残就业补助金低于 3 个月的，按 3 个月支付。

患职业病的工伤职工，一次性伤残就业补助金在上述标准的基础上增发 30%。

10.《中华人民共和国民事诉讼法》第六十四条第一款：

当事人对自己的主张，有责任提供证据。

11.《最高人民法院关于民事诉讼证据的若干规定》第二条：

当事人对自己提出的诉讼请求所依据的事实或者反驳对方诉讼请求所依据的事实有责任提供证据加以证明。

没有证据或者证据不足以证明当事人的事实主张的，由负有举证责任的当事人承担不利后果。

金诚同达·研析与提示

现实中，一些地区的出租车公司用人制度十分不规范。个人“承包”出租车后另行雇人倒班经营，或者个人“承包”若干出租车后，雇人开车自己当老板的现象比比皆是。过去，由于出租车公司在事实上处于市场垄断地位，出租车经营资格“一票难求”，出租车司机与出租车企业之间的法律问题在一定程度上被掩盖了。近年来，受各类打车软件的冲击，传统出租车行业在经营管理上面临新的挑战，出租车司机与出租车公司之间的劳动纠纷也呈上升趋势。其中，“出租车主”自行招聘的“挂靠”司机与出租车公司之间是否构成事实劳动关系，是一个受关注的问题。

国务院《关于进一步规范出租汽车行业管理有关问题的通知》规定，出租汽车企业必须依法与司机签订劳动合同，并向司机详细解释合同的主要条款。据此，本案两审法院均认为，因王某个人并不具有运营权，只有出租车公司才具有运营权并实际负责对包括卢某在内的出租汽车司机的日常运营实施管理，故出租车公司与卢某之间存在劳动关系。

对出租车公司与司机存在劳动关系的判断结果，我们表示认可，但对法院的说理部分，我们认为值得商榷。原因在于，尽管出租车的运营权由出租车公司排他性享有，但对“车主”自行招聘的出租车司机而言，如果此类司机是按“车主”的指示运营车辆，并与“车主”按约定分配运营所得，则出租车公司既不知道此类司机的存在，也从未而且无法对此类司机进行管理，此时认定双方存在事实劳动关系，缺乏事实基础。事实上，之所以出现这种现象，很大程度上是因为“车主”自行招用司机，侵犯了出租车公司的运营权造成的。因此，不宜得出“车主”自行招聘的所有司机与出租车公司之间均存在劳动关系的结论。

我们认为，本案中，出租车司机与公司之间之所以被认定为事实劳动关系，更合理的解释是因为出租车公司为卢某缴纳了社会保险。据此，出租车公司对卢某实际运营该车辆的事实是明知的，不能以王某私自招用司机为由否认其与出租车公司之间存在劳动关系。

56. 企业内部业务调整不属于客观情况发生重大变化

案情简介

2012 年 9 月 17 日，A 公司北京分公司与孟某红签订《劳动合同》，约定合同期限为无固定期限，孟某红担任对外事务部副总裁。

2014 年 9 月 25 日，公司作出《解除劳动合同通知书》，以因中国区管理团队组织结构调整，孟某红所在职位因这一重大变化而无法存续为由提出解除劳动合同。公司称受国际相关产业发生意外事件的后续影响，所属集团为提高工作效率，进行了改革，裁减庸职，简化内部汇报流程，其公司及几个分公司的数个业务和职能部门先后进行改组，为此取消 4 个专业性不强、属中间汇报层级或其支持的业务在中国已发生战略调整的领导岗位和其辅助性岗位，其中包括孟某红所任职的“对外事务部副总裁”。

孟某红称不认可公司将解除劳动合同归因于公司重组，实际上公司将领导关系调整改变为人员裁减，针对其一人，公司虽称“对外事务部副总裁”这一职务不得不取消，但实际上这一职位的工作内容并未取消，而是拆分为媒体总监和政府关系副总裁两个职位，并重新招用两个人来担任此职位，重新招用的人与其职位级别相同。双方完全具备继续履行劳动合同的条件，故孟某红申诉至劳动人事争议仲裁委员会要求撤销解除劳动合同决定，双方继续履行原劳动合同，支付 2014 年 10 月 1 日至 2014 年 10 月 15 日工资。

A 公司北京分公司认为孟某红工作岗位被取消属于“劳动合同订立时所依据的客观情况发生重大变化”的情形，无论孟某红是否认可，均是客观发生的事实。在经过多次与孟某红协商未就变更和解除劳动合同达成一致的情形下，其公司依法作出解除劳动合同的决定，属于合法解除。公司不服仲裁裁决，起诉至法院。

审判者说

法院认为，用人单位享有依法开展自主经营管理的权利。用人单位行使自主经营管理的事项直接涉及劳动者切身利益的，应当符合法定的条件和履行法定的程序。公司解除与孟某红的劳动关系，应当举证证明劳动合同订立时所依据的客观情况发生重大变化而致使劳动合同无法履行。客观情况一般是指除劳动者和用人单位主动采取行为之外的不以双方主观意志为转移的情况。

公司称由于中国区管理团队组织结构调整而导致孟某红的劳动合同无法继续履行，但企业战略性调整、产业结构调整等应属于用人单位自身经济情况发生改变，是具有用人单位主观意识的经济行为，不属于客观情况的范畴。且公司并未取消孟某红的原职位，仅系按照一定的组织规程对原职位进行了分拆。

因此，对于公司所称的基于客观情况发生重大变化而解除劳动合同的主张，不符合法律规定，应属违法解除，公司应与孟某红继续履行劳动合同。对劳动者造成损害的，应赔偿劳动者损失。

审理结果

北京市朝阳区人民法院〔2015〕朝民初字第10006号民事判决书（节选）：

一、撤销A公司北京分公司于2014年9月25日作出的《解除劳动合同通知书》，原告A公司北京分公司与孟某红继续履行2012年9月17日签订的《劳动合同》；

二、A公司北京分公司于本判决生效后七日内支付孟某红2014年10月1日至2014年10月15日期间的工资收入损失六万八千二百二十九元八角九分（税前）；

三、驳回A公司北京分公司的全部诉讼请求。

北京市第三中级人民法院〔2015〕三中民终字第13574号民事判决书（节选）：

驳回上诉，维持原判。

本判决为终审判决。

审理机关

北京市朝阳区人民法院

北京市第三中级人民法院

判决依据

1.《中华人民共和国劳动合同法》第四十条第（三）项：

有下列情形之一的，用人单位提前三十日以书面形式通知劳动者本人或者额外支付劳动者一个月工资后，可以解除劳动合同：

……

（三）劳动合同订立时所依据的客观情况发生重大变化，致使劳动合同无法履行，经用人单位与劳动者协商，未能就变更劳动合同内容达成协议的。

2.《中华人民共和国劳动合同法》第四十八条：

用人单位违反本法规定解除或者终止劳动合同，劳动者要求继续履行劳动合同的，用人单位应当继续履行；劳动者不要求继续履行劳动合同或者劳动合同已经不能继续履行的，用人单位应当依照本法第八十七条规定支付赔偿金。

3.《中华人民共和国民事诉讼法》第一百七十条第一款第（一）项：

第二审人民法院对上诉案件，经过审理，按照下列情形，分别处理：

（一）原判决、裁定认定事实清楚，适用法律正确的，以判决、裁定方式驳回上诉，维持原判决、裁定；

……

金诚同达·研析与提示

根据《劳动合同法》第四十条第（三）项规定，劳动合同订立时所依据的客观情况发生重大变化，致使劳动合同无法履行，经用人单位与劳动者协商，未能就变更劳动合同内容达成协议的，用人单位提前三十日以书面形式通知劳动者本人或额外支付一个月工资后，可以解除劳动合同。虽然原劳动部《关于〈劳动法〉若干条文的说明》第二十六条规定“本条中的‘客观情况’指：发生不可抗力或出现致使劳动合同全部或部分条款无法履行的其他情况，如企业迁移、被兼并、企业资产转移等，并且排除本法第二十七条（原《劳动法》第二十六条）所列的客观情况（经济性裁员）”，但对于企业迁移、被兼并、企业资产转移以外的致使劳动合同全部或部分条款无法履行的客观情况，无论是该说明还是《劳动合同法》及相关司法解释均未有相关的明确规定。

因此，在司法实践中，各地法院对于“客观情况”的认定意见不尽统一。但通常的观点也是本案中审理法院的观点为：“客观情况”应是非企业所能控制的情形，如因当地政策原因被政府强制要求迁址、因法律法规原因被要求终止某项业务等，而对于企业根据市场变化调整其经营模式、改变经营方针及决定进行部门撤并等，应属于企业行使经营自主权的范畴而不应被认定属于“客观情况”。

57. 合伙人不是劳动法意义上的劳动者

案情简介

2011年9月，罗某华调入北京市某律师事务所，经事务所合伙人会议批准为提成合伙人。罗某华与事务所签订了一份《提成合伙人协议书》，约定罗某华为提成合伙人，年创收最低额度为四十万元，每年留成事务所部分不低于八万元及按事务所规定必须承担的成本，罗某华按该所《提成合伙人管理办法》的规定承担当年度其本人及项下律师及秘书等人员的费用和成本，罗某华的各项社会保险费用、住房公积金等，由罗某华分成部分自行负担，由事务所财务统一代为办理。罗某华向事务所交纳了5万元的入资款。罗某华自行负担其社会保险费及团体人身保险、补充团体医疗保险的保险费用，认可事务所对其不进行考勤管理。事务所未在北京市司法局将罗某华登记为合伙人。

2013年8月，罗某华调离事务所。罗某华主张其与事务所之间存在明显的事实劳动关系，但事务所拒绝支付相应的劳动报酬。事务所主张与罗某华之间是合伙关系，罗某华是该所合伙人，合伙人与律师事务所之间不存在劳动关系；该所每个合伙人均为单独的创收单位，不存在事务所安排工作任务的情形，罗某华的工作时间和休息休假系由其本人自行安排。

罗某华申请劳动仲裁后，不服仲裁裁决，起诉至法院，要求事务所支付：1. 2011年10月1日至2012年11月30日期间未签订劳动合同双倍工资差额36400元；2. 2012年12月1日至2013年7月31日期间未签订劳动合同双倍工资差额20800元；3. 2011年9月1日至2013年7月31日工资59800元及25%经济补偿金14950元；4. 2011年9月1日至2013年7月31日扣除的其为事务所承担的社会保险费 18439.03 元；5. 2011 年 9 月 1 日至 2013 年 7 月 31 日 5 天未休年休假工资 1864.25 元；6. 解除劳动关系经济补偿 5200 元。

审判者说

法院认为，从双方签订的《提成合伙人协议书》来看，事务所与罗某华并未有订立劳动合同、建立劳动关系的自愿，而是一种合伙的意思表示。罗某华作为事务所的合伙律师，按照双方签订的《提成合伙人协议书》行事，并非一般的工薪律师或者律师助理。事务所以合伙人的身份接受罗某华加入，并签订了《提成合伙人协议书》，符合当前律师事务所关于合伙人的通行做法。

同时，罗某华认可事务所不对其进行考勤管理，事务所也不向罗某华发放工资；罗某华提交的委托代理协议、所函等不能证明事务所对其进行的是劳动法意义上的管理；社会保险代为缴纳和人身商业保险等的购买，亦不能单一作为认定劳动关系的依据。

律师事务所不同于一般的企业单位，合伙律师相对于劳动者来说，在受事务所管理等方面较一般企业而言更为自由，合伙律师一般可以自主支配工作时间和内容，且其收益分配方式亦不同于一般企业薪酬制度。司法实践中，当事人之间签订的协议不违反法律法规的强制性规定，法院一般以尊重当事人的意思自治为原则。在律师与律所签订有合伙协议的情况下，即便未在司法行政部门予以登记，也应认定合伙律师和律师事务所之间不存在劳动关系。

综上，罗某华与事务所形成的并非劳动关系，其基于与事务所存在劳动关系而主张的请求，属于法律关系认识错误，其起诉应当予以驳回。

审理结果

北京市朝阳区人民法院〔2015〕朝民初字第 02656 号民事裁定书（节选）：

驳回原告罗某华的起诉。

审理机关

北京市朝阳区人民法院

判决依据

《中华人民共和国民事诉讼法》第一百一十九条：

起诉必须符合下列条件：

（一）原告是与本案有直接利害关系的公民、法人和其他组织；

（二）有明确的被告；

（三）有具体的诉讼请求和事实、理由；

（四）属于人民法院受理民事诉讼的范围和受诉人民法院管辖。

金诚同达·研析与提示

我国无论是《劳动法》还是《劳动合同法》中均只规定了用人单位的适用范围，但对劳动者的适用范围却未有明确规定。而本案所涉及的争议焦点，即合伙制律师事务所的合伙人是否是劳动法意义上的劳动者，是否适用劳动类法律法规的规定。

在司法实践中，各地法院通常会根据劳动者是否受用人单位的实际控制和管理来判断是否具有劳动者身份及是否适用《劳动法》及《劳动合同法》。《律师法》第十五条规定“合伙律师事务所可以采用普通合伙或者特殊的普通合伙形式设立。合伙律师事务所的合伙人按照合伙形式对该律师事务所的债务依法承担责任”，可见律师事务所为合伙企业，律师事务所的合伙人与其他合伙人按照合伙协议，合伙经营、共同劳动，合伙经营积累的财产归合伙人共有，合伙人的收入来源并非劳动法律意义的工资收入，而是合伙组织的盈余分配，因此律所合伙人与律所之间不属于劳动关系。

需要提及的是，作为合伙企业的会计师事务所、建筑设计事务所等单位的合伙人也同样基于前述原因而不被认定为《劳动法》及《劳动合同法》项下的劳动者进而不适用《劳动法》及《劳动合同法》的规定。

第九章

商业秘密保护与竞业限制纠纷

关键词：商业秘密保密　竞业限制

58. 在职期间随工资发放“保密费”不视为竞业限制补偿

59. 劳动者违反竞业限制义务依法应承担违约责任

60. 企业未支付竞业限制补偿　竞业限制协议不当然无效

61. 用人单位单方解除竞业限制协议应送达员工

58. 在职期间随工资发放“保密费”不视为竞业限制补偿

案情简介

张某新诉北京A公司称，张某新于2003年4月21日入职A公司从事技术岗位，双方劳动合同于2011年6月15日终止，但A公司没有支付张某新终止劳动合同的经济补偿金。A公司没有按照规定，去社保部门为张某新办理失业保险的相关报备和提取手续，导致张某新无法享受失业保险救济金，造成重大损失。

2003年7月1日，张某新与A公司签署《保密协议》，约定张某新应当遵守《员工手册》第十一章有关“知识产权与保密制度”的规定，A公司根据该规定按月向张某新支付保密费，用于张某新离职后3年内，保守A公司的商业秘密和不与其竞业的补偿费。

张某新离职后履行了上述义务，但A公司从未支付张某新竞业限制经济补偿金，故诉至法院，请求法院判令：1.A公司支付张某新终止劳动合同的经济补偿金54814.5元并加付50%的额外经济补偿金27407.25元；2.A公司赔偿张某新应当得到的失业救济金14704元；3.A公司赔付张某新自2011年6月15日至2013年3月15日期间的竞业限制补偿金255780元；4.A公司支付张某新2013年3月16日至2014年6月15日期间的竞业限制补偿金650597元（按每月6090.5元计算）。

一审判决后，张某新与A公司均不服，均提起上诉。

审判者说

一审法院认为，张某新、A公司的劳动合同于2011年6月15日终止，A公司已支付张某新终止劳动合同的经济补偿金 14196 元。张某新主张其 2010 年 6 月 16 日至 2011 年 6 月 15 日期间的工资构成还包括饭补、旅游费、过节费及年终奖等，但其提供的工资条未显示有上述项目，对其主张不予采纳。在扣除 A 公司已支付的终止劳动合同经济补偿金后，A 公司还应支付张某新补偿金 4231.5 元（4095 × 4.5 个月 — 14196 元）。

张某新、A 公司签署保密协议，约定 A 公司根据《员工手册》的规定按月向张某新支付保密费，用于张某新离职后 3 年内，保守 A 公司的商业秘密和不与其竞业的补偿。竞业限制的法定期限为 2 年，该规定属禁止性规定，张某新、A 公司签署的保密协议中超出法定期限的部分应属无效。承担竞业限制义务的主体可以包括公司的高级管理人员、高级技术人员和其他负有保密义务的人员。张某新本身具有高级工程师职称，并在 A 公司的科研项目中从事方案设计工作，且 A 公司与张某新签署了保密协议，明确要求其保守商业秘密。此时 A 公司再以张某新仅系普通技术人员，并非承担竞业限制义务的适格主体进行抗辩，明显与事实和法律规定不符，对其主张不予采纳。

竞业限制经济补偿金是用人单位因限制劳动者离职后的就业范围而对劳动者作出的补偿，该补偿以劳动者在离职后不从事与用人单位相竞争的业务为支付前提，通常自劳动者离职之日起按月支付。然而，张某新、A 公司签署的保密协议则将竞业限制的经济补偿提前至张某新在职期间，并随工资一同发放，并不考虑张某新离职后的就业情况，且根据 A 公司提供的《员工手册》，如果张某新缺勤、旷工，那么 A 公司将依照《考勤与休假制度》扣发保密费。上述情形不符合竞业限制经济补偿金的基本特征，A 公司向张某新支付的保密费应属于工资范畴，而非对竞业限制的补偿，对 A 公司关于已支付张某新竞业限制经济补偿金的主张不予采纳。现张某新主张已履行竞业限制义务，A 公司对此未予否认或提供反证，故对张某新主张予以采纳，A 公司依法应支付张某新离职后 2 年内的竞业限制经济补偿金。因双方缺少对补偿金标准的明确约定，故按照法定标准，依法确认 A 公司应支付张某新 2011 年 6 月 15 日至 2013 年 6 月 14 日期间的竞业限制经济补偿金 29484 元（4095 × 30% × 24 个月）。张某新主张 2013 年 6 月 14 日之后的补偿金，缺少法律依据，不予支持。

A 公司已为张某新缴纳失业保险，张某新再向 A 公司主张失业救济金，缺乏法律依据，不予支持。张某新主张终止劳动合同经济补偿金加付 50% 的赔偿金，缺少法律依据，不予支持。

二审法院认为，张某新本身具有高级工程师职称，并在 A 公司的科研项目中从事方案设计工作，且 A 公司与张某新签署了保密协议，明确要求其保守商业秘密，故张某新系竞业限制义务的适格主体。本案中，张某新与 A 公司签订的保密协议将竞业限制的经济补偿提前至张某新在职期间，随工资一同发放，并未考虑张某新离职后的就业情况，且根据《员工手册》，如张某新缺勤、旷工，A 公司将依照《考勤与休假制度》扣发保密费。故以上情形不符合竞业限制经济补偿金的基本特征。根据法律规定，竞业限制的期限不得超过两年，该规定属禁止性规定，张某新与 A 公司签订保密协议中超出法定期限的部分应属无效。张某新主张已履行竞业限制义务，A 公司对此未予否认或提供反证，A 公司依法应当支付张某新离职后 2 年内的竞业限制经济补偿金。原审法院按照法定标准，依法确认 A 公司应支付张某新的竞业限制经济补偿金的数额，处理正确，法院予以维持。张某新及 A 公司的该项上诉请求及理由，缺乏事实及法律依据，法院均不予支持。本案中，张某新认可 A 公司按月向其支付保密费，故其上诉请求 A 公司按照保密协议违约条款加倍支付补偿金，没有事实依据，法院不予支持。

A 公司已为张某新缴纳失业保险，张某新上诉请求 A 公司赔偿失业救济金，缺乏法律依据，法院不予支持。

综上所述，张某新与 A 公司的上诉请求及理由，法院均不予支持。依据第二审人民法院应当对上诉请求的有关事实和适用法律进行审查的原则，法院对原审判决予以维持。

审理结果

北京市朝阳区人民法院〔2014〕朝民初字第 02542 号民事判决书（节选）：

一、A 公司于判决生效后七日内支付张某新终止劳动合同的经济补偿金四千二百三十一元五角；

二、A 公司于判决生效后七日内支付张某新二〇一一年六月十五日至二〇一三年六月十四日期间的竞业限制经济补偿金二万九千四百八十四元；

三、驳回张某新的其他诉讼请求。

北京市第三中级人民法院〔2015〕三中民终字第06630号民事判决书（节选）：

驳回上诉，维持原判。

本判决为终审判决。

审理机关

北京市朝阳区人民法院

北京市第三中级人民法院

判决依据

1.《中华人民共和国劳动合同法》第二十三条：

用人单位与劳动者可以在劳动合同中约定保守用人单位的商业秘密和与知识产权相关的保密事项。

对负有保密义务的劳动者，用人单位可以在劳动合同或者保密协议中与劳动者约定竞业限制条款，并约定在解除或者终止劳动合同后，在竞业限制期限内按月给予劳动者经济补偿。劳动者违反竞业限制约定的，应当按照约定向用人单位支付违约金。

2.《中华人民共和国劳动合同法》第二十四条：

竞业限制的人员限于用人单位的高级管理人员、高级技术人员和其他负有保密义务的人员。竞业限制的范围、地域、期限由用人单位与劳动者约定，竞业限制的约定不得违反法律、法规的规定。

在解除或者终止劳动合同后，前款规定的人员到与本单位生产或者经营同类产品、从事同类业务的有竞争关系的其他用人单位，或者自己开业生产或者经营同类产品、从事同类业务的竞业限制期限，不得超过二年。

3.《中华人民共和国劳动合同法》第四十七条第三款：

本条所称月工资是指劳动者在劳动合同解除或者终止前十二个月的平均工资。

4.《中华人民共和国劳动合同法》第九十八条：

本法自 2008 年 1 月 1 日起施行。

5.《中华人民共和国劳动争议调解仲裁法》第六条：

发生劳动争议，当事人对自己提出的主张，有责任提供证据。与争议事项有关的证据属于用人单位掌握管理的，用人单位应当提供；用人单位不提供的，应当承担不利后果。

6.《最高人民法院关于审理劳动争议案件适用法律若干问题的解释（四）》第六条第一款：

当事人在劳动合同或者保密协议中约定了竞业限制，但未约定解除或者终止劳动合同后给予劳动者经济补偿，劳动者履行了竞业限制义务，要求用人单位按照劳动者在劳动合同解除或者终止前十二个月平均工资的 30% 按月支付经济补偿的，人民法院应予支持。

7.《中华人民共和国民事诉讼法》第一百六十八条：

第二审人民法院应当对上诉请求的有关事实和适用法律进行审查。

8.《中华人民共和国民事诉讼法》第一百七十条第一款第（一）项：

第二审人民法院对上诉案件，经过审理，按照下列情形，分别处理：

（一）原判决、裁定认定事实清楚，适用法律正确的，以判决、裁定方式驳回上诉，维持原判决、裁定；

……

金诚同达·研析与提示

根据法律规定，属于竞业限制的人员可包括用人单位的高级管理人员、高级技术人员和其他负有保密义务的人员，但如何认定员工是否属于高级技术人员在司法实践中却存在诸多困惑。一般而言，认定某员工是否属于高级技术人员可通过下述因素进行综合判断：第一，在劳动合同中明确约定了员工的具体职责及工作岗位；第二，在《员工手册》等用人单位的规章制度中明确了该岗位对应的职能权限；第三，用人单位向员工下发工作计划等指令时，明确了员工的工作范围及具体职责；第四，用人单位按照员工的级别认定等标准，向员工发放工资报酬等；第五，员工的任职资质，该等资质包括但不限于员工获取的国家或某行业协会等颁发的从业资格、级别评定等证书等。

用人单位和员工签署竞业限制协议的，可以在协议中约定具体的竞业限制经济补偿金，如未在协议中约定的，一般可按照《最高人民法院关于审理劳动争议案件适用法律若干问题的解释（四）》第六条的规定，适用“劳动者在劳动合同解除或者终止前十二个月平均工资的30%”的标准支付经济补偿，且上述月平均工资不得低于当地最低的人均收入标准。

在竞业限制协议里约定的期限超过两年的，超过的部分因违反法律的强制性规定而当属无效。如在竞业限制协议里同时约定了竞业限制和保密的期限，竞业限制约定期限因超过两年无效的，并不会必然导致保密期限的无效。

59. 劳动者违反竞业限制义务依法应承担违约责任

案情简介

原告闫某平诉被告天津A公司称，原告原系被告公司员工，与被告签署过竞业限制协议，双方劳动合同解除后，一直没有固定的工作单位，只是经过朋友介绍，委托案外人B公司代为缴纳社会保险。原告从未与B公司建立劳动关系，B公司也并不是百度的下属公司，不属于双方竞业限制范围。另外，双方约定的违约金明显过高，违背了公平公正的法律原则。故不同意北京市朝阳区劳动人事争议仲裁委员会作出的仲裁裁决，请求法院判令：1. 无需向被告支付违反竞业限制义务的违约金200000元；2. 无需向被告返还竞业限制补偿金127484.51元。

被告辩称，原告曾在我公司担任高级软件开发工程师，从事计算机核心安全程序软件的开发工作。双方曾签有竞业限制协议，约定原告自劳动合同解除或终止之日起1年内，不得直接或间接地向任何与我公司存在竞争的任何组织或公司提供服务，或在该组织或公司中有任何利益；与我公司构成竞争关系的公司包括腾讯、百度等公司及其下属公司。原告离职后，公司按照原告离职前12个月平均工资的50%的标准向其支付了竞业限制的经济补偿金，但原告却入职了百度的下属公司B公司。我公司作为“奇虎360”所属的互联网公司，与百度公司之间的竞争关系是众所周知的。现原告违反竞业限制协议的约定，依法应当返还我公司已支付的竞业限制经济补偿金，并按照双方协议约定支付我公司违约金。

审判者说

法院认为，本案原、被告在劳动合同及保密协议中约定原告对其在工作中掌握的被告的技术信息负有保密义务，且在离职后 1 年内对被告负有竞业限制义务。原告在被告及其关联公司担任高级软件开发工程师，属于高级技术人员，符合法律规定的竞业限制的主体范围。原、被告的上述约定系双方当事人的真实意思表示，未违反国家法律法规，应属合法有效，双方均应按照合同约定履行各自义务。

（一）本案的争议焦点之一为原告是否违反了竞业限制义务。对此，法院考虑以下两个两方面问题：

1. 原、被告与 B 公司及百度集团的关系

首先，根据被告提供的社保中心回复单和法院至北京市海淀区地方税务局调取的个人所得税查询明细的显示，B 公司自原告离职当月开始向原告发放工资，并代扣代缴个人所得税，自原告离职后次月起每月为原告缴纳社会保险。上述情形符合劳动法律关系的基本特征。原告虽主张其从被告公司离职后一直在朋友处帮忙，但未提供证据，且其主张与上述已查明之事实相悖，故法院对原告主张不予采纳。

其次，根据已查明的事实，B 公司由两名自然人股东出资设立，注册资本 35000 万元，两名股东的社会保险分别由百度在线公司和百度时代公司缴纳。截至 2014 年 1 月 3 日，B 公司实缴出资金额 5000 万元，由百度在线公司在出资当日分别向 B 公司两名股东的个人银行账户内汇入等额现金，再由二人将上述现金转入 B 公司的银行账户，且在实际提供出资后，两名股东又于 2013 年 4 月 20 日与 B 公司及百度在线公司签署了《股权质押协议》，两名股东将其持有的全部 B 公司的股权质押给了百度在线公司。上述情况均反映出 B 公司与百度公司具有实质性的关联关系。

再次，根据原告的个人所得税明细单显示，原告在 2014 年 7 月从百度时代公司获得了财产转让所得和期权奖励。原告起初主张其在 2014 年 7 月入职百度时代公司，百度时代公司于当月授予其期权奖励，其于当月行权获得收益，之后又变更意见，否认曾入职百度时代公司。原告的主张前后矛盾，故法院对原告主张不予采纳。

现 B 公司向原告发放工资、代扣代缴社会保险和个人所得税，百度时代公

司向原告提供期权奖励并代扣个人所得税，百度在线公司又系 B 公司的资金来源方，而百度时代公司和百度在线公司又均隶属于百度控股有限公司，三者具有明显的关联关系。在原告未能举证证明其实际工作单位，亦未能就上述事实作出合理解释或提供反证的情况下，法院有理由认定原告向百度集团及其关联公司提供劳动。

2. 被告与百度集团的关系

被告与百度在线公司、百度时代公司同为从事互联网搜索引擎、搜索推广以及安全防护业务的公司。二者经营业务相同，具有明显的竞争关系。原告从被告公司离职时，被告也以书面形式通知原告，在 2013 年 6 月 17 日到 2014 年 6 月 17 日期间，原告负有竞业限制义务，其中百度集团及其关联公司系被告所列明的与被告具有竞争关系的公司。

（二）本案的争议焦点之二是原、被告约定的违约金是否应当下调

原告主张双方约定的违反竞业限制义务的违约金明显过高，违背了公平公正的法律原则，并据此要求法院对违约金予以下调。首先，从我国《劳动合同法》的立法目的来看，允许用人单位与劳动者签订竞业限制协议，是为了保护用人单位的商业秘密。原因在于用人单位商业秘密被泄露，有可能会给用人单位造成损失，其中包括有形损失和无形损失，而后者很难以财产形式具体估算。也就是说，《劳动合同法》的目的在于预防商业秘密被泄露的可能，并不以用人单位遭受实际损失为前提。其次，从我国《合同法》的具体规定来看，当事人约定的违约金条款过分高于造成的损失的，当事人可以请求人民法院或仲裁机构予以适当减少。这种违约金的性质属于赔偿性违约金，功能在于弥补守约方已经受到的经济损失，即以守约方存在经济损失为前提。再次，竞业限制协议属于双务合同，用人单位与劳动者互负义务。我国《劳动合同法》规定，用人单位应当在竞业限制期限内按月给予劳动者经济补偿，劳动者违反竞业限制约定的，应当按照约定向用人单位支付违约金。从本案原、被告对竞业限制的具体约定来看，如原告履行了竞业限制义务，被告应当支付原告经济补偿金的总额为 18 万余元；如原告违反了竞业限制义务，那么其应当向被告支付的违约金总额为 20 万元，二者金额大体相当，双方权利、义务对等，不存在明显失衡的情况。另外，从原告

的个人收入来看，原告在被告公司工作期间每月工资 3 万余元，年收入 36 万余元，而在其离职向百度集团提供劳动后，月收入更是呈三倍增长，月收入达 9 万余元。原告在被告公司的收入相较于双方约定的违约金数额而言，并不构成对原告的财产性剥夺，而原告因违反竞业限制义务而获得的收益则十分可观，20 万元违约金并不会导致原告的生活陷入困窘，甚至不会致其现有生活水平出现显著下降。因此，法院认为该违约金数额并未超出合理范围，原告要求下调违约金的诉讼请求，法院不予支持，原告应当按照双方约定支付被告违约金。

审理结果

北京市朝阳区人民法院〔2014〕朝民初字第 25606 号民事判决书（节选）：

一、原告闫某平于本判决生效后七日内返还被告 A 公司向其支付的竞业限制经济补偿金十二万七千四百八十四元五角一分；

二、原告闫某平于本判决生效后七日内支付被告 A 公司违约金二十万元；

三、驳回原告闫某平的诉讼请求。

审理机关

北京市朝阳区人民法院

判决依据

1.《中华人民共和国劳动合同法》第二十三条第二款：

对负有保密义务的劳动者，用人单位可以在劳动合同或者保密协议中与劳动者约定竞业限制条款，并约定在解除或者终止劳动合同后，在竞业限制期限内按月给予劳动者经济补偿。劳动者违反竞业限制约定的，应当按照约定向用人单位支付违约金。

2.《中华人民共和国劳动合同法》第二十四条：

竞业限制的人员限于用人单位的高级管理人员、高级技术人员和其他负有保密义务的人员。竞业限制的范围、地域、期限由用人单位与劳动者约定，竞业限制的约定不得违反法律、法规的规定。

在解除或者终止劳动合同后，前款规定的人员到与本单位生产或者经营同类产品、从事同类业务的有竞争关系的其他用人单位，或者自己开业生产或者经营同类产品、从事同类业务的竞业限制期限，不得超过二年。

3.《中华人民共和国劳动争议调解仲裁法》第六条：

发生劳动争议，当事人对自己提出的主张，有责任提供证据。与争议事项有关的证据属于用人单位掌握管理的，用人单位应当提供；用人单位不提供的，应当承担不利后果。

4.《中华人民共和国民事诉讼法》第二百五十三条：

被执行人未按判决、裁定和其他法律文书指定的期间履行给付金钱义务的，应当加倍支付迟延履行期间的债务利息。被执行人未按判决、裁定和其他法律文书指定的期间履行其他义务的，应当支付迟延履行金。

金诚同达·研析与提示

司法实践中，认定违反竞业限制义务是否成立，应从下述两个角度进行综合判断。

1. 用人单位层面：用人单位同员工实际签署了竞业限制协议，且该协议未违反法律的强制性规定。

2. 员工层面：第一，员工违反竞业限制协议之约定，在竞业限制的公司或该协议明确列明的公司任职；第二，员工在竞业限制的公司实际任职，包括接受用人单位的工作任务进行相应工作，同用人单位签署劳动合同，从用人单位领取报酬等；第三，竞业限制单位实际为员工提供了工作条件，包括用人单位实际为员工缴付社保、下达工作指令、提供工作邮箱、门禁卡、工作服等。值得一提的是，如果员工在原单位从事 A 技术工作，在竞业限制单位从事 B 行政工作，是否可认定构成竞业限制？关于此点，我们认为，如果在竞业限制协议里约定了行业及公司，并未涉及具体岗位的，只要在竞业限制公司任职，均可认定构成对竞业限制协议的违反。

对于劳动者如构成违约应如何承担违约责任，法律并未有明确规定。如果竞业限制协议有约定的，可从约定。如未约定的，法院可酌情确定。如果约定违约金过高，我们认为，基于公平合理的原则，在出现违约金过高或者过低时，当事人可以要求增加或者减少违约金的数额，仲裁员和法官可以根据公平合理原则，参照给企业造成损失的大小进行相应调整，也可根据竞业限制补偿金的金额确定合理的违约金数额。

60. 企业未支付竞业限制补偿　竞业限制协议不当然无效

案情简介

张某于2009年2月1日进入甲公司工作，在职期间，张某签订了《保密及禁止条例》，约定：……4.员工不得进行损害公司利益的各种活动。损害公司利益的各种活动包括但不限于员工以本人名义或以某企业名义，与公司以外的任何人员进行与公司业务活动相同、相类似、相竞争的经济往来、业务合作等。该处“与公司以外的任何人员”包括公司客户及与公司具有各种合作关系的企业。5.员工不得以隐名或显名方式参股、入股任何与公司业务相同、相类似、相竞争的企业。……7.遵守本条例是员工入职公司的前提条件，员工自离职后三年内也同样应遵守本条例。8.违反本条例的员工应该无条件离职，同时，还应该按照其所进行的损害活动涉及总金额的两倍向公司赔偿损失。在员工违反本条例而又无法确定公司损失时，则按照人民币50万元向公司赔偿损失。9.员工在离职时所应当获取的竞业禁止补偿在该员工在职期间的月工资中逐月发放。10.员工在签名前已经阅读并完全理解本条例的规定，员工签名后，表示该员工认可并同意遵守本条例。

后双方于2014年6月30日解除劳动合同，张某于2014年10月发起设立海宁A有限公司，该公司的经营范围与甲公司存在重合之处，自2014年10月至2015年7月，张某以海宁A有限公司名义与杭州C有限公司进行多次合作，该C公司为甲公司客户，张某在职期间负责与该公司业务对接。

甲公司认为张某违反了竞业限制义务提起劳动仲裁，要求其支付违约金50万元，劳动仲裁裁决支持了公司的请求。

审判者说

法院认为，用人单位和劳动者可以在劳动合同中约定保密条款。对于负有保密义务的劳动者，用人单位可以与之约定竞业限制条款，并约定在解除或终止劳动合同后，在竞业限制期限内按月给付劳动者经济补偿。劳动者违反竞业限制约定的，应当依约支付违约金。本案中，张某、甲公司在员工保密及禁止条例中作出的竞业限制约定，系双方的真实意思表示，对于张某、甲公司均具有约束力，双方应严格依约履行各自的义务。现张某离职后在竞业限制期间设立海宁 A 有限公司，该公司的经营范围和甲公司明显存在重合之处，已经违反了张某、甲公司间关于竞业限制的约定。虽然张某辩称甲公司未支付竞业限制补偿，但基于竞业限制义务的自身特征，并不适用一般的履行抗辩权，而应由劳动者通过行使解除权的形式保护自身权利。鉴于张某并未以甲公司未支付竞业限制补偿为由解除竞业限制协议，故该协议仍对双方存在约束力。现甲公司主张张某支付违反竞业限制协议的违约金并继续履行竞业限制义务，于法有据，应予支持。但甲公司主张的违约金金额明显畸高，张某亦对此提出异议，故法院调整为 10 万元。

审理结果

上海市松江区人民法院〔2016〕沪 0117 民初 5943 号民事判决书（节选）：

一、原告张某于本判决生效之日起十日内支付被告甲公司违反竞业限制违约金 100000 元；

二、原告张某于本判决生效之日起继续履行竞业限制义务至 2016 年 6 月 30 日止。

上海市第一中级人民法院〔2016〕沪 01 民终 7931 号民事判决书（节选）：

驳回上诉，维持原判。

审理机关

上海市松江区人民法院

上海市第一中级人民法院

判决依据

1.《中华人民共和国劳动合同法》第二十三条：

用人单位与劳动者可以在劳动合同中约定保守用人单位的商业秘密和与知识产权相关的保密事项。

对负有保密义务的劳动者，用人单位可以在劳动合同或者保密协议中与劳动者约定竞业限制条款，并约定在解除或者终止劳动合同后，在竞业限制期限内按月给予劳动者经济补偿。劳动者违反竞业限制约定的，应当按照约定向用人单位支付违约金。

2.《中华人民共和国劳动合同法》二十四条：

竞业限制的人员限于用人单位的高级管理人员、高级技术人员和其他负有保密义务的人员。竞业限制的范围、地域、期限由用人单位与劳动者约定，竞业限制的约定不得违反法律、法规的规定。

在解除或者终止劳动合同后，前款规定的人员到与本单位生产或者经营同类产品、从事同类业务的有竞争关系的其他用人单位，或者自己开业生产或者经营同类产品、从事同类业务的竞业限制期限，不得超过二年。

金诚同达·研析与提示

竞业限制协议是企业对负有保守商业秘密的员工，在劳动合同或单项条款中约定的特殊条款。员工在离职后理应遵守竞业限制条款，在一定期限内不从事与原企业有同类业务的生产经营活动。在现实生活中，部分员工在离职后存有侥幸心理，试图利用原有职务之便以自己的名义与原单位客户产生利益往来，显然是违反了竞业限制协议，应承担相应的违约责任。

在本案例中，虽然企业未在竞业限制期内按月给予员工经济补偿，但员工也并未请求解除竞业限制约定，因此双方签订的相关协议仍然有效，员工表示企业未支付竞业限制补偿的抗辩理由并不能否定其根据约定应履行的竞业限制义务。因此，在违反了竞业限制义务时，员工需向企业支付违约金，

且仍需继续遵守竞业限制义务。

需要提醒员工注意的是，如与企业签订了竞业限制协议，劳动合同解除后竞业限制期间，因企业原因超过三个月未支付经济补偿，可以依据《最高人民法院关于审理劳动争议案件适用法律若干问题的解释（四）》第八条的规定，请求解除竞业限制约定。企业不支付补偿并不当然导致竞业限制协议的无效，员工不采取任何行动保护自身权利即不再遵守竞业限制约定，则需承担相应的违约责任。

61. 用人单位单方解除竞业限制协议应送达员工

案情简介

陈某于2013年10月入职A公司，岗位为机修工程师。双方签订了为期三年的劳动合同及《保密及竞业禁止协议》。陈某于2014年12月12日离职。A公司主张已在解除与陈某劳动合同的同时通知其解除了《保密及竞业禁止协议》。后双方就竞业限制补偿问题发生争议，A公司起诉请求确认其无需支付陈某竞业限制补偿金73662.5元。

审判者说

法院认为，本案双方当事人之间存在劳动合同关系，双方均应按照劳动法律法规的规定和劳动合同的约定履行各自的权利义务。本案的争议焦点是：A公司是否应当支付陈某竞业限制补偿金及具体数额。

A公司与陈某签订有《保密及竞业禁止协议》(简称《协议》)，A公司应当按照协议约定支付陈某竞业限制补偿金。A公司主张其在与陈某解除劳动关系的同时也解除了《协议》，但其提交的证据《解除〈保密及竞业禁止协议〉通知》和《解除〈保密及竞业禁止协议〉通知工会函》均不能证实已经送达给陈某；其提交的《员工手册》实际上是指《深圳市A实业有限公司行政规章制度》，该制度第99条虽然规定了“……员工离职后，如果离职后一个月内公司没有支付竞业限制补偿金的，视为双方自愿解除《保密及竞业禁止协议》，员工不受《保密及竞业禁止协议》的约束”，但同时该制度第105条亦规定“……全体员工阅读后签名，并以此作为已向员工公示的证明”，而A公司未能提交陈某本人对该制度签名确认的证据，因此，A公司关于在解除劳动合同的同时已经与陈某解除《协议》的理由不能成立，应当支付陈某竞业限制补偿金。

审理结果

广东省深圳市宝安区人民法院〔2015〕深宝法观劳初字第400号民事判决书（节选）：

A公司支付陈某离职后至此期间的竞业限制补偿金19920元并额外支付三个月补偿金9337.5元。

广东省深圳市中级人民法院〔2015〕深中法劳终字第4742号民事判决书（节选）：

驳回上诉，维持原判。

审理机关

广东省深圳市宝安区人民法院

广东省深圳市中级人民法院

判决依据

1.《最高人民法院关于审理劳动争议案件适用法律若干问题的解释（四）》第九条：

在竞业限制期限内，用人单位请求解除竞业限制协议时，人民法院应予支持。

在解除竞业限制协议时，劳动者请求用人单位额外支付劳动者三个月的竞业限制经济补偿的，人民法院应予支持。

2.《中华人民共和国民事诉讼法》第一百七十条第一款第（一）项：

第二审人民法院对上诉案件，经过审理，按照下列情形，分别处理：

（一）原判决、裁定认定事实清楚，适用法律正确的，以判决、裁定方式驳回上诉，维持原判决、裁定；

……

金诚同达·研析与提示

《最高人民法院关于审理劳动争议案件适用法律若干问题的解释（四）》规定，在竞业限制期内，用人单位请求解除竞业限制协议时，人民法院应予支持。为何要通过司法解释专门赋予用人单位竞业限制协议单方解除权？究其根本，竞业限制在劳动法范畴内是一种课加给劳动者的义务和负担，在《劳动法》倾斜保护劳动者的原则下，竞业限制的适用范围和有效期限都须由法律严格限制，以避免用人单位基于优势、强势地位，滥用竞业限制协议。虽然在实践中，立法机关和有关行政管理部门没有对竞业限制补偿金标准进行统一、明确的规定，但一般而言，双方约定的竞业限制补偿金不会或极少达到劳动者原工资的100%。大部分劳动者仍然宁肯出去工作，也不愿趴在竞业限制协议上面吃“老本”，尤其是对于大多数受到竞业限制的高端劳动者而言。

根据法律规定，竞业限制协议可以由双方协商一致解除。在劳动法视角下，用人单位单方解除竞业限制协议，是对劳动者的“解绑”，在实践中，人民法院一般会支持这一请求。但是，由于合同确实未完全履行，且是由于用人单位的原因导致劳动者对竞业限制协议履行的信赖利益受到损害，因此，在用人单位单方解除竞业限制协议的情况下，应当向劳动者支付一定数额的补偿。根据司法解释，该补偿最高不超过竞业限制协议约定的三个月的补偿金。虽然企业需要向负有竞业限制的员工支付额外补偿，但在竞业限制剩余期限较长的情况下，用人单位与劳动者双方都可以通过竞业限制的解绑摆脱负担，亦是一种双赢。

用人单位需要关注的是，虽然竞业限制协议可以单方解除，但单方解除所带来的三个月竞业限制补偿金的沉没成本一般是无法避免，双方在签订竞业限制协议前仍应慎之又慎，结合自身需求，充分考量签订竞业限制协议的必要性，合理、审慎签订竞业限制协议。

第十章

用人单位解除劳动合同纠纷

关键词：用人单位解除劳动合同　终止劳动合同经济补偿、赔偿金

62. 未开具离职证明造成损失　原单位应当赔偿

案情简介

2007年11月，李某入职A公司。2014年8月，双方的劳动关系解除。李某称其于2015年1月获得B公司的录用通知书，但因A公司未出具离职证明、未办理社保转移手续而未能至B公司上班。后李某提起仲裁申请，要求A公司赔偿其工资损失。仲裁委员会作出不予受理案件通知书决定：对李某的请求不予受理。李某对仲裁决定不服，故诉至法院。请求：1. 判令A公司支付李某2014年9月至2014年12月期间的工资100000元；2. 判令A公司赔偿李某2015年1月至6月的经济损失180000元。

一审判决后，李某认为一审判决事实认定错误，上诉请求二审法院撤销原审判决改判支持其原审全部诉讼请求。A公司同意原审判决。

审判者说

一审法院认为，发生劳动争议，当事人对自己提出的主张，有责任提供证据。李某称其曾于2015年年初打电话要求A公司出具离职证明，但就其所述未举证。2015年8月，李某取走A公司为其出具的离职证明。根据已有证据显示，李某与A公司的劳动关系已于2014年8月实际解除，故李某要求A公司支付2014年9月至2014年12月工资的诉讼请求，没有事实及法律依据，法院不予支持。

关于赔偿2015年1月至6月的经济损失的请求，本案中，李某称其曾打电话要求A公司出具离职证明，A公司未出具，但李某就其所述未举证，故法院不予采信。李某称因A公司未出具离职证明、未办理社会保险的转移手续造成其工资损失，但其提交的证据不足以证明其主张，故对于该项诉讼请求，法院不予支持。

二审法院认为，本案中，双方对于李某未能在离职时及时领取离职证明原因各执一词，但均未举证证明。依据《中华人民共和国劳动合同法》第五十条第一款和第八十九条之规定，出具解除或终止劳动合同书面证明义务人应为用人单位，且应当在解除或者终止劳动合同时出具该证明，并在十五日内为劳动者办理档案和社会保险关系转移手续。因A公司未举证证明其曾与李某联系或直接送达过该证明，且未举证证明其在十五日内为李某办理档案和社会保险关系转移手续，A公司应对李某因此造成的经济损失承担赔偿责任。

就A公司应承担的赔偿责任而言，法院认为，李某对A公司过错与其无法就业有直接的因果关系以及因此所造成经济损失的具体数额负有举证责任。依据本案查明的事实，A公司未向李某出具离职证明导致李某无法入职B公司，故李某上诉要求A公司赔偿其经济损失，理由正当，法院予以支持，一审法院认定事实错误，二审法院予以纠正。

就经济损失具体数额而言，法院认为，依据录用通知书，李某于2015年1月已明知B公司要求提供离职证明，但其于2015年6月才着手通过仲裁和劳动监察途径要求A公司开具离职证明，时隔过长，李某主张经济损失金额明显过高，法院酌情予以认定。

审理结果

北京市朝阳区人民法院〔2015〕朝民初字第43811号民事判决书（节选）：

驳回李某的全部诉讼请求。

北京市第三中级人民法院〔2016〕京03民终972号民事判决书（节选）：

一、撤销北京市朝阳区人民法院〔2015〕朝民初字第43811号民事判决；

二、A公司于本判决生效后十日内赔偿李某一万八千元；

三、驳回李某的其他诉讼请求。

本判决为终审判决。

审理机关

北京市朝阳区人民法院

北京市第三中级人民法院

判决依据

1.《中华人民共和国劳动争议调解仲裁法》第六条：

发生劳动争议，当事人对自己提出的主张，有责任提供证据。与争议事项有关的证据属于用人单位掌握管理的，用人单位应当提供；用人单位不提供的，应当承担不利后果。

2.《中华人民共和国劳动合同法》第五十条第一款：

用人单位应当在解除或者终止劳动合同时出具解除或者终止劳动合同的证明，并在十五日内为劳动者办理档案和社会保险关系转移手续。

3.《中华人民共和国劳动合同法》第八十九条：

用人单位违反本法规定未向劳动者出具解除或者终止劳动合同的书面证明，由劳动行政部门责令改正；给劳动者造成损害的，应当承担赔偿责任。

4.《中华人民共和国民事诉讼法》第一百七十条第一款第（二）项：

第二审人民法院对上诉案件，经过审理，按照下列情形，分别处理：

……

（二）原判决、裁定认定事实错误或者适用法律错误的，以判决、裁定方式依法改判、撤销或者变更；

……

金诚同达·研析与提示

本案经过两级法院审理，一审劳动者败诉，二审用人单位败诉。究其原因，在于法院对于用人单位是否应承担因其未出具书面离职证明给劳动者造成损害的赔偿责任存在争议。本案用人单位认为，劳动者已经与用人单位实际解除了劳动关系，即使未出具解除或者终止劳动合同的书面证明，也不承担为此给劳动者的再就业造成损失的赔偿责任。这一认识表面看起来很合理，实则是对《劳动合同法》规定的用人单位责任的误解。

根据法律规定，用人单位应当在解除或者终止劳动合同时出具解除或者终止劳动合同的证明，并在十五日内为劳动者办理档案和社会保险关系转移手续。用人单位如果违反规定未向劳动者出具解除或者终止劳动合同的书面证明，给劳动者造成经济损失的，应当承担赔偿责任。

在实践中，对于原用人单位来说，首先，为离职人员开具离职证明、办理离职手续，是法律明确规定的用人单位的责任和义务。如果原用人单位没有开具书面离职证明以及办理相应的离职手续，造成劳动者无法正常寻找工作或者找到工作也无法正常就职的情况，原用人单位就要赔偿因此给劳动者带来的经济损失。其次，公司对于已经为劳动者办理了相应的离职手续的证据要保存完好，不能认为劳动者已经与公司解除了劳动关系便再无纠纷，一旦发生纠纷，用人单位需承担相应的举证责任。对于用人单位来说，为了避免不必要的劳动纠纷，在员工入职之前，审查其与原单位是否完全解除劳动关系以及是否办理了离职手续是十分必要的。比如在本案中，法院以原公司不能提供已经为劳动者办理了离职手续的证明，判定原公司对劳动者因此造成的损失承担赔偿责任。结合本案判例及类似案例，用人单位在解聘劳动者时，应当出具相应的书面离职证明并及时办理相应的离职手续。

63. 违约金约定对企业具有约束力

案情简介

2013 年 10 月 22 日，张某与 A 公司重庆分公司签订了《薪酬协议》，约定：A 公司重庆分公司聘用张某担任设备管理员兼电工，为期 3 年……从协议生效之日起，任何一方中途违约，违约方应赔付对方违约金 10 万元。2013 年 11 月 10 日，张某与 A 公司重庆分公司签订了《劳动合同书》，约定：张某在 A 公司重庆分公司从事设备管理工作，合同期限自 2013 年 10 月 17 日起至 2016 年 10 月 16 日止，执行不定时工作制度。作为该合同附件的《补充协议》约定：合同违约赔偿金为 5000 元。2014 年 4 月 18 日，A 公司重庆分公司以其不再需要设置设备管理员岗位为由，向张某发出《终止（解除）劳动合同通知书》。此后，张某遂提起仲裁、诉讼，请求 A 公司重庆分公司支付违约金。

审判者说

法院认为，根据原、被告双方签订的《劳动合同书》，合同期限为 2013 年 10 月 17 日至 2016 年 10 月 16 日，被告 A 公司重庆分公司未按照《劳动合同法》第四十条之规定，于 2014 年 4 月 18 日以因公司生产需要的变更，公司已不再需要设备管理员岗位为由，向原告张某发出《终止（解除）劳动合同通知书》，解除了双方的劳动关系，属于违法解除。按照《劳动合同法》第八十七条之规定应当依照该法第四十七条规定的经济补偿标准的二倍向劳动者支付赔偿金，即应向原告张某支付赔偿金 3500 元 ×2=7000 元。

原告张某要求被告 A 公司重庆分公司支付违约金 100000 元，该违约金为双方在2013年《薪酬协议》中约定的。双方在2013年11月10日《劳动合同书》中约定合同违约赔偿金为5000元，被告A公司重庆分公司在答辩中提出违约金约定明显过高的抗辩理由，根据原告张某的岗位及履行情况，法院对原告主张的违约金以双方嗣后签订《劳动合同书》中约定的5000元予以认定。

审理结果

重庆市璧山区人民法院〔2014〕璧法民初字第03360号民事判决书（节选）：

一、被告A公司重庆分公司于本判决生效后立即支付原告张某赔偿金7000元；

二、被告A公司重庆分公司于本判决生效后立即支付原告张某违约金5000元。

审理机关

重庆市璧山区人民法院

判决依据

1.《中华人民共和国劳动合同法》第二十五条：

除本法第二十二条和第二十三条规定的情形外，用人单位不得与劳动者约定由劳动者承担违约金。

2.《中华人民共和国劳动合同法》第二十七条：

劳动合同部分无效，不影响其他部分效力的，其他部分仍然有效。

3.《中华人民共和国劳动合同法》第四十条：

有下列情形之一的，用人单位提前三十日以书面形式通知劳动者本人或者额外支付劳动者一个月工资后，可以解除劳动合同：

（一）劳动者患病或者非因工负伤，在规定的医疗期满后不能从事原工作，也不能从事由用人单位另行安排的工作的；

（二）劳动者不能胜任工作，经过培训或者调整工作岗位，仍不能胜任工作的；

（三）劳动合同订立时所依据的客观情况发生重大变化，致使劳动合同无法履行，经用人单位与劳动者协商，未能就变更劳动合同内容达成协议的。

4.《中华人民共和国劳动合同法》第四十七条：

经济补偿按劳动者在本单位工作的年限，每满一年支付一个月工资的标准向劳动者支付。六个月以上不满一年的，按一年计算；不满六个月的，向劳动者支付半个月工资的经济补偿。

劳动者月工资高于用人单位所在直辖市、设区的市级人民政府公布的本地区上年度职工月平均工资三倍的，向其支付经济补偿的标准按职工月平均工资三倍的数额支付，向其支付经济补偿的年限最高不超过十二年。

本条所称月工资是指劳动者在劳动合同解除或者终止前十二个月的平均工资。

5.《中华人民共和国劳动合同法》第四十八条：

用人单位违反本法规定解除或者终止劳动合同，劳动者要求继续履行劳动合同的，用人单位应当继续履行；劳动者不要求继续履行劳动合同或者劳动合同已经不能继续履行的，用人单位应当依照本法第八十七条规定支付赔偿金。

6.《中华人民共和国劳动合同法》第八十七条：

用人单位违反本法规定解除或者终止劳动合同的，应当依照本法第四十七条规定的经济补偿标准的二倍向劳动者支付赔偿金。

7.《中华人民共和国劳动法》第十七条：

订立和变更劳动合同，应当遵循平等自愿、协商一致的原则，不得违反法律、行政法规的规定。

劳动合同依法订立即具有法律约束力，当事人必须履行劳动合同规定的义务。

金诚同达·研析与提示

出于对劳动者的倾斜保护，《劳动合同法》第二十五条规定，除服务期违约金和竞业限制违约金外，用人单位不得与劳动者约定由劳动者承担的违约金。但是，对于实践中双方约定由用人单位承担的违约金，只要不违反法律法规的强制性规定、不损害劳动者的合法权益或不是以欺诈、胁迫等手段在违背真实意思表示情况下签订的，法院一般会确认其合法有效。

在本案中，双方并未明确约定违约金由哪一方承担，而只约定了违约责任由违约方承担。如企业要求员工支付违约金，则该约定因超出《劳动合同法》第二十五条规定的劳动者承担违约金的范围而无效，但并不影响企业承担违约金约定的效力。因此，一旦企业与员工约定了违约金，又违法解除劳动合同，除双方另有合法约定外，企业不但要支付违法解除劳动合同的赔偿金，还要依劳动合同的约定支付违约金。

此外，本案中，法院对双方在《薪酬协议》中约定的10万元违约金不予认定，理由略显牵强。双方签订的《薪酬协议》系双方真实意思表示，不违反法律法规的禁止性规定，亦未损害劳动者的合法权益，依法应当被认定为有效。法院仅以企业方主张违约金过高为由，认定企业应承担5000元违约金，存在过于干涉双方当事人意思自治之嫌。

在我国司法实践中，对违约金的性质一直存在广泛争议。目前，实务界的主流观点仍采取“填平说”，即违约金的作用是赔偿守约方因违约行为遭受的损失。实际上，该观点是典型的侵权法思维，与维护合同关系稳定性、促进合同履行的合同法价值取向存在一定的冲突，受到了广泛的质疑。此外，允许违约方申请调低违约金，降低了违约方的违约成本，在一定程度上起到了间接鼓励了违约行为发生的作用，不利于社会诚信的建设和维护。

我们认为，在改革开放初期，将违约金定义为“损害赔偿金”的思路是与我国当时的市场经济发展水平相适应的，有利于控制市场主体的交易成本和诉讼成本，集中社会资源发展经济。但随着我国市场经济制度逐渐完善，市场化水平不断提高，市场乃至整个社会对诚信的重视程度愈发增强，构建诚信社会的呼声越来越高，违约金仅承载赔偿损失的单一功能愈发显得不合时宜。赋予违约金维护交易安全、促进合同履行、维护交易方信赖利益的功能，有望成为《合同法》改革的方向。

64. 关联公司相继用工　解除合同补偿年限合并计算

案情简介

王某立于2000年11月1日入职A公司，双方连续订立若干次劳动合同，最后一份劳动合同期限至2012年5月31日。2012年6月1日，A公司告知王某立调动至B公司。王某立遂与B公司签订期限至2015年5月30日的劳动合同。2013年11月30日，王某立与B公司签订的《劳动合同变更书》载明“双方经协商一致解除劳动合同”，并告知王某立劳动合同主体变更。2013年12月1日，王某立与C公司签订期限至2016年11月30日的劳动合同。C公司于2014年8月26日向王某立发出《调岗通知》，8月27日即以王某立存在旷工为由将其辞退，王某立向北京市昌平区劳动人事争议仲裁委员会提出仲裁申请，但该仲裁委未予受理，故王某立起诉至法院，请求A公司、B公司和C公司连带支付：1. 2000年11月1日至2014年8月26日解除劳动关系经济补偿金30800元；2. 2002年1月1日至2014年8月24日未休年休假工资23643元。

审判者说

关于C公司是否应当支付王某立解除劳动合同经济补偿金的问题，一审法院认为，C公司于2014年8月26日向王某立发出《调岗通知》后，8月27日即以王某立存在旷工为由将王某立辞退，且C公司提交的《考勤表》与《考勤统计表》关于王某立的出勤天数存在不一致，王某立亦不认可，故C公司对王某立的辞退决定没有依据。由于王某立于2014年8月27日之后亦不去C公司工作，故法院认定系由C公司提出，与王某立协商一致解除劳动合同，C公司应当支付王某立解除劳动合同经济补偿金。

关于支付经济补偿金的年限，王某立与A公司、B公司和C公司签订的劳动合同虽然在2012年5月和6月之间存在20天的断档，但三个公司为其缴纳的社会保险是连续没有间断的，王某立自2000年11月入职A公司后，一直在相同的工作场所从事相同的工作，A公司和B公司亦未举证证明系因王某立本人的原因更换用人单位，故法院对王某立要求把在A公司和B公司的工作年限合并计算为C公司工作年限的请求，予以支持。王某立与A公司和B公司签订的《劳动合同变更书》中虽载明“双方无任何劳动争议”，但未载明已支付王某立经济补偿金的数额，王某立不认可A公司和B公司已支付其经济补偿金，A公司和B公司亦未提交有效证据证明经济补偿金已支付，故C公司应当支付王某立2000年11月至2014年8月解除劳动合同经济补偿金30800元。

关于未休年休假工资，王某立2014年已休年休假5天，其工作至2014年8月26日，故王某立2014年的应休年休假还剩1天。B公司未举证证明王某立在该公司已休年休假，故王某立2013年的应休年休假为10天。因此C公司还应支付王某立未休年休假工资2225.29元。王某立要求C公司支付2008年至2013年未休年休假工资的请求，没有证据证明，法院不予采信。王某立要求C公司支付2000年至2008年期间的未休年休假工资，没有法律依据，法院不予支持。

二审法院认为，关于解除劳动合同经济补偿金的支付问题，首先，C公司于2014年8月26日向王某立发出《调岗通知》，在未征得王某立同意的情况下，在8月27日即以王某立存在旷工为由将其辞退，加之王某立对C公司主张的出勤天数亦不予认可，故一审法院结合王某立2014年8月27日之后不去C公司工作的事实认定系由C公司提出、与王某立协商一致解除劳动合同并无不当，法院予以确认。其次，鉴于王某立自2000年11月入职A公司后，一直在相同的工作场所从事相同的工作，A公司与B公司未举证证明系因王某立本人的原因更换用人单位，故王某立在A公司和B公司的工作年限应当合并计算为C公司的工作年限。此外，王某立与A公司和B公司签订的《劳动合同变更书》中并未载明已向王某立支付经济补偿金的数额，王某立亦不认可两家公司已向其支付经济补偿金，故一审法院根据双方一审庭审中均认可的王某立离职前十二个月平均工资2200元计算C公司应支付王某立2000年11月至2014年8月解除劳动合同经济补偿金30800元正确，法院予以维持。

关于未休年休假工资问题。王某立2014年已休年休假5天，其工作至2014年8月26日，故王某立2014年的应休年休假还有1天。二审中，C公司提交请假条证明王某立2013年已休年休假7天，王某立对此予以认可，法院对此不持异议，故王某立2013年的应休年休假还有3天。因此，C公司还应支付王某立未休年休假工资809.2元。一审判决对此认定有误，法院予以纠正。

审理结果

北京市昌平区人民法院〔2014〕昌民初字第14708号民事判决书（节选）：

一、C公司于判决生效后七日内支付王某立解除劳动合同经济补偿金三万零八百元；

二、C公司于判决生效后七日内支付王某立未休年休假工资二千二百二十五元二角九分；

三、驳回王某立的其他诉讼请求。

北京市第一中级人民法院〔2015〕一中民终字第01373号民事判决书（节选）：

一、维持北京市昌平区人民法院〔2014〕昌民初字第14708号民事判决第一项；

二、变更北京市昌平区人民法院〔2014〕昌民初字第14708号民事判决第二项为：C公司于本判决生效后七日内支付王某立未休年休假工资八百零九元二角。

审理机关

北京市昌平区人民法院

北京市第一中级人民法院

判决依据

1.《中华人民共和国劳动法》第二十四条：

经劳动合同当事人协商一致，劳动合同可以解除。

2.《中华人民共和国劳动法》第二十八条：

用人单位依据本法第二十四条、第二十六条、第二十七条的规定解除劳动合同的，应当依照国家有关规定给予经济补偿。

3.《中华人民共和国劳动法》第四十五条：

国家实行带薪年休假制度。劳动者连续工作一年以上的，享受带薪年休假。具体办法由国务院规定。

4.《中华人民共和国劳动合同法》第四十六条：

有下列情形之一的，用人单位应当向劳动者支付经济补偿：

（一）劳动者依照本法第三十八条规定解除劳动合同的；

（二）用人单位依照本法第三十六条规定向劳动者提出解除劳动合同并与劳动者协商一致解除劳动合同的；

（三）用人单位依照本法第四十条规定解除劳动合同的；

（四）用人单位依照本法第四十一条第一款规定解除劳动合同的；

（五）除用人单位维持或者提高劳动合同约定条件续订劳动合同，劳动者不同意续订的情形外，依照本法第四十四条第一项规定终止固定期限劳动合同的；

（六）依照本法第四十四条第四项、第五项规定终止劳动合同的；

（七）法律、行政法规规定的其他情形。

5.《中华人民共和国劳动合同法》第四十七条：

经济补偿按劳动者在本单位工作的年限，每满一年支付一个月工资的标准向劳动者支付。六个月以上不满一年的，按一年计算；不满六个月的，向劳动者支付半个月工资的经济补偿。

劳动者月工资高于用人单位所在直辖市、设区的市级人民政府公布的本地区上年度职工月平均工资三倍的，向其支付经济补偿的标准按职工月平均工资三倍的数额支付，向其支付经济补偿的年限最高不超过十二年。

本条所称月工资是指劳动者在劳动合同解除或者终止前十二个月的平均工资。

6.《职工带薪年休假条例》第三条：

职工累计工作已满 1 年不满 10 年的，年休假 5 天；已满 10 年不满 20 年的，年休假 10 天；已满 20 年的，年休假 15 天。

国家法定休假日、休息日不计入年休假的假期。

7.《职工带薪年休假条例》第五条：

单位根据生产、工作的具体情况，并考虑职工本人意愿，统筹安排职工年休假。

年休假在 1 个年度内可以集中安排，也可以分段安排，一般不跨年度安排。单位因生产、工作特点确有必要跨年度安排职工年休假的，可以跨 1 个年度安排。

单位确因工作需要不能安排职工休年休假的，经职工本人同意，可以不安排职工休年休假。对职工应休未休的年休假天数，单位应当按照该职工日工资收入的 300% 支付年休假工资报酬。

8.《中华人民共和国民事诉讼法》第一百七十条第一款第（二）项：

第二审人民法院对上诉案件，经过审理，按照下列情形，分别处理：

……

（二）原判决、裁定认定事实错误或者适用法律错误的，以判决、裁定方式依法改判、撤销或者变更；

……

金诚同达・研析与提示

本案经过两级法院审理，公司一方均败诉。究其原因，与公司在关键法律问题的认识方面存在误区大有关系。公司认为，将劳动者安排到相关联的新用人单位工作，即劳动合同中主体用人单位发生变更，原用人单位与劳动者的劳动关系依法解除，便认为对于后用人单位与劳动者协商解除劳动合同的情形，无需支付相应的经济补偿金，属于对用人单位协商解除劳动合同并应支付相应经济补偿金的误解。

根据现行法律规定，劳动者非因本人原因从原用人单位被安排到新用人单位工作的，劳动者在原用人单位的工作年限合并计算为新用人单位的工作年限。原用人单位没有向劳动者支付经济补偿的，新用人单位在依法解除、终止劳动合同计算支付经济补偿的工作年限时，应加上劳动者在原用人单位的工作期限。本案中，劳动者一直都在相同的工作场所从事相同的工作，劳动者三次签订劳动合同的公司属于关联企业。当最后一个公司与劳动者协商解除劳动关系时，应当支付经济补偿金；又因为前两个公司解除劳动合同时都没有向劳动者支付解除劳动关系经济补偿金，所以在计算解除劳动合同经济补偿金时应将劳动者在三家公司的工作年限合并计算。结合本案判决及类似案例，用人单位将劳动者安排到相关联的公司工作后，在与劳动者协商解除劳动关系时应更加谨慎。

65. 单位应签订无固定期限劳动合同而未签订受到惩罚

案情简介

邱某丽于2000年11月入职A保洁中心从事保洁工作，2008年1月1日双方签订了为期一年的劳动合同，2009年至2013年双方分别以自然年度为期限签订了若干份书面劳动合同。双方签订的最后一份劳动合同的期限于2013年12月31日届满。A保洁中心以保洁业务外包为由于2013年12月31日与邱某丽终止了劳动合同。后经劳动仲裁裁决，要求A保洁中心向邱某丽支付违法终止劳动合同赔偿金48350元。保洁中心不服区劳动人事争议仲裁委员会裁决，向法院提起诉讼。请求：1.A保洁中心无需支付邱某丽违法终止劳动合同赔偿金48350元；2.诉讼费由邱某丽承担。

一审判决后，邱某丽不服，提起上诉，请求撤销一审判决。A保洁中心亦不服一审判决，提起上诉。

审判者说

一审法院认为，根据本案查明的事实，除2010年外，其余年份，A保洁中心均与邱某丽签订了固定期的书面劳动合同。根据《中华人民共和国劳动争议调解仲裁法》第二十七条之规定，劳动争议申请仲裁时效期间为一年，邱某丽于2014年才就未签订书面劳动合同二倍工资差额提起劳动争议仲裁，故其要求A保洁中心支付未签订书面劳动合同二倍工资差额的请求已经超过了法定时效，法院对邱某丽要求A保洁中心支付2010年9月1日至2010年12月31日期间未签订书面劳动合同二倍工资差额的请求，依法不予支持。A保洁中心自2011年开始连年与邱某丽签订书面劳动合同，邱某丽以A保洁中心未与其签订无固定期限书面劳动合同，要求A保洁中心支付其2011年1月1日至2013年12月31日期间未签订无固定期限书面劳动合同二倍工资差额的请求，缺乏事实和法律依据，法院对其上述请求，依法不予支持。

邱某丽主张2008年1月1日至2013年12月31日期间周末及法定节假日均在加班。就上述主张，邱某丽虽向法院提交了证人证言，但证人证言均不足以直接证明邱某丽的工作情况，且无其他有效证据予以佐证，故法院对上述证人证言依法不予采信。加之A保洁中心对邱某丽加班的情况亦不予认可，故邱某丽要求A保洁中心支付2008年1月1日至2013年12月31日期间周末及法定节假日加班费的请求，缺乏事实和法律依据，法院对其上述请求，依法不予支持。

二审法院认为，由于A保洁中心自2011年开始连年与邱某丽签订书面劳动合同，故邱某丽以A保洁中心未与其签订无固定期限劳动合同为由主张的二倍工资差额的请求，缺乏事实和法律依据，法院对其该项上诉请求不予支持。邱某丽上诉主张其自2008年1月1日至2013年12月31日存在周末及法定节假日加班情形，但其仅就此提交了证人证言及其他同事与A保洁中心签订的补偿协议，尚不足以证明邱某丽的加班情况，故法院对其加班费的上诉请求亦不予支持。

邱某丽与A保洁中心签订的最后一份劳动合同于2013年12月31日期限届满，邱某丽已在A保洁中心连续工作十余年，并多次签订固定期限劳动合同，确符合签订无固定期限劳动合同的条件。A保洁中心在未征求邱某丽意见且邱某丽拒绝在解除、终止劳动关系（合同）证明书上签字的情况下，仍单方以非法定事由的街道保洁工作外包为由与邱某丽终止劳动合同，故A保洁中心单方终止劳动合同不与邱某丽续签合同属于违法终止的情形，应支付邱某丽违法终止劳动合同经济赔偿金。经核算，邱某丽所主张的违法终止劳动合同赔偿金的数额并未高于法定标准，法院予以支持。

审理结果

北京市海淀区人民法院〔2014〕海民初字第17126号民事判决书（节选）：

一、北京市海淀区A保洁中心于本判决生效后七日内向邱某丽终止劳动合同经济补偿金二万八千二百六十二元五角；

二、驳回邱某丽的其他诉讼请求。

北京市第一中级人民法院〔2015〕一中民终字第00755号民事判决书（节选）：

一、维持北京市海淀区人民法院〔2014〕海民初字第17126号民事判决第二项；

二、撤销北京市海淀区人民法院〔2014〕海民初字第17126号民事判决第一项；

三、北京市海淀区A保洁中心于本判决生效后七日内向邱某丽支付违法终止劳动合同经济赔偿金四万八千三百五十元。

审理机关

北京市海淀区人民法院

北京市第一中级人民法院

判决依据

1.《中华人民共和国劳动合同法》第四十六条：

有下列情形之一的，用人单位应当向劳动者支付经济补偿：

（一）劳动者依照本法第三十八条规定解除劳动合同的；

（二）用人单位依照本法第三十六条规定向劳动者提出解除劳动合同并与劳动者协商一致解除劳动合同的；

（三）用人单位依照本法第四十条规定解除劳动合同的；

（四）用人单位依照本法第四十一条第一款规定解除劳动合同的；

（五）除用人单位维持或者提高劳动合同约定条件续订劳动合同，劳动者不同意续订的情形外，依照本法第四十四条第一项规定终止固定期限劳动合同的；

（六）依照本法第四十四条第四项、第五项规定终止劳动合同的；

（七）法律、行政法规规定的其他情形。

2.《中华人民共和国劳动合同法》第四十七条：

经济补偿按劳动者在本单位工作的年限，每满一年支付一个月工资的标准向劳动者支付。六个月以上不满一年的，按一年计算；不满六个月的，向劳动者支付半个月工资的经济补偿。

劳动者月工资高于用人单位所在直辖市、设区的市级人民政府公布的本地区上年度职工月平均工资三倍的，向其支付经济补偿的标准按职工月平均工资三倍的数额支付，向其支付经济补偿的年限最高不超过十二年。

本条所称月工资是指劳动者在劳动合同解除或者终止前十二个月的平均工资。

3.《中华人民共和国劳动合同法》第八十七条：

用人单位违反本法规定解除或者终止劳动合同的，应当依照本法第四十七条规定的经济补偿标准的二倍向劳动者支付赔偿金。

4.《中华人民共和国民事诉讼法》第一百七十条第一款第（二）项：

第二审人民法院对上诉案件，经过审理，按照下列情形，分别处理：

……

（二）原判决、裁定认定事实错误或者适用法律错误的，以判决、裁定方式依法改判、撤销或者变更；

……

金诚同达·研析与提示

《劳动合同法》第十四条规定了用人单位与劳动者应当签订无固定期限劳动合同的几种情形，其中包括“劳动者在该用人单位连续工作满十年的”和“连续订立二次固定期限劳动合同”等。本案中邱某丽在保洁中心工作十余年，多次订立固定期限劳动合同，确符合签订无固定期限劳动合同的条件。

依据《劳动合同法》第十四条第二款第三项，连续订立二次无固定期限劳动合同，且劳动合同没有《劳动合同法》第三十九条和第四十条第一项、第二项规定情形，续订劳动合同的，除劳动者提出订立固定期限劳动合同外，用人单位都应当与劳动者订立无固定期限劳动合同。由此可见，在固定期限劳动合同到期时，邱某丽享有选择权，既可以要求保洁中心与其订立固定期限劳动合同，也可以接受保洁中心提出终止劳动合同的事实，但保洁中心不享有单方终止权。现保洁中心没有征求邱某丽的意见，就以“保洁业务外包”这一非法定事由终止与邱某丽的劳动合同。

依据《劳动合同法》第四十八条的规定，邱某丽可以要求继续履行劳动合同，也可以要求保洁中心依照第八十七条的规定支付赔偿金。关于违法终止劳动合同赔偿金的计算，《劳动合同法实施条例》第二十五条规定，赔偿金的计算年限自用工之日起算。邱某丽2000年开始就在保洁中心工作，所以应当根据她的实际工作年限及离职前十二个月的平均工资计算违法终止劳动合同赔偿金。她的诉求没有超过法定标准，应当得到支持。

66. 事业单位职工有权获得违法解除劳动合同的经济赔偿

案情简介

张某自1992年5月起在A中心卫生院工作，编制性质为事业编制。2011年6月2日，张某（乙方）与A中心卫生院（甲方）签订了《事业单位聘用合同》，该合同履行期限届满后，双方续签合同期限至2018年8月31日止，合同内容不变。

2015年2月3日，卫生院的上级主管部门发出《关于张某工作调动的通知》，主要内容为："根据工作需要，经研究，决定：张某由A中心卫生院调入某街道社区卫生服务中心工作。"2015年2月5日，该中心卫生院将该通知全部内容告知张某。此后，张某继续在该中心卫生院上班，该中心卫生院为张某发放工资至2015年6月。2015年6月11日，该中心卫生院发出《关于与张某解除聘用合同的通知》，主要内容为："……因张某同志至今未办理工作交接，截至目前仍未到调入单位工作。经院务会研究，决定于2015年6月11日起解除与张某同志的聘用合同关系。"张某经仲裁后提起诉讼，要求卫生院向其支付违法终止聘用合同的赔偿金286272元；依法为其办理档案和社会保险关系转移手续及其他相关手续。

审判者说

一审法院认为，卫生院认可与张某签订的是事业单位聘用合同，该院确认张某与A卫生院存在聘用合同关系。本案中，卫生院是由于重庆市铜梁区卫生和计划生育委员会对张某进行工作调动，张某在规定的期限内未到调入部门报到的情况下，与张某解除聘用合同，该种解除聘用合同的情形并不符合《劳动合同法》关于用人单位应当向劳动者支付经济补偿的规定。重庆市铜梁区卫生和计划生育委员会作为A卫生院的主管部门，对所属部门的人员调动，符合法律规定。由于张某未按时到调入部门报到，导致其与卫生院之间的聘用合同既未终止又未解除，与事实中张某已经被调入某社区卫生服务中心工作的事实不符，故A卫生院与张某解除聘用合同的行为并非违法解除，也不应当支付经济补偿金，张某的该项请求，一审法院不予支持。关于张某要求被告依法为其办理档案和社会保险关系转移手续及相关其他手续，本案中，张某与A卫生院之间解除聘用合同的依据是主管部门的调动行为，在张某未按时报到的情况下，卫生院无法确认将张某的档案及社会保险关系转移到哪个单位，未能办理档案及社会保险转移手续的责任并非在A卫生院，故张某的该项诉讼请求，一审法院不予支持。

二审法院认为，卫生院与张某之间系人事关系，双方所享有的合法权益受到法律保护。本案中，卫生院解除与张某之间的聘用合同，应当依据合同约定或者法律规定。首先，从卫生院与张某签订的聘用合同来看，卫生院可以单方解除与张某之间的聘用合同的情形的约定中，并无"不服从工作调动即可解除合同"的约定。其次，从法律法规来看，关于用人单位可单方解除聘用合同的法规主要有《事业单位人事管理条例》第十六条、国务院《关于在事业单位试行人员聘用制度的意见》第六条、《重庆市事业单位试行人员聘用制度实施办法》第三十五条等，但卫生院解除与张某之间聘用合同的理由亦不符合前述规定。再次，本案中，张某在收到《关于张某工作调动的通知》后，虽未到某街道社区卫生服务中心上班，但其继续在卫生院上班，至该中心卫生院向其发出《关于与张某解除聘用合同的通知》时已经三月有余，卫生院亦未拒绝张某在其单位上班，并向张某发放了相应工资，故张某不存在旷工的事实，且双方的行为也表明双方均不认可调动通知的效力。因此，卫生院解除与张某之间聘用合同的理由既无合同依据，又不符合法律规定，当属违法解除，应当承担违法解除的法律责任，遂判决卫生院赔偿张某赔偿金188351.94元。

审理结果

重庆市铜梁区人民法院〔2015〕铜法民初字第04520号民事判决书（节选）：

驳回张某的诉讼请求。

重庆市第一中级人民法院〔2016〕渝01民终3416号民事判决书（节选）：

一、撤销重庆市铜梁区人民法院〔2015〕铜法民初字第04520号民事判决；

二、重庆市卫生院于本判决送达之日起十日内向张某支付赔偿金188351.94元；

三、驳回张某的其他诉讼请求。

审理机关

重庆市铜梁区人民法院

重庆市第一中级人民法院

判决依据

1.《中华人民共和国劳动合同法》第四十六条：

有下列情形之一的，用人单位应当向劳动者支付经济补偿：

（一）劳动者依照本法第三十八条规定解除劳动合同的；

（二）用人单位依照本法第三十六条规定向劳动者提出解除劳动合同并与劳动者协商一致解除劳动合同的；

（三）用人单位依照本法第四十条规定解除劳动合同的；

（四）用人单位依照本法第四十一条第一款规定解除劳动合同的；

（五）除用人单位维持或者提高劳动合同约定条件续订劳动合同，劳动者不同意续订的情形外，依照本法第四十四条第一项规定终止固定期限劳动合同的；

（六）依照本法第四十四条第四项、第五项规定终止劳动合同的；

（七）法律、行政法规规定的其他情形。

2.《中华人民共和国劳动合同法》第九十六条：

事业单位与实行聘用制的工作人员订立、履行、变更、解除或者终止劳动合同，法律、行政法规或者国务院另有规定的，依照其规定；未作规定的，依照本法有关规定执行。

3.《中华人民共和国民事诉讼法》第一百七十条第一款第（二）项：

第二审人民法院对上诉案件，经过审理，按照下列情形，分别处理：

……

（二）原判决、裁定认定事实错误或者适用法律错误的，以判决、裁定方式依法改判、撤销或者变更；

……

金诚同达·研析与提示

本案系典型的人事争议，与一般的劳动关系争议不同，人事关系人事争议是指国家机关、事业单位、企业的工作人员与所在单位因录用聘用、聘用或聘任合同、职务任免、福利待遇、工资调整、奖励处分、辞职辞退等人事管理事项所引发，人事管理行为侵害相对人（工作人员）权益的争议和纠纷。

人事关系与劳动关系的性质不同，其处理程序和适用法律也有所不同，《劳动合同法》第九十六条规定："事业单位与实行聘用制的工作人员订立、履行、变更、解除或者终止劳动合同，法律、行政法规或者国务院另有规定的，依照其规定；未作规定的，依照本法有关规定执行。"人民法院在审理事业单位人事争议时，应当首先依照《事业单位人事管理条例》《关于在事业单位试行人员聘用制度的意见》等有关调整人事关系的行政法规和国务院规定进行审理。而在现实中，对用人单位（事业单位）和劳动者之间的权利义务分配，人事关系和劳动关系亦存在一定差异，尤其是在涉及合法解除人事合同的条件上，以《事业单位人事管理条例》第十六条和国务院《关于在事业单位试行人员聘用制度的意见》第六条为代表，事业单位显然比《劳动法》中的用人单位拥有宽泛得多的单方解除权。

但是，这并不意味着在人事关系中，聘用单位的单方解除权处于一家独大的地位，除非举证证明解除行为符合法律、行政法规和国务院相关规定，或者事先在聘用合同中约定明确的单方解除条款，否则在发生人事争议时，解除行为既无合同依据，又不符合法律规定的，则属违法解除。

此外，关于聘用单位构成违法解除时是否应当承担赔偿责任的问题，则应当适用《劳动合同法》第九十六条，如相关行政法规、国务院规定未作另行规定，则应当依照《劳动合同法》的标准进行赔偿。

67. 员工提供虚假工作经历入职，企业解除劳动合同合法

案情简介

2013 年 12 月 31 日，肖某到某废弃物处理公司应聘设备主管岗位，在其《应聘登记表》工作履历中填写如下内容：2013 年 1 月至今在重庆某机械有限公司工作，并承诺如果填写的内容不真实愿意承担一切后果。后双方在 2014 年 2 月 10 日签订《劳动合同书》，约定肖某的岗位为材料设备部设备主管，如肖某提供虚假简历，某废弃物处理公司可以解除合同。2015 年 8 月 10 日，某废弃物处理公司以肖某提供虚假工作经历违反合同约定为由解除了与肖某的劳动关系。肖某经仲裁后提起诉讼，要求用人单位支付违法解除劳动合同赔偿金。

审判者说

法院认为，当事人对自己的主张，有责任举示证据予以证明。本案中，原告在应聘时填写了虚假的工作经历，有违诚实信用原则。尽管原告称是在被告公司总经理助理和技术部经理李某国授意之下填写的，但未提供证据予以证明，也即原告并未举证证明被告对其填写虚假工作经历的事情是明知的、认可的。另外，原告在《应聘登记表》中承诺承担填写的内容不真实的一切后果，且双方的《劳动合同书》第十五条亦约定如果原告提供虚假简历被告可以解除合同。故被告依据《劳动合同书》第十五条的约定解除双方劳动关系不违反法律规定，被告无需支付原告违法解除劳动关系赔偿金。

审理结果

重庆市九龙坡区人民法院〔2016〕渝0107民初390号民事判决书（节选）：

驳回原告肖某的诉讼请求。

审理机关

重庆市九龙坡区人民法院

判决依据

1.《中华人民共和国劳动合同法》第二十九条：

用人单位与劳动者应当按照劳动合同的约定，全面履行各自的义务。

2.《中华人民共和国民事诉讼法》第六十四条第一款：

当事人对自己提出的主张，有责任提供证据。

金诚同达·研析与提示

本案系劳动者在订立劳动合同过程中提供虚假工作经历，用人单位依合同中的“诚信条款”合法解除劳动关系的典型案例。在实践中，劳动者提供虚假简历、隐瞒或者虚构事实，则用人单位可以依据两种路径进行合法解除：第一，在劳动合同中约定“诚实信用条款”，将劳动者提供虚假资料时用人单位可以合法解除的情形予以确认，并依《劳动合同法》第三十九条合法解除合同；第二，即使双方未在合同中约定“诚信条款”，而劳动者确隐瞒或虚构了与劳动合同订立相关的事实，使用人单位在违背真实意愿的情况下订立劳动合同，用人单位也可主张该劳动合同无效并合法解除劳动合同。

但是，值得关注的是，无论用人单位通过哪种路径进行合法解除，在实践中出于保护劳动者劳动权益，尤其是避免就业歧视的需要，劳动者所负担诚实信用义务的范围仅限于与劳动合同订立直接相关的事实，即隐瞒或虚构事实的行为确能导致用人单位在违背真实意愿的情况下签订劳动合同。诸如女性员工是否结婚、是否怀孕等涉嫌就业歧视的事项，除非劳动者应聘的是月嫂、护工等与其婚姻生育情况相关的职位，即使劳动者在求职时有所隐瞒，用人单位也无权据此行使单方解除权。

68. 员工利用公司资源干私活，公司有权解除劳动合同

案情简介

王某2006年入职A公司工作。2015年6月7日午间，公司负责人发现公司员工刘某、王某、廖某、赵某、董某五人正在使用公司的设备、原材料及水电等资源生产不属于公司的产品，遂拨打110报警电话。派出所出警后，将上述人员带回派出所调查。

经公司查明，根据刘某及其他两名参与人员的供述，以及公司收集的证据和公司职责工作流程相关规定，王某作为主要参与人，在明知刘某以个人或其个人投资设立公司名义在外私自承接订单，且盗用公司的设备、原材料、水电等资源私自进行生产的情况下，仍然多次参与生产加工，给公司造成了较大的经济损失。2015年6月10日，A公司以严重违反规章制度为由与王某解除了劳动合同。

王某不服公司对其的处置，要求A公司支付违法解除劳动合同赔偿金。

审判者说

法院认为，关于解除劳动合同的制度依据，A公司的《员工手册》于2008年之前制定，内容不违反法律、行政法规等强制性规定，并由包括王某在内的全体劳动者签名表示阅读、理解并愿意受其约束，故可以作为A公司的解除依据。

关于违纪行为，王某客观上确实存在未经公司许可，利用公司的厂房及设备从事加工生产，使刘某从中获得利益的行为，符合《员工手册》规定的解除情形。王某称其对刘某干私活的行为并不知情，且刘某作为其上司，其不得不服从安排。对此，法院认为，A公司对于加班有明确的审批程序，而对于刘某安排的

数次“加班”，并不在公司安排的加班计划当中，王某也未按照正常加班流程填写加班申请单和打卡考勤，加工的产品并非公司产品，与之搭班的员工也属不同工序，再结合其他同事在公安机关的陈述，本院有理由相信王某对其干私活的行为知道或者应当知道。

此外，王某作为在公司工作多年的老员工，不仅对公司负有忠诚义务，对公司规章制度以及劳动纪律亦应熟知，刘某虽为直属领导，但王某面对刘某的反常安排，不仅没有提出质疑和抵制，反而予以配合，其过错显而易见。

审理结果

江苏省苏州市虎丘区人民法院〔2015〕虎民初字第02157号民事判决（节选）：

一、被告A公司于本判决生效之日起十日内支付原告王某2015年6月至7月工资差额2922元。

二、驳回原告王某其他诉讼请求。

江苏省苏州市中级人民法院〔2016〕苏05民终10403号民事判决书（节选）：

驳回上诉，维持原判。

审理机关

江苏省苏州市虎丘区人民法院

江苏省苏州市中级人民法院

判决依据

1.《中华人民共和国劳动合同法》第四条：

用人单位应当依法建立和完善劳动规章制度，保障劳动者享有劳动权利、履行劳动义务。

用人单位在制定、修改或者决定有关劳动报酬、工作时间、休息休假、劳动安全卫生、保险福利、职工培训、劳动纪律以及劳动定额管理等直接涉及劳动者切身利益的规章制度或者重大事项时，应当经职工代表大会或者全体职工讨论，提出方案和意见，与工会或者职工代表平等协商确定。

在规章制度和重大事项决定实施过程中，工会或者职工认为不适当的，有权向用人单位提出，通过协商予以修改完善。

用人单位应当将直接涉及劳动者切身利益的规章制度和重大事项决定公示，或者告知劳动者。

2.《中华人民共和国劳动合同法》第三十条：

用人单位应当按照劳动合同约定和国家规定，向劳动者及时足额支付劳动报酬。

用人单位拖欠或者未足额支付劳动报酬的，劳动者可以依法向当地人民法院申请支付令，人民法院应当依法发出支付令。

3.《中华人民共和国劳动合同法》第三十九条：

劳动者有下列情形之一的，用人单位可以解除劳动合同：

（一）在试用期间被证明不符合录用条件的；

（二）严重违反用人单位的规章制度的；

（三）严重失职，营私舞弊，给用人单位造成重大损害的；

（四）劳动者同时与其他用人单位建立劳动关系，对完成本单位的工作任务造成严重影响，或者经用人单位提出，拒不改正的；

（五）因本法第二十六条第一款第一项规定的情形致使劳动合同无效的；

（六）被依法追究刑事责任的。

金诚同达·研析与提示

员工与企业建立劳动关系，双方均应按照法律的规定或者合同的约定诚实信用地行使权利、履行义务。因企业作出解除劳动合同决定而发生争议的，由企业对决定所依据的事实和法律、法规、规章等承担举证责任。

《劳动法》虽然对劳动者的利益加以倾斜性保护，但法律保护的对象是劳动者的合法权益，其非法利益或其他不当利益不在法律保护之列。本案中，员工多次为直属领导以自己名义在外设立的公司所接订单进行加工生产，且利用了企业的厂房、设备及原材料，违反了公司《员工手册》中关于“未经许可，利用工作时间、工作场所或公物从事不法或图利自己或他人行为”的规定，属于严重违反规章制度的行为。

虽然员工主张自己不知情，但员工作为企业的老员工，已熟知企业的各项规章制度，面对直属领导违反企业规章制度、与常态加班情形不同情况下安排的加班，不但未本着对企业忠诚、负责的态度，及时向相关部门核实，在核实清楚前，拒绝直属领导继续“加班”的要求，反而对此予以多次配合，客观上使其他人从中获利，使公司遭受了损失，严重违反了公司的规章制度，亦有违忠诚义务，显然是有过错的。

69. 电子数据是否可以作为认定劳动者严重违纪的证据

案情简介

殷某于2015年4月24日入职A公司任专车驾驶员，双方签订的劳动合同期限至2018年4月30日止，劳动合同附件包括《某某专车驾驶员管理手册》。《管理手册》规定："不服从公司管理、业务安排及调派的，违反服务标准、管理规定，造成客户终止合同或业务流失的，造成严重客户投诉，影响企业声誉的，可以解除劳务用工关系；出现有效客户投诉的，每个投诉罚款人民币500元。"殷某入职当日在阅知单上签字，承诺自觉遵守和履行上述规定的相关责任和义务。

殷某在职期间遭客户多次投诉。2015年8月14日A公司书面告知殷某：你于2015年7月15日不遵守公司规章制度与客户发生纠纷，导致客户严重投诉，影响公司声誉，根据《中华人民共和国劳动法》及公司管理规定，公司做出解除劳动合同关系的决定，生效日为2015年8月13日。

殷某认为A公司违法解除劳动合同，要求A公司支付违法解除劳动合同的赔偿金。殷某认为一方面现在科技极其发达，电脑里的内容完全可以伪造。另一方面专车属服务性行业，客户的投诉或评价有时完全是依据心情，不一定是真实的。自己并不存在客户投诉的行为，A公司也没有就相关投诉向其核实过，因此自身并不存在严重违纪的行为。

审判者说

法院认为，本案中，A公司通过当庭演示的方法向法庭全面展示了其相关电子数据的取得过程，并通过实际约车向法院呈现了专车数据平台的工作流程和数据存储过程。

法院认为，首先，A公司的上述演示过程已经足以证明其提供的电子数据系相关订单完成后直接形成的原始数据，法院对相关证据的真实性予以认定。其次，虽然相关法律规定当劳动关系双方因用人单位作出解除劳动关系的决定而发生争议的，由用人单位承担举证责任，但是并不意味着劳动者无须承担任何举证责任。在用人单位提供的证据使其主张之事实达到高度盖然性的程度时，劳动者除否认用人单位的主张外，还须就其主张承担举证责任。

本案中，在A公司提供的电子数据、电话录音等证据均可相互印证的情况下，殷某仅以证据形式本身存在的弊端作为否认相关证据真实性的理由，却未能提供证据进一步佐证，因此法院对其主张难以采纳。

审理结果

上海市虹口区人民法院〔2015〕虹民四（民）初字第2043号民事判决书（节选）：

原告殷某要求被告A公司支付违法解除赔偿金9134.83元的诉讼请求不予支持。

上海市第二中级人民法院〔2016〕沪02民终1863号民事判决书（节选）：

驳回上诉，维持原判。

审理机关

上海市虹口区人民法院

上海市第二中级人民法院

判决依据

1.《中华人民共和国劳动合同法》第三十九条：

劳动者有下列情形之一的，用人单位可以解除劳动合同：

（一）在试用期间被证明不符合录用条件的；

（二）严重违反用人单位的规章制度的；

（三）严重失职，营私舞弊，给用人单位造成重大损害的；

（四）劳动者同时与其他用人单位建立劳动关系，对完成本单位的工作任务造成严重影响，或者经用人单位提出，拒不改正的；

（五）因本法第二十六条第一款第一项规定的情形致使劳动合同无效的；

（六）被依法追究刑事责任的。

金诚同达·研析与提示

依据《劳动合同法》第三十九条第（二）项规定，在员工有严重违纪的行为时，企业有权利与员工解除劳动合同。依据此条与员工解除劳动合同而发生争议的，需要由企业承担举证责任。

该案例中企业提供的员工违纪行为、企业管理痕迹全部是公司后台的电子数据，员工认为现在科学技术发达，相关电子数据均可以伪造，对于企业提供证据的真实性不予认可。而企业的电子数据平台还是由集团公司负责，并无其他类型证据予以佐证，给法院认定事实带来一定困难，但是该法院最终对于企业提交相关证据的真实性予以认定。

随着“互联网+”模式开始向各行各业覆盖，企业对员工的管理受到了更多挑战。虽然本案中员工遭到客户投诉企业据此解除劳动合同的相关证据较为完备，但是证据形式受到了质疑，成为确定企业解除劳动合同是否合法的关键。

建议企业今后在保存电子数据的同时，还要注意收集其他形式的书面证据。例如，除在公司后台有该员工受到客户投诉的相关电子数据外，还可与员工核实投诉情况、让员工确认投诉事实、要求提交检讨书等，了解情况的同时又保留了相关的书面证据，起到与电子数据相互印证的效果。

70. 企业未安排危害作业员工进行离岗检查不能解除劳动合同

案情简介

2010 年 1 月，张某与 A 公司建立劳动关系后被派遣至 B 公司担任电焊工，双方签订劳动合同的期限自 2010 年 1 月 1 日至 2014 年 6 月 30 日。2014 年 1 月 13 日，A 公司与张某签订《协商解除劳动合同协议书》，双方劳动合同于 2014 年 1 月 13 日解除，A 公司向张某支付人民币 48160 元（包括解除劳动合同的经济补偿、其他应得劳动报酬及福利待遇等）。

张某提出要求做离职前职业健康检查，A 公司承诺签订协议后安排张某体检，但第二天即反悔，经张某多种途径积极努力争取后，A 公司安排张某做相关体检。2014 年 12 月 10 日，张某经上海市劳动能力鉴定委员鉴定为职业病致残程度七级。

张某向劳动人事争议仲裁委员会申请仲裁，要求自 2014 年 1 月 13 日起恢复与 A 公司的劳动关系。仲裁裁决对张某的请求事项不予支持。张某诉至法院。

审判者说

法院认为，本案的争议焦点为从事接触职业病危害作业的劳动者未进行离岗前职业健康检查的，用人单位与劳动者协商一致解除劳动合同是否当然有效。根据《中华人民共和国劳动合同法》第四十二条第一款的规定，从事接触职业病危害作业的劳动者未进行离岗前职业健康检查的，用人单位不得依照该法第四十条、第四十一条的规定解除劳动合同。此款规定虽然没有排除用人单位与劳动者协商一致解除劳动合同的情形，但根据《中华人民共和国职业病防治法》第三十五条的规定，“对从事接触职业病危害的作业的劳动者，用人单位应当按照国务院安全生产监督管理部门、卫生行政部门的规定组织上岗前、在岗期间和离岗时的职业健康检查，并将检查结果书面告知劳动者……对未进行离岗前职业健康检查的劳动者不得解除或者终止与其订立的劳动合同”。

因此，用人单位安排从事接触职业病危害作业的劳动者进行离岗职业健康检查是其法定义务，该项义务并不因劳动者与用人单位协商一致解除劳动合同而当然免除。

本案中，双方于2014年1月13日签订的《协商解除劳动合同协议书》并未明确张某已经知晓并放弃了进行离岗前职业健康检查的权利，且张某于事后亦通过各种途径积极要求A公司为其安排离岗职业健康检查。因此，张某并未放弃对该项权利的主张，A公司应当为其安排离岗职业健康检查。在张某的职业病鉴定结论未出之前，双方的劳动关系不能当然解除。

2014年12月10日，张某被鉴定为“职业病致残程度七级”。根据《工伤保险条例》第三十七条规定，职工因工致残被鉴定为七级至十级伤残的，劳动、聘用合同期满终止，或者职工本人提出解除劳动、聘用合同的，由工伤保险基金支付一次性工伤医疗补助金，由用人单位支付一次性伤残就业补助金。因此，鉴于双方签订的劳动合同原应于2014年6月30日到期，而张某2014年12月10日被鉴定为“职业病致残程度七级”，依据《工伤保险条例》的规定，用人单位可以终止到期合同，故张某与A公司的劳动关系应于2014年12月10日终止。

审理结果

上海市崇明县人民法院〔2015〕崇民一（民）初字第1021号民事判决书（节选）：

驳回原告张某的全部诉讼请求。

上海市第二中级人民法院〔2015〕沪二中民三（民）终字第962号民事判决书（节选）：

一、撤销上海市崇明县人民法院〔2015〕崇民一（民）初字第1021号民事判决；

二、上诉人张某与被上诉人A公司自2014年1月13日起恢复劳动关系至2014年12月10日止。

审理机关

上海市崇明县人民法院

上海市第二中级人民法院

判决依据

1.《中华人民共和国职业病防治法》第三十五条：

对从事接触职业病危害的作业的劳动者，用人单位应当按照国务院安全生产监督管理部门、卫生行政部门的规定组织上岗前、在岗期间和离岗时的职业健康检查，并将检查结果书面告知劳动者。职业健康检查费用由用人单位承担。

用人单位不得安排未经上岗前职业健康检查的劳动者从事接触职业病危害的作业；不得安排有职业禁忌的劳动者从事其所禁忌的作业；对在职业健康检查中发现有与所从事的职业相关的健康损害的劳动者，应当调离原工作岗位，并妥善安置；对未进行离岗前职业健康检查的劳动者不得解除或者终止与其订立的劳动合同。

职业健康检查应当由省级以上人民政府卫生行政部门批准的医疗卫生机构承担。卫生行政部门应当加强对职业健康检查工作的规范管理，具体管理办法由国务院卫生行政部门制定。

2.《工伤保险条例》第三十七条：

职工因工致残被鉴定为七级至十级伤残的，享受以下待遇：

（一）从工伤保险基金按伤残等级支付一次性伤残补助金，标准为：七级伤残为13个月的本人工资，八级伤残为11个月的本人工资，九级伤残为9个月的本人工资，十级伤残为7个月的本人工资；

（二）劳动、聘用合同期满终止，或者职工本人提出解除劳动、聘用合同的，由工伤保险基金支付一次性工伤医疗补助金，由用人单位支付一次性伤残就业补助金。一次性工伤医疗补助金和一次性伤残就业补助金的具体标准由省、自治区、直辖市人民政府规定。

金诚同达·研析与提示

安排从事接触职业病危害作业的员工进行离岗职业健康检查是企业的法定义务，在员工未明确表示已经充分了解并放弃离岗前职业健康检查的权利前，该义务不因双方协商一致解除劳动合同而免除。即使双方已就此达成了协议，该协议也存在被认定为无效的法律风险。在员工职业病鉴定结论未作出时，无法获知员工能否鉴定为职业病致残以及伤残级别。不同的等级依据《工伤保险条例》对员工劳动合同的处理亦不尽相同，因此在职业病鉴定结论作出前，企业与员工的劳动关系并不因协议而解除或因劳动合同到期而自然终止。在经过职业病认定及劳动能力鉴定两项结论之后，妨碍双方劳动合同解除或终止的情形均已消失，如企业亦无继续履行劳动合同或续订的意思表示，且根据员工的鉴定等级劳动合同确可到期终止，则双方的劳动关系可于员工职业病致残程度鉴定结果出具之日依法终止。

71. 用人单位能否以员工违反计划生育规定为由解除合同

案情简介

王某在某银行工作，2010年9月8日，王某在未办理准生手续的情况下生育了二胎。银行于2010年11月29日作出《解除劳动合同的决定》，因王某违反计划生育管理规定，与其解除劳动合同。

王某认为计划生育属于国家基本政策，违反计划生育政策应当按照《中华人民共和国人口与计划生育法》及《江苏省人口与计划生育条例》落实行政处罚，《中华人民共和国人口与计划生育法》及《江苏省人口与计划生育条例》均未规定用人单位有权直接与违反计划生育规定的劳动者解除劳动合同。自己已经缴清了社会抚养费，履行完了行政处罚，因此认为某银行与其解除劳动合同是违法的，要求继续履行劳动合同。

审判者说

法院认为，银行举证的规章制度第三十七条规定，“因违反计划生育政策和有关规定的，除按行为人所在地方政府的有关规定给予处罚外，并视情节给予记过直至开除处分”。据此规定，王某为企业职工计划外生育，违反了该规定，但是对其作出最为严重的开除处分，并不是唯一的选择，从处分种类的排列先后来看，记过、记大过、开除留用在本案中并非不可适用。如银行坚持对王某作出开除处分，应当举证证明开除处分较其他处分行为更具有合理性，否则，是不能对王某作出开除处分的。

其次，从劳动合同约定来看，银行举证的2010年7月与王某签订的劳动合同第二十四条，对于银行行使单方劳动合同解除权作出了和前述法律规定相同的约定。故按照前文分析，银行行使单方劳动合同解除权，要举证证明王某的违规违纪行为严重违反了其单位规章制度，否则，其解除与王某的劳动合同，亦缺少合同依据。

审理结果

江苏省邳州市人民法院〔2014〕邳民初字第2030号民事判决书（节选）：

驳回王某的诉讼请求。

江苏省徐州市中级人民法院〔2015〕徐民终字第5319号民事判决书（节选）：

一、撤销江苏省邳州市人民法院〔2014〕邳民初字第2030号民事判决；

二、撤销某银行于2010年11月29日作出的《关于解除王某劳动合同的决定》；

三、某银行继续履行其于2010年7月1日与王某签订的劳动合同。

审理机关

江苏省邳州市人民法院

江苏省徐州市中级人民法院

判决依据

1.《中华人民共和国劳动合同法》第三十九条：

劳动者有下列情形之一的，用人单位可以解除劳动合同：

（一）在试用期间被证明不符合录用条件的；

（二）严重违反用人单位的规章制度的；

（三）严重失职，营私舞弊，给用人单位造成重大损害的；

（四）劳动者同时与其他用人单位建立劳动关系，对完成本单位的工作任务造成严重影响，或者经用人单位提出，拒不改正的；

（五）因本法第二十六条第一款第一项规定的情形致使劳动合同无效的；

（六）被依法追究刑事责任的。

2.《中华人民共和国劳动合同法》第四十八条：

用人单位违反本法规定解除或者终止劳动合同，劳动者要求继续履行劳动合同的，用人单位应当继续履行；劳动者不要求继续履行劳动合同或者劳动合同已经不能继续履行的，用人单位应当依照本法第八十七条规定支付赔偿金。

3.《最高人民法院关于审理劳动争议案件适用法律若干问题的解释》第二十条：

用人单位对劳动者作出的开除、除名、辞退等处理，或者因其他原因解除劳动合同确有错误的，人民法院可以依法判决予以撤销。

对于追索劳动报酬、养老金、医疗费以及工伤保险待遇、经济补偿金、培训费及其他相关费用等案件，给付数额不当的，人民法院可以予以变更。

金诚同达·研析与提示

计划生育是我国一项基本国策，任何公民均有义务遵守。实践中，员工违反计划生育规定，企业是否有权解除劳动合同，是一个比较复杂的问题。

如企业仅以员工违反计划生育制度为由，与员工解除劳动合同，而未在规章制度中予以规定，缺乏法律依据，属于违法解除。

不过，现实中一些企业将违反计划生育制度生育子女作为严重违反企业规章制度的一种情形，并以此为据与员工解除劳动合同，法院对此种情形是否构成违法解除存在不同认识。

有观点认为，此类规定不违反法律禁止性规定，也未排除劳动者合法权益。且员工超生，会给企业造成额外负担，故企业将其纳入严重违反规章制度的范围，应当认定为有效，企业可以据此解除劳动合同。

另有观点认为，劳动者违反计划生育制度的，属于劳动者的私人行为，与企业无关。且劳动者依法已承担行政责任，用人单位再对其课以开除处分，过于严重。此外，《妇女权益保护法》规定，任何单位不得因结婚、怀孕、产假、哺乳等情形，降低女职工工资，辞退女职工。该法未将计划外怀孕排除在不得辞退女职工的规定外，故企业规章制度如作出类似规定，属于排除劳动者合法权益的情形，应当认定为无效。

对这一问题，不同地区的法院认识有所不同，企业如需作出类似的规定，应当在充分咨询法律顾问的基础上作出合理规定。

此外，如果规章制度仅将开除作为对计划外怀孕员工的处理方式之一，除开除外还规定了诸如警告、记过等处分方式的，不得直接予以开除，还应当就对其进行开除的合理性进行举证。企业在有多种方式可以选择的情形下，应尽量避免适用解除劳动合同这种最严重处罚方式，给予员工继续工作的机会。否则，即使在认可此类规定合法的地区，仍然存在被认定为违法解除劳动合同的风险。

72. 经理收取下属礼金 200 元被解除劳动合同，冤不冤？

案情简介

罗某于 2004 年 8 月 24 日进入 A 公司工作，担任 A 公司余姚分公司中转场经理。2012 年 5 月 1 日，罗某与 A 公司签订了无固定期限劳动合同。

2013 年 4 月 8 日，罗某妻子王某经营的餐馆开业，A 公司部分员工前去祝贺，赠送花篮、鞭炮等，同时罗某收取了同事胡某清等人礼金各 200 元。2013 年 7 月 11 日 A 公司口头告知罗某，因收取员工礼金，将与其解除劳动合同。之后 A 公司通过快递方式向罗某发出《解除劳动合同通知书》，称因其借自营餐馆开业收取员工礼金一事，按照公司依法制定的《奖励与处罚管理规定》第三章第二十四条第（二）款第（14）项（即管理人向下属借钱、与下属发生任何形式的物质买卖关系、使用员工自带车辆处理私事及其他变相向下属吃拿卡要的行为）和第三章第二十四条第（二）款第（15）项（即在公司内部行贿、受贿的），公司决定与其解除劳动合同。

《A 速运集团管理者手册诚信篇》第二部分第六条第二点规定，不索要、不接受下属的礼品和宴请，如遇结婚、生子的喜事，管理者接受下属礼金不得超过 50 元。劳动合同第十一条第十二项约定，A 公司制定的规章制度，《员工手册》和《奖励与处罚管理规定》等劳动合同附件与劳动合同具有同等效力。

罗某认为，公司系违法解除劳动合同，要求公司支付经济赔偿。

审判者说

法院认为，根据 A 公司《员工手册》《奖励与处罚管理规定》的内容及 A 公司、罗某双方劳动合同约定的内容，管理者接受下属礼金不得超过 50 元，否则视为违反单位规章制度。罗某担任 A 公司余姚分公司中转场经理，其知晓 A 公司单位规章制度，但在其妻子餐馆开业时，收取部分员工礼金、果篮及鞭炮，金额超过了原告单位规定的 50 元，其行为违反了 A 公司管理者手册的规定。A 公司按照在公司内部行贿、受贿的规定解除与罗某的劳动合同，并未违反法律、法规规定，解除依据成立。据此，遂判决 A 公司无需支付罗某经济赔偿 138897 元。

一审宣判后罗某不服提出上诉，后二审法院维持原判。

审理结果

浙江省余姚市人民法院〔2013〕甬余民初第 3208 号民事判决书（节选）：

A 公司无需支付罗某经济赔偿 138897 元。

浙江省宁波市中级人民法院〔2014〕浙甬民一终字第 216 号民事判决书（节选）：

驳回上诉，维持原判。

审理机关

浙江省余姚市人民法院

浙江省宁波市中级人民法院

判决依据

1.《中华人民共和国劳动合同法》第三十九条：

劳动者有下列情形之一的，用人单位可以解除劳动合同：

（一）在试用期间被证明不符合录用条件的；

（二）严重违反用人单位的规章制度的；

（三）严重失职，营私舞弊，给用人单位造成重大损害的；

（四）劳动者同时与其他用人单位建立劳动关系，对完成本单位的工作任务造成严重影响，或者经用人单位提出，拒不改正的；

（五）因本法第二十六条第一款第一项规定的情形致使劳动合同无效的；

（六）被依法追究刑事责任的。

金诚同达·研析与提示

用人单位以《劳动合同法》第三十九条第二项为由而解除劳动合同的，须符合以下三个条件。首先，规章制度的内容必须符合法律、法规规定，并且通过民主程序公之于众。其次，劳动者的行为客观存在，并且属于“严重”违反用人单位的规章制度。最后，用人单位对劳动者的处理是按照本单位规章制度规定程序办理，并符合相关法律、法规规定。

司法实践中，存在着大量用人单位通过不合理规章制度损害劳动者权益的情形，因此，在判断劳动者违反规章制度是否达到“严重”程度时，应作综合考量。换言之，人民法院对于用人单位的规章制度本身是否合理具有一定的审查权。但是，值得注意的是，人民法院在行使审查权时多持审慎态度，因为用人单位相比于法院而言，更了解企业经营管理实际情况，对规章制度是否合理更容易作出准确判断。鉴于此，在规章制度不违反法律法规强制性规定、不违背公序良俗、未侵犯劳动者基本权利的情况下，法院通常尊重用人单位制定规章制度的自主权。

本案中，罗某于2004年8月24日进入A公司工作，已长期接受企业文化的熏陶，并熟知公司的相关经营理念。而其在明知企业规章制度禁止接受下属礼金、发生物质买卖关系的情况下，仍实施了违规行为，且数额为企业规章中规定数额的上限的四倍以上，应可认定属于《劳动合同法》第三十九条第二项规定的严重违反用人单位规章制度的情形。

73. 企业与员工均享有合同解除权时先行使的权利优先

案情简介

冯某于2004年7月进入某科技园工作，于2014年3月离职，离职时未办理相关离职手续。冯某工作期间与科技园签订了书面劳动合同，合同中载明了双方的住址、联系方式，并约定“上述地址和邮箱作为甲方送达乙方法律文书的唯一方式，如有变更乙方有义务在5天内通知甲方，否则视为甲方已送达”。科技园于2014年3月28日通过中国邮政速递物流向冯某邮寄送达了一份内容为“因你擅自离开工作岗位，现通知你3日内到公司上班，否则由此造成的一切责任后果由你个人承担”的《限期回公司通知书》，在该通知书的投递回执单中显示妥投，本人签收。2014年4月15日，科技园按照劳动合同上约定的地址，通过中国邮政速递物流向申请人邮寄送达了一份内容为“因你自动离职已达15天，已严重影响公司的正常工作，严重违反了公司的规章制度，根据《劳动合同法》第三十九条相关规定，现通知与你解除劳动合同，请你5日内到公司办理相关手续”的《解除劳动合同通知书》，在该通知书的邮寄回执单中显示“妥投，他人签收”。

2014年11月21日，冯某以科技园未依法为其缴纳社会保险费为由，主张解除与科技园之间的劳动合同，并要求科技园支付经济补偿。

审判者说

法院认为，根据《劳动合同法》的相关规定，劳动合同解除权可在多种情况下产生，既包括冯某主张的科技园未依法缴纳社会保险的情形，也包括科技园主张的员工严重违反用人单位规章制度的情形。而在本案中，上述两种情形同时存在，原告与被告均依法享有解除劳动合同的权利。但一方当事人行使解除权即能导致双方劳动关系解除的事实产生，另一方当事人无法再行使解除权，因此本案应以何方当事人率先行使了解除劳动合同的权利作为冯某能否要求科技园支付经济补偿的判断标准。

冯某主张其向科技园提出解除劳动合同，但其提供的证据仅能证实其以仲裁申请书的方式请求解除劳动合同，该时间迟于科技园提供的解除劳动合同通知书的邮件回执单记载的时间。本案中，冯某虽对解除劳动合同通知书的邮件回执单有异议，但无证据予以推翻，且该邮件回执单系与诉讼双方均无利害关系的第三方所提供，证明力较强，故认定科技园行使劳动合同解除权导致双方劳动合同解除与事实及法律相符，冯某在此基础上不具备要求支付经济补偿金的法定事由，其主张法院不予支持。

审理结果

山东省滨州市滨城区人民法院〔2014〕滨民一初字第255号民事判决书（节选）：

驳回冯某的诉讼请求。

山东省滨州市中级人民法院〔2014〕滨中民一终字第580号民事判决书（节选）：

驳回上诉，维持原判。

审理机关

山东省滨州市滨城区人民法院

山东省滨州市中级人民法院

判决依据

1.《中华人民共和国劳动合同法》第三十八条：

用人单位有下列情形之一的，劳动者可以解除劳动合同：

（一）未按照劳动合同约定提供劳动保护或者劳动条件的；

（二）未及时足额支付劳动报酬的；

（三）未依法为劳动者缴纳社会保险费的；

（四）用人单位的规章制度违反法律、法规的规定，损害劳动者权益的；

（五）因本法第二十六条第一款规定的情形致使劳动合同无效的；

（六）法律、行政法规规定劳动者可以解除劳动合同的其他情形。

用人单位以暴力、威胁或者非法限制人身自由的手段强迫劳动者劳动的，或者用人单位违章指挥、强令冒险作业危及劳动者人身安全的，劳动者可以立即解除劳动合同，不需事先告知用人单位。

2.《中华人民共和国劳动合同法》第三十九条：

劳动者有下列情形之一的，用人单位可以解除劳动合同：

（一）在试用期间被证明不符合录用条件的；

（二）严重违反用人单位的规章制度的；

（三）严重失职，营私舞弊，给用人单位造成重大损害的；

（四）劳动者同时与其他用人单位建立劳动关系，对完成本单位的工作任务造成严重影响，或者经用人单位提出，拒不改正的；

（五）因本法第二十六条第一款第一项规定的情形致使劳动合同无效的；

（六）被依法追究刑事责任的。

金诚同达·研析与提示

在我国，用人单位与劳动者解除劳动合同关系，在以下情形下，用人单位需向劳动者支付经济补偿：第一，劳动合同期满前，用人单位提出解除劳动合同，并与劳动者协商一致的，用人单位应当向劳动者支付经济补偿。第二，用人单位存在法定过错，导致劳动者被迫行使单方解除权而解除劳动合同的，用人单位应当依法向劳动者支付经济补偿。第三，用人单位因法定非劳动者过错的原因，单方解除劳动合同的，用人单位应当向劳动者支付经济补偿。第四，用人单位进行经济性裁员时，需向被裁减人员支付经济补偿。

除以上情形外，如在协商解除劳动合同时，劳动者提出解除劳动合同，或其通过提前 30 日通知用人单位的方式解除劳动合同，或者劳动者存在法定过错导致用人单位解除劳动合同的，用人单位皆无需支付经济补偿。

本案中，科技园基于冯某严重违反公司规章制度的事实而主张与其解除劳动合同，且时间早于冯某向科技园提出解除劳动合同的时间，科技园行使权利在先，故双方劳动合同关系属于“劳动者存在法定过错导致用人单位解除劳动合同”情形，科技园无须支付经济补偿。

第十一章

劳动者赔偿纠纷

关键词：劳动者赔偿损失责任

74. 劳动者过失致用人单位财产损失　依法承担赔偿责任

75. 劳动者故意给用人单位造成损失　依法承担赔偿责任

76. “户口进京”违约金无效　员工提前辞职应赔偿

77. 企业不得就入职培训约定服务期并要求离职员工支付违约金

74. 劳动者过失致用人单位财产损失　依法承担赔偿责任

案情简介

原告A食品店诉被告罗某普称：2013年6月11日上午，原告委托被告及采购员马某一起去丰台区新发地市场采购货物。被告与马某到达市场后，马某告知被告先到一个熟悉的商户老板处取来了暂存款80000元，然后马某进市场订货，被告则回到车上，一边接受送来的货物一边付款结账。装了半车货后，被告下车查看装车情况，随手将余款48000元塞到司机座位一侧的缝隙里，未锁车门。约一分钟后，被告回到车上，发现货款被盗，至今未追回。现不服仲裁不予受理决定，诉至法院，请求判令被告赔偿货款48000元，并支付2013年6月11日直至前述款项全部清偿完毕之日止的利息。

被告辩称：不同意原告诉求。事件当日，被告早上4时至10时上完早班，准备回家，原告临时要求被告加班。当时是夏天，被告身穿T恤，身上无法携带48000元现金。被告驾驶的车辆是福特全顺货车，这款车如果锁了前车门，后备箱无法打开，而当时被告必须开后备箱整理货物，前车门不可锁。原告临时交代被告进行收款工作，并没有为被告配备钱包等保管货款的措施，也没有交代注意事项。原告职员马某作为采购员及收款人，对货款被盗负有重大责任，保管货款和支付货款是马某的工作范围，被告仅为司机。被告当时将货款放在了司机座位与货物之间的缝隙中，已经是车上安全地方，被告没有任何主观过错或过失。货款丢失属于刑事案件，已被刑事立案，原告应按照刑事程序追回款项，而不应由被告先行赔付。

另，2013年6月11日，北京市公安局丰台分局向被告出具立案告知书，告知就“罗某普被盗案已立为刑事案件侦查”。

2013 年 10 月 25 日，原告就本案诉争事项申请劳动仲裁。2013 年 11 月 5 日，北京市朝阳区劳动人事争议仲裁委员会作出不予受理通知书，决定不予受理。

审判者说

法院认为，原被告双方就货款丢失一事事实并无争议，本案争议在于被告是否应就货款丢失一事向原告进行赔偿。被告在原告处从事司机工作，其职责范围内，应不包括保管货款之事，且原告亦有采购人员携带货款。但本案中，原告采购人员将货款交由被告持有，并由被告在货车处点货付款的做法，亦与被告工作直接相关，被告在持有货款期间，应对货款保管负有注意义务，故对于货款丢失，被告应承担责任。但被告并非专门负责保管货款的人员，且货款原应由采购人员携带，货款丢失之责任不应由被告独自承担。结合被告所从事的工作内容、丢失货款数额及本案中双方所陈述的事件细节，法院认定被告应承担货款丢失损失的 20%，即 9600 元。原告要求被告支付利息没有法律依据，法院不予支持。

审理结果

北京市朝阳区人民法院〔2014〕朝民初字第 03651 号一审民事判决书（节选）：

一、被告罗某普于本判决生效之日起十五日内赔偿原告 A 食品店货款丢失损失九千六百元；

二、驳回原告 A 食品店的其他诉讼请求。

审理机关

北京市朝阳区人民法院

判决依据

《中华人民共和国劳动法》第二条：

在中华人民共和国境内的企业、个体经济组织（以下统称用人单位）和与之形成劳动关系的劳动者，适用本法。

国家机关、事业组织、社会团体和与之建立劳动合同关系的劳动者，依照本法执行。

金诚同达·研析与提示

劳动者因工作原因，有可能保管或持有用人单位的财物，此时财物发生毁损、丢失的，劳动者存在工作失误和过错的情形下，应承担相应赔偿责任。但是，在司法实践中，法院认定具体赔偿数额时，一般会综合劳动者的职责范围、劳动者履行职务过程中的过错程度以及用人单位是否提供必要的辅助措施等因素考量。

75. 劳动者故意给用人单位造成损失　依法承担赔偿责任

案情简介

原告A公司诉被告侯某红劳动争议称，被告原系原告成品车间职工。2014年3月5日，原告因觉察近期倒料车记数不符合实际调看监控，发现仅当日被告就给本村司机多记了23车。原告责令被告承认错误，被告不知悔改且聚众罢工，致使2014年3月10日该岗位停产9小时。

2014年3月18日，A公司作出《解除劳动合同通知书》，主要内容为："2014年2月21日、3月5日成品车间职工侯某红在给倒料车记数过程中，二天就多记26车，给公司造成直接损失1040元。李主任让侯某红她们6人写出检查反省自己的问题，她们6人从14点集体罢工，拒绝给来公司拉水泥的车辆装水泥，还不让其他人员进入，给客户和司机带来极大不便……根据公司《员工守则》第二章第三项第11条规定……决定：从2014年3月21日起公司和侯某红解除《劳动合同》。"同日，A公司工会发出《通报》，同意该公司生产部的决定。

2014年3月19日，A公司向侯某红送达了《解除劳动合同通知书》。2014年3月20日，A公司报警称侯某红、刘某勤来厂子闹事，北京市公安局房山分局周口店派出所民警随即出警处理。2014年3月24日，A公司再次报警称"有两名黄山店村民阻拦水泥罐车入位装料"，涉案违法犯罪嫌疑人侯某红、刘某勤均被传唤至周口店派出所接受询问。在民警询问过程中，侯某红承认"10天前堵过一次和今天堵了一次，共堵了两次"。

2014年4月1日，侯某红向北京市房山区劳动人事争议仲裁委员会申请仲裁，要求A公司支付风险抵押金、最低工资差额及25%赔偿金、2014年3月的工资、社会保险补偿金、高温津贴、带薪年休假工资、加班费、解除劳动合同经济补偿金和赔偿金等。A公司亦提出反申请，要求侯某红赔偿经济损失款。2014年9月18日，该仲裁委员会作出仲裁裁决。A公司不服该裁决，起诉至法院，侯某红未起诉。

被告请求法院判决侯某红赔偿A公司损失150000元，且A公司不支付侯某红：1. 风险抵押金2000元；2. 2014年3月份工资731元；3. 2003年9月10日至2009年12月31日社会保险补偿金9252.05元；4. 2012年6月至2012年8月、2013年6月、2013年8月高温补贴450元；5. 2012年4月1日至2014年3月21日带薪年休假工资报酬1103.44元；6. 2012年4月1日至2014年3月21日加班工资8765.49元；7. 解除劳动合同经济补偿金21000元。

审判者说

法院认为，现场监控录像、公安机关的询问笔录、A公司与B公司的洽商材料等能够相互印证，形成了较为完整的证据链条，足以证明侯某红等人实施了“堵路”的违法行为。受此影响，A公司的正常生产经营活动停滞7小时以上，直接经济损失高达300000元。上述事实表明，侯某红等人存在《员工守则》第三篇“处罚条例”第3.11条规定的严重违纪行为，给A公司造成高额经济损失。A公司依照规章制度与侯某红解除劳动合同，属于正常的管理行为，在实体和程序上并无不当，自然无需支付经济补偿。

该《员工守则》系经民主程序制定并公示，其内容不违反法律、行政法规的强行性规定，亦经约定属于劳动合同的组成部分，A公司与侯某红均应遵照执行。鉴于侯某红等人的行为已经造成了经济损失，A公司据此索赔符合法律规定。综合考虑当事人的参与程度、经营风险及补救措施等因素，本着公平合理的原则，法院酌情确定侯某红应当赔偿的损失数额。但是，车数统计系由多人完成，即便存在“记数不符”的问题，也不宜归责于侯某红一人；A公司的相应主张理由欠妥、证据不足，法院不予采纳。

用人单位和劳动者应当依法参加社会保险，缴纳社会保险费。2003年9月至

2009年12月，A公司没有为侯某红缴纳社会保险，侯某红进而主张养老、失业保险补偿符合法律规定。A公司已经向侯某红支付的960元养老保险补偿金，法院在核定具体数额时予以扣除。侯某红自认不存在工伤、生育、医疗等方面之损失，故法院对仲裁裁决主文之表述加以适当调整。

关于2013年8月的高温津贴，高温津贴数额较少，确实存在代领之情形。A公司未能提供证据加以证明，故该公司仍应向侯某红支付。A公司违规收取的风险抵押金，应当退还给侯某红本人。

2012年4月1日至2014年3月20日，A公司的工资表、考勤表中均未显示年休假之安排，该公司主张“侯某红已经享受年休假”明显依据不足，故仍应支付侯某红未休带薪年休假工资。

概言之，A公司合理的诉讼请求，法院予以支持；不合理部分，法院予以驳回。

审理结果

北京市房山区人民法院〔2014〕房民初字第13701号民事判决书（节选）：

一、原告A公司于本判决生效后十日内退还被告侯某红风险抵押金二千元；

二、原告A公司于本判决生效后十日内支付被告侯某红二〇〇三年九月至二〇〇九年十二月养老保险补偿金、二〇〇三年九月至二〇〇九年十二月失业一次性生活补助费九千二百五十二元零五分；

三、原告A公司于本判决生效后十日内支付被告侯某红二〇一三年八月高温津贴一百元；

四、原告A公司于本判决生效后十日内支付被告侯某红二〇一二年四月一日至二〇一四年三月二十日加班工资八千七百六十五元四角九分；

五、原告A公司于本判决生效后十日内支付被告侯某红二〇一二年四月一日至二〇一四年三月二十日未休带薪年休假工资报酬一千一百零三元四角四分；

六、原告A公司无需补足被告侯某红二〇一四年三月份工资七百三十一元；

七、原告A公司无需支付被告侯某红解除劳动合同经济补偿金二万一千元；

八、被告侯某红于本判决生效后十日内赔偿原告A公司经济损失一万五千元；

九、驳回原告A公司的其他诉讼请求。

北京市第二中级人民法院〔2015〕二中民终字第02067号民事判决书（节选）：

驳回上诉，维持原判。

本判决为终审判决。

审理机关

北京市房山区人民法院

北京市第二中级人民法院

判决依据

1.《中华人民共和国劳动法》第四十四条：

有下列情形之一的，用人单位应当按照下列标准支付高于劳动者正常工作时间工资的工资报酬：

（一）安排劳动者延长工作时间的，支付不低于工资的百分之一百五十的工资报酬；

（二）休息日安排劳动者工作又不能安排补休的，支付不低于工资的百分之二百的工资报酬；

（三）法定休假日安排劳动者工作的，支付不低于工资的百分之三百的工资报酬。

2.《中华人民共和国劳动法》第五十条：

工资应当以货币形式按月支付给劳动者本人。不得克扣或者无故拖欠劳动者的工资。

3.《中华人民共和国劳动合同法》第三条：

订立劳动合同，应当遵循合法、公平、平等自愿、协商一致、诚实信用的原则。

依法订立的劳动合同具有约束力，用人单位与劳动者应当履行劳动合同约定的义务。

4.《中华人民共和国劳动合同法》第九条：

用人单位招用劳动者，不得扣押劳动者的居民身份证和其他证件，不得要求劳动者提供担保或者以其他名义向劳动者收取财物。

5.《中华人民共和国劳动争议调解仲裁法》第六条：

发生劳动争议，当事人对自己提出的主张，有责任提供证据。与争议事项有关的证据属于用人单位掌握管理的，用人单位应当提供；用人单位不提供的，应当承担不利后果。

6.《职工带薪年休假条例》第二条：

机关、团体、企业、事业单位、民办非企业单位、有雇工的个体工商户等单位的职工连续工作 1 年以上的，享受带薪年休假（以下简称年休假）。单位应当保证职工享受年休假。职工在年休假期间享受与正常工作期间相同的工资收入。

7.《职工带薪年休假条例》第三条：

职工累计工作已满 1 年不满 10 年的，年休假 5 天；已满 10 年不满 20 年的，年休假 10 天；已满 20 年的，年休假 15 天。

国家法定休假日、休息日不计入年休假的假期。

8.《最高人民法院关于民事诉讼证据的若干规定》第二条：

当事人对自己提出的诉讼请求所依据的事实或者反驳对方诉讼请求所依据的事实有责任提供证据加以证明。

没有证据或者证据不足以证明当事人的事实主张的，由负有举证责任的当事人承担不利后果。

金诚同达·研析与提示

劳动关系存续期间，用人单位和劳动者均需受劳动法律制度以及双方签订的劳动合同的约束，用人单位承担着提供劳动条件、支付劳动报酬等责任，劳动者也同样负有服从用工管理、正常提供劳动等义务。劳动者因故意行为或严重过失行为给用人单位造成实际损失的，如果双方劳动合同或单位规章制度中明确规定了劳动者承担损失赔偿的义务，用人单位有权要求劳动者承担相应的赔偿责任。当然，劳动者承担赔偿责任的范围，应当严格依照法律规定和劳动合同的约定确定，并需要综合考虑劳动者的过错程度、实际损失、因果联系、本人工资收入等具体情形。

值得注意的是，当劳动者存在故意或严重失职行为时，用人单位可以严重违反规章制度为由解除劳动合同，且无需向劳动者支付解除劳动合同经济补偿金。

76.“户口进京”违约金无效　员工提前辞职应赔偿

案情简介

上诉人雷某（原审原告、反诉被告）因与被上诉人A公司（原审被告、反诉原告）劳动争议一案，不服北京市怀柔区人民法院〔2015〕怀民初字第01604号民事判决，提起上诉。

雷某在一审中起诉称：雷某硕士毕业后于2011年8月4日通过校园招聘进入A公司工作，在军训期间（入职不到1个月），A公司要求单方面签订解决北京集体户口协议，大致内容为：要求在公司干满5年，如若干不满5年，须向公司支付5万元的户口违约金，如若只工作满3年，须向公司支付2万元户口违约金，以此类推。此外雷某还被告知，如果不签订协议，相当于自动放弃户口指标。为了能在北京扎根，不再被当作“北漂”，在被逼无奈的情况下，只能签订此协议。签完协议后，A公司人力资源部人员立即收回，没有给雷某留下凭证。

雷某于2015年1月24日书面提出离职申请，在按A公司离职流程办理手续时，人力资源部告知需支付1.5万元的违约金，如果不支付，就不给出具离职证明并办理相关离职手续。雷某一审起诉要求：1.判决签订的户口违约金协议无效；2.判决A公司给雷某出具解除或终止劳动合同的证明；3.本案诉讼费用由A公司负担。

A公司在一审中答辩称：

一、雷某单方承诺书真实有效，不应被认定为无效。A公司基于对雷某单方承诺的合理信赖，在北京户籍指标极度有限的情况下，为雷某办理了北京户籍。但雷某在办理完北京户籍后违背诚实信用原则，违反单方承诺，造成A公司北京户籍指标损失，且没有达到公司吸引人才、稳定人才，长期发展壮大的目的，给A公司造成不可挽回的损失。

二、A公司不同意为雷某出具解除或终止劳动合同的证明。首先，A公司到目前为止未收到雷某的辞职报告、离职工作交接单等任何书面文件，雷某未办理任何工作交接与离职手续。员工离职应履行提前三十天书面通知用人单位的法定义务。同时，雷某、A公司在2014年4月14日签订有“员工外培协议书”，雷某未依协议约定支付A公司培训费用。基于双方之间的有效协议以及企业管理员工基本要求，雷某应履行辞职手续并支付A公司垫付的培训费用。

A公司在一审中反诉称：雷某于2011年8月12日出具单方承诺书，以在A公司履行5年劳动合同或支付赔偿款的方式向A公司提出申请，申办北京户籍。A公司考虑雷某单方承诺的前提下，依据国家及北京市关于落户政策的规定，基于对雷某的充分信赖，在目前北京市户口指标极度稀缺的情况下，为其办理了北京户口。目前，雷某违反单方承诺，违背诚实信用原则，在得到北京户口的情况下要求离开A公司且不履行承诺对A公司进行损失赔偿，A公司反诉要求雷某履行承诺书的义务，离职前赔偿A公司损失1.5万元。

2015年1月29日，雷某向北京市怀柔区劳动人事争议仲裁委员会申请仲裁，怀柔仲裁委据此于2015年2月2日作出不予受理通知书，以不属于劳动人事争议受案范围为由，不予受理。雷某不服该决定，于2015年2月诉至一审法院。

审判者说

一审法院认为，劳动者提前30日以书面形式通知单位，可以解除劳动合同。根据一审审理查明的事实，雷某提前30日向用人单位提出辞职，A公司应予以办理，为其出具解除劳动合同证明。

关于承诺书的性质，一审法院认为，该承诺书中虽然未将A公司列为相对方，但是鉴于该承诺书之内容均指向A公司，在雷某作出上述承诺之后，A公司予以接受，此后A公司也依照承诺书之内容为雷某办理落户北京事宜，故应视为双方就承诺书之内容已经达成合意，该承诺书应视为约束双方之合同。《中华人民共和国劳动合同法》第二十二条规定，用人单位为劳动者提供专项培训的，用人单位可与劳动者约定服务期及相应违约金；第二十三条规定，对负有保密义务的劳动者，用人单位可与劳动者约定竞业限制及相应违约金；而第二十五条规定，除本法第二十二条和第二十三条规定的情形外，用人单位不得与劳动者约定由劳动者承担违约金。故承诺书中关于“户口进京”违约金的约定，违反上述法律规定，应属无效。但应当指出的是，进京指标属于社会稀缺资源，雷某作为完全民事行为能力人对此明知并应知晓签署承诺书的行为后果，其辞职行为确实给A公司在引进人才等方面造成一定的损失，一审法院根据雷某未满服务期及A公司需要招聘同岗位人员所需支出等情形酌定其赔偿A公司损失10000元。

二审法院认为，雷某签订的承诺书中有关“户口进京”违约金的约定违反相关法律规定，一审法院认定承诺书中关于“户口进京”违约金的约定无效并无不当，法院予以确认。

雷某签订的承诺书相对方虽然为B公司，但此后的劳动关系变更协议中明确约定雷某的用人单位变更为A公司，A公司承继B公司在劳动合同项下的所有权利义务。综合考量本案情形，雷某的辞职行为给用人单位在人才引进及招用同岗位人员方面带来一定损失，基于诚实信用原则的考量，一审法院酌定雷某赔偿A公司损失10000元并无不当，A公司作为赔偿义务主体的地位亦无不当。雷某的上诉意见缺乏事实及法律依据，法院不予采信。

审理结果

北京市怀柔区人民法院〔2015〕怀民初字第01604号民事判决书（节选）：

一、确认雷某签订的承诺书中关于违约金的约定无效。

二、A公司于判决生效之日起7日内为雷某出具解除劳动合同证明。

三、雷某于判决生效后7日内赔偿A公司损失10000元。如果未按判决指定的期间履行给付金钱义务，应当按照《中华人民共和国民事诉讼法》第二百五十三条之规定，加倍支付迟延履行期间的债务利息。

北京市第三中级人民法院〔2015〕三中民终字第12051号民事判决书（节选）：

驳回上诉，维持原判。

本判决为终审判决。

审理机关

北京市怀柔区人民法院

北京市第三中级人民法院

判决依据

1.《中华人民共和国民法通则》第四条：

民事活动应当遵循自愿、公平、等价有偿、诚实信用的原则。

2.《中华人民共和国劳动合同法》第二十二条：

用人单位为劳动者提供专项培训费用，对其进行专业技术培训的，可以与该劳动者订立协议，约定服务期。

劳动者违反服务期约定的，应当按照约定向用人单位支付违约金。违约金的数额不得超过用人单位提供的培训费用。用人单位要求劳动者支付的违约金不得超过服务期尚未履行部分所应分摊的培训费用。

用人单位与劳动者约定服务期的，不影响按照正常的工资调整机制提高劳动者在服务期期间的劳动报酬。

3.《中华人民共和国劳动合同法》第二十三条：

用人单位与劳动者可以在劳动合同中约定保守用人单位的商业秘密和与知识产权相关的保密事项。

对负有保密义务的劳动者，用人单位可以在劳动合同或者保密协议中与劳动者约定竞业限制条款，并约定在解除或者终止劳动合同后，在竞业限制期限内按月给予劳动者经济补偿。劳动者违反竞业限制约定的，应当按照约定向用人单位支付违约金。

4.《中华人民共和国劳动合同法》第二十五条：

除本法第二十二条和第二十三条规定的情形外，用人单位不得与劳动者约定由劳动者承担违约金。

5.《中华人民共和国劳动合同法》第三十七条：

劳动者提前三十日以书面形式通知用人单位，可以解除劳动合同。劳动者在试用期内提前三日通知用人单位，可以解除劳动合同。

6.《中华人民共和国民事诉讼法》第一百七十条第一款第（一）项：

第二审人民法院对上诉案件，经过审理，按照下列情形，分别处理：

（一）原判决、裁定认定事实清楚，适用法律正确的，以判决、裁定方式驳回上诉，维持原判决、裁定；

……

金诚同达·研析与提示

因“户口进京”引发的劳动争议纠纷案件，用人单位一方大多是高新技术领域的民营企业或私营企业，一般处于刚起步或者拓展业务急需用人时期，对人才的学历层次要求较高，且会投入一定成本对初入职的劳动者进行培训，对劳动者一般约定有 3 至 5 年的服务期，而且用人单位往往要求求职大学生尽快适应工作，出成绩、见效益，而大学生则希望用人单位能提供优越的待遇或更大的发展空间，当双方缺乏完善的沟通机制和利益平衡机制时，就会引发争议。

77. 企业不得就入职培训约定服务期并要求离职员工支付违约金

案情简介

2015年7月6日至7月31日王某参加了A银行和平支行组织的新入职员工培训，2015年12月9日王某申请辞职。A银行和平支行以王某提前离职违反了员工培训协议为由，要求王某按约定支付专业培训服务期未履行部分分摊的费用，否则拒绝办理离职手续。王某无奈交纳该费用后办理了离职手续，后要求返还上述违约金。A银行和平支行以新入职员工培训属于专业技术培训，有权约定违约金为由抗辩。

审判者说

法院认为，用人单位可针对专项培训与劳动者约定服务期和违约金。专项培训是为了提高劳动者的专业知识或者专业技术而进行的个体性培训，经过培训的劳动者一般具有比普通劳动者更为明显的知识技能优势，具有相对不可替代性。本案中，A银行和平支行提供的培训是针对新入职员工的集体培训，且只有培训考核合格才可以上岗工作。从培训对象及培训结果上看，A银行和平支行提供的培训是为了提高劳动者的劳动技能和劳动熟练程度，使之更好地为用人单位服务的普及性培训；从培训内容上看，并未超出普通银行职员需要了解的知识范畴，不具有专业性质。故A银行和平支行提供的培训属于职业培训，而非专项培训。双方实质是对职业培训约定了服务期和违约金，该约定因违反法律的强制性规定而无效。因此，法院认定双方关于违约金的约定违反了法律强制性规定，应属于无效，判令 A 银行和平支行返还王某支付的违约金。

审理结果

天津市和平区人民法院〔2016〕津 0101 民初 5075 号民事判决书（节选）：

本判决生效之日起十日内，被告返还原告违约金 7399.8 元。

天津市第一中级人民法院〔2017〕津 01 民终 1529 号民事判决书（节选）：

驳回上诉，维持原判。

审理机关

天津市和平区人民法院

天津市第一中级人民法院

判决依据

1.《中华人民共和国劳动法》第六十八条第一款：

用人单位应当建立职业培训制度，按照国家规定提取和使用职业培训经费，根据本单位实际，有计划地对劳动者进行职业培训。

2.《中华人民共和国劳动合同法》第二十二条：

用人单位为劳动者提供专项培训费用，对其进行专业技术培训的，可以与该劳动者订立协议，约定服务期。

劳动者违反服务期约定的，应当按照约定向用人单位支付违约金。违约金的数额不得超过用人单位提供的培训费用。用人单位要求劳动者支付的违约金不得超过服务期尚未履行部分所应分摊的培训费用。

用人单位与劳动者约定服务期的，不影响按照正常的工资调整机制提高劳动者在服务期期间的劳动报酬。

3.《中华人民共和国劳动合同法》第二十五条：

除本法第二十二条和第二十三条规定的情形外，用人单位不得与劳动者约定由劳动者承担违约金。

金诚同达·研析与提示

我国劳动法对企业与员工约定由员工支付违约金的情况进行了严格限制。根据《劳动合同法》有关规定，除员工违反服务期或竞业限制约定外，企业与员工约定在其他情形下由员工支付违约金的，将被认定为无效条款。需要说明的是，企业不得任意与员工约定服务期，只有在企业为员工提供专项培训费用，对其进行专业技术培训的情况下，企业方有权与员工约定服务期，并约定员工违反服务期条款应当支付的违约金数额或计算方法。

通常情况下，企业向员工提供的培训可以分为职业培训和专业培训。职业培训是企业为了提高员工的劳动技能和劳动熟练程度，提高员工对企业文化和企业规章制度的认可度和熟悉度，使员工更好地为企业服务而提供的培训，一般具有普遍性，面向全体或多数员工。企业提供职业培训的，不得约定服务期和违约金。

专业技术培训是企业为了使员工能胜任更高层次或更加专业的工作，支付专项费用为员工提供的"高级"培训，一般面向个别的"绩优股"或"潜力股"员工。比如企业为部分员工提供外语、管理学等方面的培训，或提供费用供员工留学深造等。企业提供专业技术培训的，可以与员工约定服务期和违约金。

职业培训和专业技术培训具有明显区别，企业由此产生的权利义务也大不相同。因此，在司法实践中，企业提供培训的性质，往往是此类案件的争议焦点。不过，我国法律未对专业技术培训的内涵及外延进行明确界定，裁判机关往往会结合案件具体事实和生活经验，综合考察培训对象、培训内容和培训目的等方面的因素，进行判断。

从培训对象来看，裁判机关的考察重点往往是企业是面向众多员工（如新入职员工）开展普及型培训，还是对经过挑选后确定的人员提供个性化、专业性培训。从培训内容来看，裁判机关会对企业提供的是属于企业文化、规章制度和员工日常工作必需的知识技能方面的培训，还是提高员工个人专业能力方面的培训进行判断。从培训目的来看，职业培训的目的一般是为了使员工尽快适应岗位工作或新制度，而专业技术培训则是为了使员工能胜任更高层次或更加专业的工作。

第十二章

劳务派遣及涉外劳动关系纠纷

关键词：劳务派遣　外国人就业　就业许可证

78. 用工单位未依约支付补偿　派遣单位不承担连带责任

79. 外国人在中国未依法取得就业证　诉求未获支持

80. 与用人单位未建立劳动关系的员工与用工单位不构成劳务派遣关系

78. 用工单位未依约支付补偿　派遣单位不承担连带责任

案情简介

A 服务公司诉郑某钧、德国 B 公司北京代表处（简称“B 北京代表处”）称，郑某钧因个人原因向我公司辞职，我公司无需支付郑某钧任何补偿。我公司与郑某钧未达成任何与补偿有关的约定，我公司无需向郑某钧支付补偿。郑某钧与 B 北京代表处签订的协议书我公司不知情、未参与，我公司没有义务对该协议承担任何责任。故诉至法院，要求我公司不支付郑某钧补偿款 6 万元。

此外，郑某钧与 A 服务公司签订劳动合同，约定 A 服务公司将郑某钧派遣至 B 北京代表处工作。双方最后一次签订劳动合同约定合同期限至 2013 年 12 月 31 日。

2012 年 1 月 9 日，郑某钧与 B 北京代表处签订协议书，约定双方的聘用关系于 2011 年 12 月 1 日解除，B 北京代表处支付郑某钧包含解除聘用关系的经济补偿 18 万元，分三次支付，2012 年 1 月 10 日、2 月 10 日、3 月 10 日，每次支付 6 万元。

2012 年 2 月 29 日，郑某钧向 A 服务公司出具了辞职信，称因个人原因辞职。

郑某钧因 B 北京代表处未支付第三期补偿款，于 2012 年 12 月 13 日向北京市朝阳区劳动人事争议仲裁委员会申请仲裁，要求 A 服务公司、B 北京代表处支付经济补偿金。北京市朝阳区劳动人事争议仲裁委员会作出裁决书裁决：B 北京代表处支付郑某钧解除劳动关系第三期补偿款 6 万元，A 服务公司承担连带责任。A 服务公司不服该裁决，故诉至一审法院。郑某钧及 B 北京代表处未对仲裁结果提起诉讼。

一审判决后，A 服务公司不服一审法院上述民事判决，提起上诉。上诉请求不支付解除劳动关系的第三期补偿款 6 万元、不承担连带责任。

审判者说

一审法院认为，劳务派遣单位违反规定，给被派遣劳动者造成损害的，劳务派遣单位与用工单位承担连带赔偿责任。B 北京代表处与郑某钧签订协议书，约定向郑某钧支付含解除聘用关系的经济补偿 18 万元；B 北京代表处未完全履行协议，给郑某钧的合法权益造成损害，故郑某钧要求 B 北京代表处支付经济补偿款余额 6 万元的诉讼请求，该院予以支持。A 服务公司作为用人单位，应对用工单位的违约行为承担连带责任。

二审法院认为，郑某钧与 A 服务公司存在劳动关系，A 服务公司将郑某钧派遣至 B 北京代表处工作。在郑某钧与 A 服务公司的劳动关系存续期间，郑某钧与 B 北京代表处签订协议，约定 B 北京代表处与郑某钧解除聘用关系，B 北京代表处向郑某钧支付 18 万元（包含解除聘用关系的经济补偿）。此后郑某钧因个人原因向 A 服务公司辞职。B 北京代表处向郑某钧支付了 12 万元，尚欠 6 万元未付。根据各方当事人的上诉和答辩意见，本案的上诉争议焦点为 A 服务公司是否对 B 北京代表处尚欠款项承担连带责任。

A 服务公司主张其不承担连带责任，法院予以支持，理由如下：

1. 依照 A 服务公司与郑某钧签订的劳动合同，郑某钧可以与 B 北京代表处签订协议，但 A 服务公司对此不承担连带责任，故 A 服务公司不承担连带责任具有合同依据。

2. 郑某钧与 B 北京代表处签订协议后，因个人原因向 A 服务公司辞职，未向 A 服务公司主张补偿。

依据上述两点理由，A 服务公司不承担连带责任具有事实依据。

郑某钧主张 A 服务公司承担连带责任的理由为 A 服务公司不知晓 B 北京代表处变更处所、未能提供劳动条件、未协助处理派遣劳动者的纠纷，属于违反法定义务的行为。对此法院认为，提供相应的劳动条件属于用工单位应当履行的义务，而非劳务派遣单位 A 服务公司的义务，郑某钧的上述主张并无法律依据。据此郑某钧要求A服务公司对B北京代表处的违约行为承担连带赔偿责任，无事实及法律依据，法院不予支持。

一审法院对郑某钧与A服务公司签订的劳动合同中的部分事实认定不清，适用法律错误。

审理结果

北京市朝阳区人民法院〔2014〕朝民初字第09491号民事判决书（节选）：

一、B公司北京代表处于判决生效之日起7日内支付郑某钧经济补偿款差额6万元；A服务公司对上述款项承担连带给付责任；

二、驳回A服务公司的全部诉讼请求。

北京市第三中级人民法院〔2015〕三中民终字第01112号民事判决书（节选）：

一、撤销北京市朝阳区人民法院〔2014〕朝民初字第09491号民事判决第一项、第二项；

二、B公司北京代表处于本判决生效之日起七日内支付郑某钧经济补偿款差额六万元；

三、A服务公司不支付郑某钧补偿款六万元。

本判决为终审判决。

审理机关

北京市朝阳区人民法院

北京市第三中级人民法院

判决依据

1.《中华人民共和国劳动合同法》第六十二条：

用工单位应当履行下列义务：

（一）执行国家劳动标准，提供相应的劳动条件和劳动保护；

（二）告知被派遣劳动者的工作要求和劳动报酬；

（三）支付加班费、绩效奖金，提供与工作岗位相关的福利待遇；

（四）对在岗被派遣劳动者进行工作岗位所必需的培训；

（五）连续用工的，实行正常的工资调整机制。

用工单位不得将被派遣劳动者再派遣到其他用人单位。

2.《中华人民共和国劳动合同法》第九十二条第二款：

劳务派遣单位、用工单位违反本法有关劳务派遣规定的，由劳动行政部门责令限期改正；逾期不改正的，以每人五千元以上一万元以下的标准处以罚款，对劳务派遣单位，吊销其劳务派遣业务经营许可证。用工单位给被派遣劳动者造成损害的，劳务派遣单位与用工单位承担连带赔偿责任。

3.《中华人民共和国民事诉讼法》第一百四十四条：

被告经传票传唤，无正当理由拒不到庭的，或者未经法庭许可中途退庭的，可以缺席判决。

4.《中华人民共和国民事诉讼法》第一百七十条第一款第（二）项：

第二审人民法院对上诉案件，经过审理，按照下列情形，分别处理：

……

（二）原判决、裁定认定事实错误或者适用法律错误的，以判决、裁定方式依法改判、撤销或者变更；

……

金诚同达·研析与提示

在目前的劳动法律法规中，就劳务派遣单位承担连带责任作出规定的法条是《劳动合同法》第九十二条、《劳动合同法实施条例》第三十五条和《劳务派遣暂行规定》第二十条。

《劳动合同法》第九十二条第二款规定，“劳务派遣单位、用工单位违反本法有关劳务派遣规定的，由劳动行政部门责令限期改正；逾期不改正的，以每人五千元以上一万元以下的标准处以罚款，对劳务派遣单位，吊销其劳务派遣业务经营许可证。用工单位给被派遣劳动者造成损害的，劳务派遣单位与用工单位承担连带赔偿责任”。《劳动合同法实施条例》第三十五条规定，“用工单位违反劳动合同法和本条例有关劳务派遣规定的，由劳动行政部门和其他有关主管部门责令改正；情节严重的，以每位被派遣劳动者 1000 元以上 5000 元以下的标准处以罚款；给被派遣劳动者造成损害的，劳务派遣单位和用工单位承担连带赔偿责任”。《劳务派遣暂行规定》第二十条规定，“劳务派遣单位、用工单位违反劳动合同法和劳动合同法实施条例有关劳务派遣规定的，按照劳动合同法第九十二条规定执行”。

仔细阅读上述法条就会发现，劳务派遣单位承担连带责任的前提条件均为，劳务派遣单位和 / 或用工单位违反《劳动合同法》或者《劳动合同法实施条例》中有关劳务派遣的规定，而并不是只要用工单位违反了《劳动合同法》或者《劳动合同法实施条例》，劳务派遣单位就要承担连带责任。用工单位违反协议中关于经济补偿金的义务的规定并不属于违反劳务派遣规定的范围。

但是，在司法实践中，由于各地政策的不同，各地法院在处理此类纠纷时可能会有不同的倾向，如《上海市人力资源和社会保障局、上海市高级人民法院关于劳务派遣适用法律若干问题的会议纪要》第九条规定：“关于劳务派遣三方当事人权利义务纠纷的处理问题，劳务派遣涉及派遣单位、用工单位、劳动者三方当事人，派遣单位和用工单位对劳动者分别承担义务。劳动者与派遣单位或者用工单位发生劳动争议的，劳动争议处理机构应当按照《劳动争议调解仲裁法》的规定，将派遣单位和用工单位作为共同当事人，并根据《劳动合同法》等相关法律规定分别确定派遣单位和用工单位的法律责任。用工单位给劳动者造成损害的，派遣单位与用工单位承担连带赔偿责任。”

79. 外国人在中国未依法取得就业证　诉求未获支持

案情简介

原告刘某湘诉被告A公司称，原告与A公司于2013年11月23日签订劳动合同，该劳动合同于2015年11月11日届满。依劳动合同约定，原告的工作岗位为副总裁兼中国区手机事业部总经理，试用期6个月，月基本工资为人民币177566.67元。另外，依据该劳动合同第3条A项约定，劳动合同一经签订，A公司应向原告支付签约奖人民币213080元。劳动合同第14条约定，一方为了维护自己的合法权益而提起诉讼或其他法律程序，败诉的一方应当承担胜诉一方的所有合理费用，包括律师费。劳动合同签订后，原告于2013年12月9日到A公司报到，并按照要求开展工作。

但是，就在原告工作仅5个工作日之时，A公司于2013年12月15日单方解除劳动合同，且无任何法定理由。原告认为A公司应当依据相关法律规定及劳动合同约定履行劳动合同，行使劳动合同解除权。A公司擅自、随意单方解除劳动合同的行为违反了劳动法规定及劳动合同约定，给原告造成了重大经济损失及声誉损害。

原告起诉至法院，请求判令A公司：1. 继续履行与原告之间的劳动合同；2. 支付原告签约奖金人民币213080元；3. 支付原告2013年12月9日至2014年4月8日期间工资人民币710266元及25%经济补偿金人民币177566.5元；4. 支付原告因本案仲裁及诉讼而发生的合理费用（包括律师费、翻译费和公证费）共计人民币100000元；5. 支付原告国际医疗保险费补偿人民币48000元。

2014年1月24日，刘某湘申诉至北京市朝阳区劳动人事争议仲裁委员会。

2014 年 2 月 11 日，北京市朝阳区劳动人事争议仲裁委员会作出不予受理通知书，决定不予受理。刘某湘不服不予受理决定，诉至法院。

审判者说

法院认为，本案关键在于认定刘某湘是否具有原告国劳动法律法规规定的劳动者主体资格。在中国就业的外国人应取得《外国人就业证》，方可在中国境内就业。外国人在中国就业的用人单位必须与其就业证所注明的单位相一致。外国人在发证机关规定的区域内变更用人单位但仍从事原职业的，须经原发证机关批准，并办理就业证变更手续。外国人离开发证机关规定的区域就业或在原规定的区域内变更用人单位且从事不同职业的，须重新办理就业许可手续。刘某湘至 A 公司工作，但其《外国人就业证》记载的工作单位未进行相应的变更，也未重新办理《外国人就业证》。按照相关法律法规规定，该种情形属于未依法取得《外国人就业证》。《最高人民法院关于审理劳动争议案件适用法律若干问题的解释（四）》第十四条第一款规定，外国人、无国籍人未依法取得就业证件即与中国境内的用人单位签订劳动合同，以及香港特别行政区、澳门特别行政区和台湾地区居民未依法取得就业证件即与内地用人单位签订劳动合同，当事人请求确认与用人单位存在劳动关系的，人民法院不予支持。因此，刘某湘提交的《雇佣服务协议》不属于中国劳动法律法规规定的劳动合同范畴，双方之间形成的法律关系并非劳动法律关系，因此本案不属于人民法院受理劳动争议案件的范围。

刘某湘坚持劳动争议的案由，坚持要求按照劳动争议处理，其起诉应予驳回。

审理结果

北京市朝阳区人民法院〔2014〕朝民初字第 10102 号民事裁定书（节选）：

驳回原告刘某湘的起诉。

如不服本裁定，可在裁定书送达之日起十日内，向本院递交上诉状，并按对方当事人的人数提出副本，上诉于北京市第三中级人民法院。

审理机关

北京市朝阳区人民法院

判决依据

1.《中华人民共和国民事诉讼法》第一百一十九条：

起诉必须符合下列条件：

（一）原告是与本案有直接利害关系的公民、法人和其他组织；

（二）有明确的被告；

（三）有具体的诉讼请求和事实、理由；

（四）属于人民法院受理民事诉讼的范围和受诉人民法院管辖。

2.《最高人民法院关于审理劳动争议案件适用法律若干问题的解释（四）》第十四条：

外国人、无国籍人未依法取得就业证件即与中国境内的用人单位签订劳动合同，以及香港特别行政区、澳门特别行政区和台湾地区居民未依法取得就业证件即与内地用人单位签订劳动合同，当事人请求确认与用人单位存在劳动关系的，人民法院不予支持。

持有《外国专家证》并取得《外国专家来华工作许可证》的外国人，与中国境内的用人单位建立用工关系的，可以认定为劳动关系。

金诚同达·研析与提示

《外国人在中国就业管理规定》（人力资源和社会保障部令第7号）第八条第一款规定："在中国就业的外国人应持职业签证入境（有互免签证协议的，按协议办理），入境后取得《外国人就业证》（以下简称就业证）和外国人居留证件，方可在中国境内就业。"对于未能取得就业证或其他相应的就业许可而在中国就业的外国人，《中华人民共和国出境入境管理法》第四十三条规定，未按照规定取得工作许可和工作类居留证件在中国境内工作的及超出工作许可限定范围在中国境内工作的外国人均属于非法就业。

在实际的用工过程中，劳动合同期限与就业证期限可能存在不一致的情形。

第一种，劳动合同到期，就业证未到期的，根据《外国人在中国就业管理规定》第十九条规定，被聘用的外国人与用人单位签订的劳动合同期满时，其就业证即行失效。

第二种，用人单位与外国人订立的劳动合同期限尚未届满，而该外国人的就业证已到期的，根据《外国人在中国就业管理规定》第十九条，如需续订（就业证），用人单位应在原合同期满前三十日内，向劳动行政部门提出延长聘用时间的申请，经批准并办理就业证延期手续。

第三种，外国人变更用人单位或变更职业的，《外国人在中国就业管理规定》第二十四条规定："外国人在中国就业的用人单位必须与其就业证所注明的单位相一致。外国人在发证机关规定的区域内变更用人单位但仍从事原职业的，须经原发证机关批准，并办理就业证变更手续。外国人离开发证机关规定的区域就业或在原规定的区域内变更用人单位且从事不同职业的，须重新办理就业许可手续。"

因此，如果外国人变更用人单位或变更职业，应办理就业证变更手续或重新办理就业许可手续，如果没有按照相关规定取得就业证件即与中国境内的用人单位签订劳动合同，当事人请求确认与用人单位存在劳动关系的，人民法院不予支持。

80. 与用人单位未建立劳动关系的员工与用工单位不构成劳务派遣关系

案情简介

胡某原系某轮船公司员工，双方于1990年12月4日签订一份《劳动合同书》。后胡某因故意伤害罪被判处有期徒刑三年，轮船公司与其解除劳动合同。

2003年胡某刑满出狱后，到轮船公司处要求安排工作，轮船公司遂发函介绍胡某到轮船公司参股单位即A公司工作，函件内有“我公司员工胡某”的字样。轮船公司系A公司的股东公司，除胡某外，轮船公司另派遣十人到A公司工作，该十人的社保均由轮船公司办理。胡某仅于2005年12月份到A公司参加了培训，便未去上班。经轮船公司再次介绍，胡某于2013年6月开始到A公司上班，从事内勤工作，工资由A公司发放。

后胡某以其与轮船公司存在劳动合同关系，轮船公司实际系将其派遣至A公司为由，要求轮船公司支付其2003年5月4日至2013年3月22日止的基本生活费211859元，并为其补缴2003年至2013年的社会养老保险费、职工医疗保险费。

审判者说

法院认为，本案中，轮船公司因胡某犯罪被法院判处刑罚而与其解除劳动关系的事实，已经由生效民事判决予以确认。同时，胡某未提供相反证据推翻该判决所认定的事实。因此，法院认定，轮船公司与胡某的劳动关系已于2001年4月解除。

关于轮船公司与胡某是否重新建立劳动关系的问题。胡某从2013年6月开始进入A公司工作，工资由A公司发放，该用工形式与由用工单位向派遣单位支付服务费、派遣单位向劳动者支付报酬的劳动派遣用工形式不符。仅凭轮船公司向A公司所发函件，以及A公司的单方陈述，不足以证明胡某系由轮船公司派遣至A公司工作。因胡某与轮船公司于2001年4月后不存在劳动关系，故其要求轮船公司支付未签订无固定期限劳动合同二倍工资、补缴社会保险、缴纳公积金以及支付工资差额的主张，缺乏依据，不予支持。

审理结果

浙江省永嘉县人民法院〔2015〕温永瓯民初字第363号民事判决书（节选）：

一、确认原告胡某与被告轮船公司于1990年至2001年4月存在劳动关系；

二、驳回原告胡某的其他诉讼请求。

浙江省温州市中级人民法院〔2016〕浙03民终1273号民事判决书（节选）：

驳回上诉，维持原判。

审理机关

浙江省永嘉县人民法院

浙江省温州市中级人民法院

判决依据

1.《中华人民共和国劳动合同法》第五十八条：

劳务派遣单位是本法所称用人单位，应当履行用人单位对劳动者的义务。劳务派遣单位与被派遣劳动者订立的劳动合同，除应当载明本法第十七条规定的事项外，还应当载明被派遣劳动者的用工单位以及派遣期限、工作岗位等情况。

劳务派遣单位应当与被派遣劳动者订立二年以上的固定期限劳动合同，按月支付劳动报酬；被派遣劳动者在无工作期间，劳务派遣单位应当按照所在地人民政府规定的最低工资标准，向其按月支付报酬。

金诚同达·研析与提示

劳务派遣的认定一向是司法实践中的疑难问题。关于轮船公司与胡某是否构成劳务派遣关系的问题，根据《劳动合同法》规定，劳务派遣单位应当是依法登记设立的公司，具备一定的经济实力、能够独立承担法律责任的主体，且应当与被派遣劳动者订立两年以上的劳动合同，向其支付基本的劳动报酬。

本案中轮船公司与胡某的劳动合同关系已解除，双方未签订新的劳动合同，胡某实际上也不在轮船公司工作，故本案中原告所主张的劳务派遣关系并不能成立。在劳务派遣关系不成立，胡某亦未与A公司签订劳动合同的情况下，其本人是否与A公司存在劳动关系，应根据我国有关法律进行判断。

1995年劳动部《关于贯彻执行〈中华人民共和国劳动法〉若干问题的意见》中提出了“事实劳动关系”的概念，劳动者与用人单位虽然没有签订书面的劳动合同，但是建立了实际的劳动关系，包括为用人单位提供劳动、接受用人单位的管理和约束、受到用人单位的保护等，则双方在事实上确立了劳动关系。为保护事实劳动关系中劳动者的权益，《劳动和社会保障部关于确立劳动关系有关事项的通知》进一步明确了认定劳动关系的标准，即用人单位招用劳动者未订立书面劳动合同，但同时具备下列情形的，劳动关系成立：1.用人单位和劳动者符合法律、法规规定的主体资格；2.用人单位依法制定的各项劳动规章制度适用于劳动者，劳动者受用人单位的劳动管理，从事用人单位安排的有报酬的劳动；3.劳动者提供的劳动是用人单位业务的组成部分。本案中，胡某事实上并未向A公司提供劳动，故双方并不存在事实劳动关系。

第十三章

特别关注：最高人民法院通报案例

关键词：最高人民法院发布案例

81. 中兴通讯（杭州）有限责任公司诉王鹏劳动合同纠纷案

82. 王明德诉乐山市人力资源和社会保障局工伤认定案

83. 劳动者在公司拖欠劳动报酬时无权留置公司车辆

——长三角商品交易所公司诉卢海云返还原物纠纷案

81. 中兴通讯（杭州）有限责任公司诉王鹏劳动合同纠纷案①

关键词

民事　劳动合同　单方解除

裁判要点

劳动者在用人单位等级考核中居于末位等次，不等同于“不能胜任工作”，不符合单方解除劳动合同的法定条件，用人单位不能据此单方解除劳动合同。

相关法条

《中华人民共和国劳动合同法》第三十九条、第四十条

基本案情

2005 年 7 月，被告王鹏进入原告中兴通讯（杭州）有限责任公司（以下简称中兴通讯）工作，劳动合同约定王鹏从事销售工作，基本工资每月 3840 元。该公司的《员工绩效管理办法》规定：员工半年、年度绩效考核分别为 S、A、C1、C2 四个等级，分别代表优秀、良好、价值观不符、业绩待改进；S、A、C（C1、C2）等级的比例分别为 20%、70%、10%；不胜任工作原则上考核为 C2。王鹏原在该公司分销科从事销售工作，2009 年 1 月后因分销科解散等原因，转岗至华东区从事销售工作。2008 年下半年、2009 年上半年及 2010 年下半年，王鹏的考核

---

① 最高人民法院指导性案例 18 号，最高人民法院审判委员会讨论通过，2013 年 11 月 8 日发布。

结果均为C2。中兴通讯认为，王鹏不能胜任工作，经转岗后，仍不能胜任工作，故在支付了部分经济补偿金的情况下解除了劳动合同。

2011年7月27日，王鹏提起劳动仲裁。同年10月8日，仲裁委作出裁决：中兴通讯支付王鹏违法解除劳动合同的赔偿金余额36596.28元。中兴通讯认为其不存在违法解除劳动合同的行为，故于同年11月1日诉至法院，请求判令不予支付解除劳动合同赔偿金余额。

裁判结果

浙江省杭州市滨江区人民法院于2011年12月6日作出（2011）杭滨民初字第885号民事判决：原告中兴通讯（杭州）有限责任公司于本判决生效之日起十五日内一次性支付被告王鹏违法解除劳动合同的赔偿金余额36596.28元。宣判后，双方均未上诉，判决已发生法律效力。

裁判理由

法院生效裁判认为：为了保护劳动者的合法权益，构建和发展和谐稳定的劳动关系，《中华人民共和国劳动法》《中华人民共和国劳动合同法》对用人单位单方解除劳动合同的条件进行了明确限定。原告中兴通讯以被告王鹏不胜任工作，经转岗后仍不胜任工作为由，解除劳动合同，对此应负举证责任。根据《员工绩效管理办法》的规定，"C（C1、C2）考核等级的比例为10%"，虽然王鹏曾经考核结果为C2，但是C2等级并不完全等同于"不能胜任工作"，中兴通讯仅凭该限定考核等级比例的考核结果，不能证明劳动者不能胜任工作，不符合据此单方解除劳动合同的法定条件。虽然2009年1月王鹏从分销科转岗，但是转岗前后均从事销售工作，并存在分销科解散导致王鹏转岗这一根本原因，故不能证明王鹏系因不能胜任工作而转岗。因此，中兴通讯主张王鹏不胜任工作，经转岗后仍然不胜任工作的依据不足，存在违法解除劳动合同的情形，应当依法向王鹏支付经济补偿标准二倍的赔偿金。

82. 王明德诉乐山市人力资源和社会保障局工伤认定案 ①

2016 年 9 月，最高人民法院发布第 14 批 5 件指导性案例，供各级人民法院审判类似案件时参照。其中，指导案例 69 号“王明德诉乐山市人力资源和社会保障局工伤认定案”，旨在明确当事人认为行政机关作出的程序性行政行为侵犯其人身权、财产权等合法权益，对其权利义务产生明显的实际影响，且无法通过提起针对相关的实体性行政行为的诉讼获得救济，而针对该程序性行政行为提起行政诉讼的，人民法院应当依法受理。这有利于通过司法审查加强对行政权力行使的监督，防止行政机关滥用权力，不作为、乱作为，从而保护行政相对人的合法权益，促进社会和谐。

关键词

行政诉讼　工伤认定　程序性行政行为　受理

裁判要点

当事人认为行政机关作出的程序性行政行为侵犯其人身权、财产权等合法权益，对其权利义务产生明显的实际影响，且无法通过提起针对相关的实体性行政

① 最高人民法院指导性案例 69 号，最高人民法院审判委员会讨论通过，2016 年 9 月 19 日发布。

行为的诉讼获得救济，而对该程序性行政行为提起行政诉讼的，人民法院应当依法受理。

相关法条

《中华人民共和国行政诉讼法》第 12 条、第 13 条

基本案情

原告王明德系王雷兵之父。王雷兵是四川嘉宝资产管理集团有限公司峨眉山分公司职工。2013 年 3 月 18 日，王雷兵因交通事故死亡。由于王雷兵驾驶摩托车倒地翻覆的原因无法查实，四川省峨眉山市公安局交警大队于同年 4 月 1 日依据《道路交通事故处理程序规定》第五十条的规定，作出乐公交认定〔2013〕第 00035 号《道路交通事故证明》。该《道路交通事故证明》载明：2013 年 3 月 18 日，王雷兵驾驶无牌“卡迪王”二轮摩托车由峨眉山市大转盘至小转盘方向行驶。1 时 20 分许，当该车行至省道 S306 线 29.3KM 处驶入道路右侧与隔离带边缘相擦挂，翻覆于隔离带内，造成车辆受损、王雷兵当场死亡的交通事故。

2013 年 4 月 10 日，第三人四川嘉宝资产管理集团有限公司峨眉山分公司就其职工王雷兵因交通事故死亡，向被告乐山市人力资源和社会保障局申请工伤认定，并同时提交了峨眉山市公安局交警大队所作的《道路交通事故证明》等证据。被告以公安机关交通管理部门尚未对本案事故作出交通事故认定书为由，于当日作出乐人社工时〔2013〕05 号（峨眉山市）《工伤认定时限中止通知书》（以下简称《中止通知》），并向原告和第三人送达。

2013 年 6 月 24 日，原告通过国内特快专递邮件方式，向被告提交了《恢复工伤认定申请书》，要求被告恢复对王雷兵的工伤认定。因被告未恢复对王雷兵工伤认定程序，原告遂于同年 7 月 30 日向法院提起行政诉讼，请求判决撤销被告作出的《中止通知》。

裁判结果

四川省乐山市市中区人民法院于 2013 年 9 月 25 日作出（2013）乐中行初字

第36号判决，撤销被告乐山市人力资源和社会保障局于2013年4月10日作出的乐人社工时〔2013〕05号《中止通知》。一审宣判后，乐山市人力资源和社会保障局提起了上诉。乐山市中级人民法院二审审理过程中，乐山市人力资源和社会保障局递交撤回上诉申请书。乐山市中级人民法院经审查认为，上诉人自愿申请撤回上诉，属其真实意思表示，符合法律规定，遂裁定准许乐山市人力资源和社会保障局撤回上诉。一审判决已发生法律效力。

裁判理由

法院生效裁判认为，本案争议的焦点有两个：一是《中止通知》是否属于可诉行政行为；二是《中止通知》是否应当予以撤销。

一、关于《中止通知》是否属于可诉行政行为问题

法院认为，被告作出《中止通知》，属于工伤认定程序中的程序性行政行为，如果该行为不涉及终局性问题，对相对人的权利义务没有实质影响的，属于不成熟的行政行为，不具有可诉性，相对人提起行政诉讼的，不属于人民法院受案范围。但如果该程序性行政行为具有终局性，对相对人权利义务产生实质影响，并且无法通过提起针对相关的实体性行政行为的诉讼获得救济的，则属于可诉行政行为，相对人提起行政诉讼的，属于人民法院行政诉讼受案范围。

虽然根据《中华人民共和国道路交通安全法》第七十三条的规定："公安机关交通管理部门应当根据交通事故现场勘验、检查、调查情况和有关的检验、鉴定结论，及时制作交通事故认定书，作为处理交通事故的证据。交通事故认定书应当载明交通事故的基本事实、成因和当事人的责任，并送达当事人"。但是，在现实道路交通事故中，也存在因道路交通事故成因确实无法查清，公安机关交通管理部门不能作出交通事故认定书的情况。对此，《道路交通事故处理程序规定》第五十条规定："道路交通事故成因无法查清的，公安机关交通管理部门应当出具道路交通事故证明，载明道路交通事故发生的时间、地点、当事人情况及调查得到的事实，分别送达当事人。"就本案而言，峨眉山市公安局交警大队就王雷兵因交通事故死亡，依据所调查

的事故情况，只能依法作出《道路交通事故证明》，而无法作出《交通事故认定书》。因此，本案中《道路交通事故证明》已经是公安机关交通管理部门依据《道路交通事故处理程序规定》就事故作出的结论，也就是《工伤保险条例》第二十条第三款中规定的工伤认定决定需要的“司法机关或者有关行政主管部门的结论”。除非出现新事实或者法定理由，否则公安机关交通管理部门不会就本案涉及的交通事故作出其他结论。而本案被告在第三人申请认定工伤时已经提交了相关《道路交通事故证明》的情况下，仍然作出《中止通知》，并且一直到原告起诉之日，被告仍以工伤认定处于中止中为由，拒绝恢复对王雷兵死亡是否属于工伤的认定程序。由此可见，虽然被告作出《中止通知》是工伤认定中的一种程序性行为，但该行为将导致原告的合法权益长期，乃至永久得不到依法救济，直接影响了原告的合法权益，对其权利义务产生实质影响，并且原告也无法通过对相关实体性行政行为提起诉讼以获得救济。因此，被告作出《中止通知》，属于可诉行政行为，人民法院应当依法受理。

二、关于《中止通知》应否予以撤销问题

法院认为，《工伤保险条例》第二十条第三款规定，“作出工伤认定决定需要以司法机关或者有关行政主管部门的结论为依据的，在司法机关或者有关行政主管部门尚未作出结论期间，作出工伤认定决定的时限中止”。如前所述，第三人在向被告就王雷兵死亡申请工伤认定时已经提交了《道路交通事故证明》。也就是说，第三人申请工伤认定时，并不存在《工伤保险条例》第二十条第三款所规定的依法可以作出中止决定的情形。因此，被告依据《工伤保险条例》第二十条规定，作出《中止通知》属于适用法律、法规错误，应当予以撤销。另外，需要指出的是，在人民法院撤销被告作出的《中止通知》判决生效后，被告对涉案职工认定工伤的程序即应予以恢复。

83. 劳动者在公司拖欠劳动报酬时无权留置公司车辆①

——长三角商品交易所公司诉卢海云返还原物纠纷案

裁判摘要

留置权是平等主体之间实现债权的担保方式；除企业之间留置的以外，债权人留置的动产，应当与债权属于同一法律关系。

劳动关系主体双方在履行劳动合同过程中处于管理与被管理的不平等关系。劳动者以用人单位拖欠劳动报酬为由，主张对用人单位供其使用的工具、物品等动产行使留置权，因此类动产不是劳动合同关系的标的物，与劳动债权不属于同一法律关系，故人民法院不予支持该主张。

案情简介

原告：长三角商品交易所有限公司，住所地：无锡市滨湖区高浪东路。

法定代表人：翟小平，该公司董事长。

被告：卢海云，男，汉族，50岁，住江苏省无锡市崇安区。

原告长三角商品交易所有限公司（以下简称长三角公司）因与被告卢海云发生返还原物纠纷，向江苏省无锡市崇安区人民法院提起诉讼。

原告长三角公司诉称：被告卢海云原系长三角公司副总经理，为方便卢海云工作，长三角公司将捷达苏B××××× 轿车配给卢海云使用。后长三角公司管理层进行调整，卢海云拒绝调整安排并且旷工多日，其于2014年2月21

① 中华人民共和国最高法院公报2017年第01期（总第243期）。

日作出处罚通告1份，载明卢海云连续旷工13日，从即日起给予辞退处理等内容，并于当日将该通告送达给卢海云，故长三角公司与卢海云之间的劳动关系已经解除。因此，卢海云无权继续占用该车辆，也无权以劳资纠纷为由对苏B××××× 轿车行使留置权，理由：1. 卢海云与长三角公司之间的劳资纠纷应适用劳动法，不能适用物权法上的留置权来对抗长三角公司。2. 长三角公司将车辆配置给卢海云使用并非基于劳动关系，而是提供给高管的一种福利，与工资、社保金纠纷并非同一法律关系，长三角公司有权按照民法上的所有权要求卢海云返还车辆。3. 仲裁裁决书尚未生效，债权债务没有确定，卢海云无权留置长三角公司的财产。4. 卢海云拒不返还苏B××××× 轿车，造成长三角公司必须额外支付公司员工外出打车、租车的费用。经向各车辆租赁公司咨询，捷达轿车的租赁价格约每日100元。故请求法院判令卢海云向长三角公司返还苏B××××× 轿车；卢海云向长三角公司支付苏B××××× 轿车的使用费（自2014年2月21日起至返还车辆之日止，按每天100元计算）。

被告卢海云辩称：原告长三角公司确实将捷达苏B××××× 轿车配给卢海云使用，也收到长三角公司于2014年2月21日向卢海云送达的处罚通告，卢海云同意解除与长三角公司之间的劳动关系，但不同意返还苏B××××× 轿车：1. 因长三角公司结欠卢海云工资、社保金及经济赔偿金，故对长三角公司享有债权。同时，卢海云已就劳资纠纷向无锡市滨湖区劳动人事争议仲裁委员会申请劳动仲裁。2. 苏B××××× 轿车是卢海云担任公司副总经理期间由长三角公司配置给其使用，因此卢海云是基于劳动关系合法占有苏B××××× 轿车。3. 卢海云占有的车辆与债权同属劳动关系，故可以对苏B××××× 汽车行使留置权，直至长三角公司付清相关费用。4. 长三角公司主张的车辆使用费没有事实和法律依据，因此不同意支付车辆使用费。

审理与判决

无锡市崇安区人民法院一审查明：捷达苏B××××× 轿车登记在原告长三角公司名下，被告卢海云原系长三角公司副总经理，长三角公司2013年9月6日购买该车后即交付卢海云使用。2014年2月21日，长三角公司向卢海云送达

《关于卢海云同志旷工和挪 / 占用公司财产处罚通告》，载明卢海云“连续旷工 13 日，我公司多次通知拒不去集团物流园报到也不来交易所并挪用和拒还公司小车（捷达苏 B×××××），其行为违反了我司《员工手册》第三章第十五条关于旷工的规定和第十三章第七十二条第十款挪用公司财务的规定，属于严重的违纪行为，从即日起给予辞退处理”等内容。卢海云对解除劳动关系并无异议，但认为长三角公司解除劳动关系违法，应向其支付拖欠的工资、社保金及经济补偿金，故拒绝向长三角公司返还苏 B××××× 轿车。

另查明：卢海云于 2014 年 6 月 9 日向无锡市滨湖区劳动人事争议仲裁委员会申请劳动仲裁，2014 年 7 月 25 日该委作出锡滨劳人仲案字（2014）第 339 号仲裁裁决书，载明长三角公司应支付卢海云 2013 年 1 月至 2014 年 1 月的工资差额 12.6 万元及违法解除劳动合同的经济赔偿金 8 万元等内容。

无锡市崇安区人民法院一审认为：长三角公司因卢海云担任长三角公司副总经理，将苏 B××××× 汽车配置给卢海云使用，故卢海云因长三角公司的安排合法占有、使用该车辆。卢海云系基于其与长三角公司的劳动关系合法占有该车辆，又主张基于该劳动关系长三角结欠其工资及经济赔偿金，故卢海云依法有权对该车行使留置权。因此，卢海云在长三角公司与其解除劳动关系后，基于长三角公司尚欠其工资及经济补偿金事宜，有权对苏 B××××× 汽车行使留置权，故对长三角公司要求卢海云返还车辆、支付车辆使用费的主张不予支持。

综上，无锡市崇安区人民法院依照《中华人民共和国民法通则》第五条之规定，于 2014 年 8 月 6 日作出判决：驳回长三角公司的诉讼请求。

长三角公司不服一审判决，向无锡市中级人民法院提起上诉。

上诉人长三角公司称：1. 因劳动关系产生的债权不能适用留置权。留置权属于担保物权，具有自主救济性，根据担保法第 84 条规定，留置权只适用保管合同、运输合同、加工承揽合同发生的债权债务纠纷。本案系劳资纠纷，且已经提请仲裁，寻求了公力救济，因此不能再适用留置权。2. 卢海云对苏 B××××× 汽车属于非法占有。卢海云只是获得在职期间使用该车的权利，并没有取得该车的完整使用权，该车的使用权是有时间限制和条件限制的，而卢海云作为公司高管只是获得不需批准使用的权利，这种临时的、短期的使用权不属于合法占有，因此也无留置权适用余地。请求二审法院依法改判。诉讼中，长三角公司放弃要求卢海云支付苏B××××× 轿车使用费的主张，仅要求卢海云返还苏B××××× 轿车。

被上诉人卢海云辩称：1. 物权法对原担保法中的留置权适用范围进行了扩大，不局限于保管、运输、加工承揽合同发生的债权，卢海云基于劳动关系产生的债权可以适用留置权。2. 卢海云系担任长三角公司总经理而合法占有苏B××××× 轿车，符合留置权成立的“合法占有”要件，虽然长三角公司对劳动仲裁不服又提起了诉讼，但是卢海云的债权仍未得到清偿，应有权行使留置权。请求二审维持原判。

无锡市中级人民法院经二审，确认了一审查明事实。

另查明：

1. 上诉人长三角公司不服锡滨劳人仲案字（2014）第 339 号仲裁裁决书，已向无锡市滨湖区人民法院提起诉讼，该案尚处于诉讼程序中。

2. 二审中，上诉人长三角公司提供《全日制劳动合同书》1 份，用以证明卢海云作为公司高管，被安排在管理岗位。长三角公司并进一步对管理岗位的工作内容作出解释，即行政管理、财务以及人事工作。卢海云对《全日制劳动合同书》的真实性、合法性没有异议，也认可卢海云名义上是主持交易所全面工作，实际是分管行政管理、财务以及人事工作。据此，本院对卢海云的管理岗位及主要分管“行政管理、财务以及人事”的工作内容予以认可。

本案二审争议焦点为：被上诉人卢海云是否可以就其劳动债权对上诉人长三角公司的苏B××××× 汽车行使留置权。

无锡市中级人民法院二审认为：留置权是平等主体之间实现债权的担保方式；除企业之间留置的以外，债权人留置的动产，应当与债权属于同一法律关系。劳动关系主体双方在履行劳动合同过程中处于管理与被管理的不平等关系。劳动者以用人单位拖欠劳动报酬为由，主张对用人单位供其使用的工具、物品等动产行使留置权，因此类动产不是劳动合同关系的标的物，与劳动债权不属于同一法律关系，故该主张与法律规定相悖。长三角公司的上诉理由成立，应予采纳。理由如下：

1. 基于劳动关系产生的债权不能行使留置权。《物权法》第 230 条规定“债务人不履行到期债务，债权人可以留置已经合法占有的债务人的动产，并有权就该动产优先受偿”；第 231 条规定“债权人留置的动产，应当与债权属于同一法律关系，但企业之间留置的除外”。根据法律规定及法律体系的架构，留置权的行使要件之一应为存在平等主体间的债权债务关系。留置权是担保物权之一，规定在我国的《民法通则》、《担保法》、《物权法》等民法体系中，其调整对象应是平等主体间的民事担保关系，排除因管理行为产生的债权债务对担保法的运用。留置权在性质上是平等主体间实现债权的一种方式，其平等性表现在债权人可通过留置债务人的动产对抗债务人，督促其履行债务，并可通过对留置物进行变价优先受偿来保护债权。而劳动关系一方为用人单位，另一方为劳动者，与一般的民事关系相比，双方在履行劳动合同过程中处于管理和被管理的不平等关系，劳动者不能基于劳动管理关系而对所占有的用人单位的财产适用留置，否则将导致劳动管理秩序的紊乱。我国的劳动法及劳动合同法已经对劳动者的合法权利设置了倾斜性保护条款，劳动者完全可以通过法定的正当途径保护自己的劳动债权，如再使用私力救济方式保护劳动债权，不仅影响劳动生产和管理秩序，还将造成债权债务保护的不公平性。另外，由于留置权具有优先受偿性，不仅优于一般债权人，还优先于享有抵押权、质押权人的其他债权人，而劳资纠纷产生于用人单位与劳动者之间，本质上系经济组织的内部纠纷，从用人单位与劳动者共担经营风险的角度而言，也不应通过行使留置权而优先于外部债权人受偿。

2. 被上诉人卢海云所扣留的苏 B××××× 轿车，不是双方劳动合同关系的标的物，不符合“同一法律关系”的构成要件。除企业间留置外，留置的动产应与债权属于同一法律关系。这实际上对留置的动产范围作了严格限定。所谓同一法律关系，是指债权人占有动产是基于与其债权发生的同一法律关系发生，动产与债权发生具有紧密联系性。劳动合同的基本法律关系为劳动者承担向用人单位提供劳动和接受用人单位管理的义务，并有权要求用人单位依约支付劳动报酬。本案中，卢海云被长三角公司安排在管理岗位，分管行政事务、财务以及人事工作，因此卢海云所扣留的苏 B××××× 轿车，仅仅是长三角公司为公司高管出行提供的便利，并非是双方建立的劳动关系的标的物，长三角公司可以随时收回车辆也并不影响原有劳动关系的履行，长三角公司是基于所有权而不是基于劳动关系要求卢海云返还车辆，因此卢海云占有苏B××××× 轿车与其主张的工资、社保金等劳动债权并非基于同一法律关系。

3. 双方劳动关系已经解除，被上诉人卢海云丧失合法占有苏B××××× 轿车的基础。作为上诉人长三角公司高管所享受的便利，卢海云合法占有苏B××××× 轿车是有时间限制和条件限制的，在双方劳动关系解除后，卢海云合法占有苏B××××× 轿车的条件已不存在，理应向长三角公司返还苏B××××× 轿车。

综上，一审判决事实认定清楚，但适用法律错误，应予纠正。上诉人长三角公司放弃卢海云支付苏B××××× 轿车使用费的主张，是对自身合法权利的处分。据此，无锡市中级人民法院根据《中华人民共和国物权法》第二百三十条、二百三十一条和《中华人民共和国民事诉讼法》第一百七十条第（一）款第（二）项之规定于2014年11月17日判决如下：

一、撤销无锡市崇安区人民法院于2014年8月6日作出的（2014）崇民初字第0562号民事判决；

二、卢海云自本判决生效之日起十日内向长三角公司返还苏BV367R轿车。

一审案件诉讼费875元、二审案件受理费875元，均由卢海云负担。

本判决为终审判决。

附录

附录一　法律条文索引

序号	文件名称	援引条款	条款内容	案例
1	《劳动法》	第二条	在中华人民共和国境内的企业、个体经济组织（以下统称用人单位）和与之形成劳动关系的劳动者，适用本法。 国家机关、事业组织、社会团体和与之建立劳动合同关系的劳动者，依照本法执行。	案例 26 案例 42 案例 46 案例 53 案例 74
2		第三条	劳动者享有平等就业和选择职业的权利、取得劳动报酬的权利、休息休假的权利、获得劳动安全卫生保护的权利、接受职业技能培训的权利、享受社会保险和福利的权利、提请劳动争议处理的权利以及法律规定的其他劳动权利。 劳动者应当完成劳动任务，提高职业技能，执行劳动安全卫生规程，遵守劳动纪律和职业道德。	案例 18 案例 25 案例 34 案例 46
3		第十七条	订立和变更劳动合同，应当遵循平等自愿、协商一致的原则，不得违反法律、行政法规的规定。 劳动合同依法订立即具有法律约束力，当事人必须履行劳动合同规定的义务。	案例 63
4		第二十四条	经劳动合同当事人协商一致，劳动合同可以解除。	案例 64
5		第二十八条	用人单位依据本法第二十四条、第二十六条、第二十七条的规定解除劳动合同的，应当依照国家有关规定给予经济补偿。	案例 64

续表

序号	文件名称	援引条款	条款内容	案例
6	《劳动法》	第四十四条	有下列情形之一的，用人单位应当按照下列标准支付高于劳动者正常工作时间工资的工资报酬： （一）安排劳动者延长工作时间的，支付不低于工资的百分之一百五十的工资报酬 （二）休息日安排劳动者工作又不能安排补休的，支付不低于工资的百分之二百的工资报酬； （三）法定休假日安排劳动者工作的，支付不低于工资的百分之三百的工资报酬。	案例 25 案例 33 案例 75
7		第四十五条	国家实行带薪年休假制度。劳动者连续工作一年以上的，享受带薪年休假。具体办法由国务院规定。	案例 24 案例 27 案例 28 案例 53 案例 64
8		第五十条	工资应当以货币形式按月支付给劳动者本人。不得克扣或者无故拖欠劳动者的工资。	案例 8 案例 15 案例 23 案例 26 案例 46 案例 47 案例 50 案例 53 案例 75
9		第五十八条	国家对女职工和未成年工实行特殊劳动保护。 未成年工是指年满 16 周岁未满 18 周岁的劳动者。	案例 46
10		第五十九条	禁止安排女职工从事矿山井下、国家规定的第四级体力劳动强度的劳动和其他禁忌从事的劳动。	案例 46

续表

序号	文件名称	援引条款	条款内容	案例
11	《劳动法》	第六十一条	不得安排女职工在怀孕期间从事国家规定的第三级体力劳动强度的劳动和孕期禁忌从事的劳动。对怀孕七个月以上的女职工，不得安排其延长工作时间和夜班劳动。	案例 46
12		第六十八条	用人单位应当建立职业培训制度，按照国家规定提取和使用职业培训经费，根据本单位实际，有计划地对劳动者进行职业培训。 从事技术工种的劳动者，上岗前必须经过培训。	案例 77
13		第七十三条	劳动者在下列情形下，依法享受社会保险待遇： （一）退休； （二）患病、负伤； （三）因工伤残或者患职业病； （四）失业； （五）生育。 劳动者死亡后，其遗属依法享受遗属津贴。 劳动者享受社会保险待遇的条件和标准由法律、法规规定。 劳动者享受的社会保险金必须按时足额支付。	案例 45
14		第七十七条	用人单位与劳动者发生劳动争议，当事人可以依法申请调解、仲裁、提起诉讼，也可以协商解决。 调解原则适用于仲裁和诉讼程序。	案例 2
15	《劳动合同法》	第三条	订立劳动合同，应当遵循合法、公平、平等自愿、协商一致、诚实信用的原则。 依法订立的劳动合同具有约束力，用人单位与劳动者应当履行劳动合同约定的义务。	案例 14 案例 75

续表

序号	文件名称	援引条款	条款内容	案例
16	《劳动合同法》	第四条	用人单位应当依法建立和完善劳动规章制度，保障劳动者享有劳动权利、履行劳动义务。 用人单位在制定、修改或者决定有关劳动报酬、工作时间、休息休假、劳动安全卫生、保险福利、职工培训、劳动纪律以及劳动定额管理等直接涉及劳动者切身利益的规章制度或者重大事项时，应当经职工代表大会或者全体职工讨论，提出方案和意见，与工会或者职工代表平等协商确定。 在规章制度和重大事项决定实施过程中，工会或者职工认为不适当的，有权向用人单位提出，通过协商予以修改完善。 用人单位应当将直接涉及劳动者切身利益的规章制度和重大事项决定公示，或者告知劳动者。	案例 21 案例 31 案例 68
17		第七条	用人单位自用工之日起即与劳动者建立劳动关系。用人单位应当建立职工名册备查。	案例 39
18		第九条	用人单位招用劳动者，不得扣押劳动者的居民身份证和其他证件，不得要求劳动者提供担保或者以其他名义向劳动者收取财物。	案例 75
19		第十条	建立劳动关系，应当订立书面劳动合同。 已建立劳动关系，未同时订立书面劳动合同的，应当自用工之日起一个月内订立书面劳动合同。 用人单位与劳动者在用工前订立劳动合同的，劳动关系自用工之日起建立。	案例 1 案例 8 案例 11 案例 47 案例 52

续表

序号	文件名称	援引条款	条款内容	案例
20	《劳动合同法》	第十七条	劳动合同应当具备以下条款： （一）用人单位的名称、住所和法定代表人或者主要负责人； （二）劳动者的姓名、住址和居民身份证或者其他有效身份证件号码； （三）劳动合同期限； （四）工作内容和工作地点； （五）工作时间和休息休假； （六）劳动报酬； （七）社会保险； （八）劳动保护、劳动条件和职业危害防护； （九）法律、法规规定应当纳入劳动合同的其他事项。 劳动合同除前款规定的必备条款外，用人单位与劳动者可以约定试用期、培训、保守秘密、补充保险和福利待遇等其他事项。	案例 10
21		第二十二条	用人单位为劳动者提供专项培训费用，对其进行专业技术培训的，可以与该劳动者订立协议，约定服务期。 劳动者违反服务期约定的，应当按照约定向用人单位支付违约金。违约金的数额不得超过用人单位提供的培训费用。用人单位要求劳动者支付的违约金不得超过服务期尚未履行部分所应分摊的培训费用。 用人单位与劳动者约定服务期的，不影响按照正常的工资调整机制提高劳动者在服务期期间的劳动报酬。	案例 30 案例 76 案例 77

续表

序号	文件名称	援引条款	条款内容	案例
22	《劳动合同法》	第二十三条	用人单位与劳动者可以在劳动合同中约定保守用人单位的商业秘密和与知识产权相关的保密事项。 对负有保密义务的劳动者，用人单位可以在劳动合同或者保密协议中与劳动者约定竞业限制条款，并约定在解除或者终止劳动合同后，在竞业限制期限内按月给予劳动者经济补偿。劳动者违反竞业限制约定的，应当按照约定向用人单位支付违约金。	案例 58 案例 59 案例 60 案例 76
23		第二十四条	竞业限制的人员限于用人单位的高级管理人员、高级技术人员和其他负有保密义务的人员。竞业限制的范围、地域、期限由用人单位与劳动者约定，竞业限制的约定不得违反法律、法规的规定。 在解除或者终止劳动合同后，前款规定的人员到与本单位生产或者经营同类产品、从事同类业务的有竞争关系的其他用人单位，或者自己开业生产或者经营同类产品、从事同类业务的竞业限制期限，不得超过二年。	案例 58 案例 59 案例 60
24		第二十五条	除本法第二十二条和第二十三条规定的情形外，用人单位不得与劳动者约定由劳动者承担违约金。	案例 63 案例 76 案例 77
25		第二十六条	下列劳动合同无效或者部分无效： （一）以欺诈、胁迫的手段或者乘人之危，使对方在违背真实意思的情况下订立或者变更劳动合同的； （二）用人单位免除自己的法定责任、排除劳动者权利的； （三）违反法律、行政法规强制性规定的。 对劳动合同的无效或者部分无效有争议的，由劳动争议仲裁机构或者人民法院确认。	案例 34

续表

序号	文件名称	援引条款	条款内容	案例
26	《劳动合同法》	第二十七条	劳动合同部分无效，不影响其他部分效力的，其他部分仍然有效。	案例 34 案例 63
27		第二十九条	用人单位与劳动者应当按照劳动合同的约定，全面履行各自的义务。	案例 67
28		第三十条	用人单位应当按照劳动合同约定和国家规定，向劳动者及时足额支付劳动报酬。 用人单位拖欠或者未足额支付劳动报酬的，劳动者可以依法向当地人民法院申请支付令，人民法院应当依法发出支付令。	案例 3 案例 5 案例 7 案例 17 案例 24 案例 25 案例 26 案例 51 案例 68
29		第三十一条	用人单位应当严格执行劳动定额标准，不得强迫或者变相强迫劳动者加班。用人单位安排加班的，应当按照国家有关规定向劳动者支付加班费。	案例 25 案例 33
30		第三十五条	用人单位与劳动者协商一致，可以变更劳动合同约定的内容。变更劳动合同，应当采用书面形式。 变更后的劳动合同文本由用人单位和劳动者各执一份。	案例 17 案例 29
31		第三十七条	劳动者提前三十日以书面形式通知用人单位，可以解除劳动合同。劳动者在试用期内提前三日通知用人单位，可以解除劳动合同。	案例 43 案例 76

续表

序号	文件名称	援引条款	条款内容	案例
32	《劳动合同法》	第三十八条	用人单位有下列情形之一的，劳动者可以解除劳动合同： （一）未按照劳动合同约定提供劳动保护或者劳动条件的； （二）未及时足额支付劳动报酬的； （三）未依法为劳动者缴纳社会保险费的； （四）用人单位的规章制度违反法律、法规的规定，损害劳动者权益的； （五）因本法第二十六条第一款规定的情形致使劳动合同无效的； （六）法律、行政法规规定劳动者可以解除劳动合同的其他情形。 用人单位以暴力、威胁或者非法限制人身自由的手段强迫劳动者劳动的，或者用人单位违章指挥、强令冒险作业危及劳动者人身安全的，劳动者可以立即解除劳动合同，不需事先告知用人单位。	案例 8 案例 13 案例 33 案例 73
33		第三十九条	劳动者有下列情形之一的，用人单位可以解除劳动合同： （一）在试用期间被证明不符合录用条件的； （二）严重违反用人单位的规章制度的； （三）严重失职，营私舞弊，给用人单位造成重大损害的； （四）劳动者同时与其他用人单位建立劳动关系，对完成本单位的工作任务造成严重影响，或者经用人单位提出，拒不改正的； （五）因本法第二十六条第一款第一项规定的情形致使劳动合同无效的； （六）被依法追究刑事责任的。	案例 29 案例 30 案例 32 案例 35 案例 49 案例 68 案例 69 案例 71 案例 72 案例 73

续表

序号	文件名称	援引条款	条款内容	案例
34	《劳动合同法》	第四十条	有下列情形之一的，用人单位提前三十日以书面形式通知劳动者本人或者额外支付劳动者一个月工资后，可以解除劳动合同： （一）劳动者患病或者非因工负伤，在规定的医疗期满后不能从事原工作，也不能从事由用人单位另行安排的工作的； （二）劳动者不能胜任工作，经过培训或者调整工作岗位，仍不能胜任工作的； （三）劳动合同订立时所依据的客观情况发生重大变化，致使劳动合同无法履行，经用人单位与劳动者协商，未能就变更劳动合同内容达成协议的。	案例 19 案例 56 案例 63
35		第四十二条	劳动者有下列情形之一的，用人单位不得依照本法第四十条、第四十一条的规定解除劳动合同： （一）从事接触职业病危害作业的劳动者未进行离岗前职业健康检查，或者疑似职业病病人在诊断或者医学观察期间的； （二）在本单位患职业病或者因工负伤并被确认丧失或者部分丧失劳动能力的； （三）患病或者非因工负伤，在规定的医疗期内的； （四）女职工在孕期、产期、哺乳期的； （五）在本单位连续工作满十五年，且距法定退休年龄不足五年的； （六）法律、行政法规规定的其他情形。	案例 31

续表

序号	文件名称	援引条款	条款内容	案例
36	《劳动合同法》	第四十六条	有下列情形之一的，用人单位应当向劳动者支付经济补偿： （一）劳动者依照本法第三十八条规定解除劳动合同的； （二）用人单位依照本法第三十六条规定向劳动者提出解除劳动合同并与劳动者协商一致解除劳动合同的； （三）用人单位依照本法第四十条规定解除劳动合同的； （四）用人单位依照本法第四十一条第一款规定解除劳动合同的； （五）除用人单位维持或者提高劳动合同约定条件续订劳动合同，劳动者不同意续订的情形外，依照本法第四十四条第一项规定终止固定期限劳动合同的； （六）依照本法第四十四条第四项、第五项规定终止劳动合同的； （七）法律、行政法规规定的其他情形。	案例 3 案例 6 案例 8 案例 12 案例 13 案例 23 案例 26 案例 33 案例 34 案例 50 案例 64 案例 65 案例 66
37		第四十七条	经济补偿按劳动者在本单位工作的年限，每满一年支付一个月工资的标准向劳动者支付。六个月以上不满一年的，按一年计算；不满六个月的，向劳动者支付半个月工资的经济补偿。 劳动者月工资高于用人单位所在直辖市、设区的市级人民政府公布的本地区上年度职工月平均工资三倍的，向其支付经济补偿的标准按职工月平均工资三倍的数额支付，向其支付经济补偿的年限最高不超过十二年。 本条所称月工资是指劳动者在劳动合同解除或者终止前十二个月的平均工资。	案例 8 案例 17 案例 19 案例 21 案例 22 案例 23 案例 24 案例 26 案例 31 案例 34 案例 58 案例 63 案例 64 案例 65

续表

序号	文件名称	援引条款	条款内容	案例
38	《劳动合同法》	第四十八条	用人单位违反本法规定解除或者终止劳动合同，劳动者要求继续履行劳动合同的，用人单位应当继续履行；劳动者不要求继续履行劳动合同或者劳动合同已经不能继续履行的，用人单位应当依照本法第八十七条规定支付赔偿金。	案例17 案例21 案例22 案例23 案例31 案例39 案例50 案例56 案例63 案例71
39		第五十条	用人单位应当在解除或者终止劳动合同时出具解除或者终止劳动合同的证明，并在十五日内为劳动者办理档案和社会保险关系转移手续。 劳动者应当按照双方约定，办理工作交接。用人单位依照本法有关规定应当向劳动者支付经济补偿的，在办结工作交接时支付。 用人单位对已经解除或者终止的劳动合同的文本，至少保存二年备查。	案例17 案例23 案例25 案例62
40		第五十八条	劳务派遣单位是本法所称用人单位，应当履行用人单位对劳动者的义务。劳务派遣单位与被派遣劳动者订立的劳动合同，除应当载明本法第十七条规定的事项外，还应当载明被派遣劳动者的用工单位以及派遣期限、工作岗位等情况。 劳务派遣单位应当与被派遣劳动者订立二年以上的固定期限劳动合同，按月支付劳动报酬；被派遣劳动者在无工作期间，劳务派遣单位应当按照所在地人民政府规定的最低工资标准，向其按月支付报酬。	案例80

续表

序号	文件名称	援引条款	条款内容	案例
41	《劳动合同法》	第六十二条	用工单位应当履行下列义务： （一）执行国家劳动标准，提供相应的劳动条件和劳动保护； （二）告知被派遣劳动者的工作要求和劳动报酬； （三）支付加班费、绩效奖金，提供与工作岗位相关的福利待遇； （四）对在岗被派遣劳动者进行工作岗位所必需的培训； （五）连续用工的，实行正常的工资调整机制。 用工单位不得将被派遣劳动者再派遣到其他用人单位。	案例 78
42		第八十条	用人单位直接涉及劳动者切身利益的规章制度违反法律、法规规定的，由劳动行政部门责令改正，给予警告；给劳动者造成损害的，应当承担赔偿责任。	案例 21
43		第八十二条	用人单位自用工之日起超过一个月不满一年未与劳动者订立书面劳动合同的，应当向劳动者每月支付二倍的工资。 用人单位违反本法规定不与劳动者订立无固定期限劳动合同的，自应当订立无固定期限劳动合同之日起向劳动者每月支付二倍的工资。	案例 1 案例 3 案例 7 案例 8 案例 10 案例 11 案例 13 案例 47 案例 52
44		第八十七条	用人单位违反本法规定解除或者终止劳动合同的，应当依照本法第四十七条规定的经济补偿标准的二倍向劳动者支付赔偿金。	案例 17 案例 19 案例 24 案例 47 案例 63 案例 65

续表

序号	文件名称	援引条款	条款内容	案例
45	《劳动合同法》	第八十九条	用人单位违反本法规定未向劳动者出具解除或者终止劳动合同的书面证明，由劳动行政部门责令改正；给劳动者造成损害的，应当承担赔偿责任。	案例 62
46		第九十二条	违反本法规定，未经许可，擅自经营劳务派遣业务的，由劳动行政部门责令停止违法行为，没收违法所得，并处违法所得一倍以上五倍以下的罚款；没有违法所得的，可以处五万元以下的罚款。 劳务派遣单位、用工单位违反本法有关劳务派遣规定的，由劳动行政部门责令限期改正；逾期不改正的，以每人五千元以上一万元以下的标准处以罚款，对劳务派遣单位，吊销其劳务派遣业务经营许可证。用工单位给被派遣劳动者造成损害的，劳务派遣单位与用工单位承担连带赔偿责任。	案例 47 案例 78
47		第九十六条	事业单位与实行聘用制的工作人员订立、履行、变更、解除或者终止劳动合同，法律、行政法规或者国务院另有规定的，依照其规定；未作规定的，依照本法有关规定执行。	案例 66
48		第九十八条	本法自 2008 年 1 月 1 日起施行。	案例 58
49	《社会保险法》	第四条	中华人民共和国境内的用人单位和个人依法缴纳社会保险费，有权查询缴费记录、个人权益记录，要求社会保险经办机构提供社会保险咨询等相关服务。 个人依法享受社会保险待遇，有权监督本单位为其缴费情况。	案例 48

续表

序号	文件名称	援引条款	条款内容	案例
50	《社会保险法》	第三十八条	因工伤发生的下列费用，按照国家规定从工伤保险基金中支付： （一）治疗工伤的医疗费用和康复费用； （二）住院伙食补助费； （三）到统筹地区以外就医的交通食宿费； （四）安装配置伤残辅助器具所需费用； （五）生活不能自理的，经劳动能力鉴定委员会确认的生活护理费； （六）一次性伤残补助金和一至四级伤残职工按月领取的伤残津贴； （七）终止或者解除劳动合同时，应当享受的一次性医疗补助金； （八）因工死亡的，其遗属领取的丧葬补助金、供养亲属抚恤金和因工死亡补助金； （九）劳动能力鉴定费。	案例 38
51		第三十九条	因工伤发生的下列费用，按照国家规定由用人单位支付： （一）治疗工伤期间的工资福利； （二）五级、六级伤残职工按月领取的伤残津贴； （三）终止或者解除劳动合同时，应当享受的一次性伤残就业补助金。	案例 38
52		第四十二条	由于第三人的原因造成工伤，第三人不支付工伤医疗费用或者无法确定第三人的，由工伤保险基金先行支付。工伤保险基金先行支付后，有权向第三人追偿。	案例 43
53		第四十五条	失业人员符合下列条件的，从失业保险基金中领取失业保险金： （一）失业前用人单位和本人已经缴纳失业保险费满一年的； （二）非因本人意愿中断就业的； （三）已经进行失业登记，并有求职要求的。	案例 44

续表

序号	文件名称	援引条款	条款内容	案例
54	《社会保险法》	第四十六条	失业人员失业前用人单位和本人累计缴费满一年不足五年的，领取失业保险金的期限最长为十二个月；累计缴费满五年不足十年的，领取失业保险金的期限最长为十八个月；累计缴费十年以上的，领取失业保险金的期限最长为二十四个月。重新就业后，再次失业的，缴费时间重新计算，领取失业保险金的期限与前次失业应当领取而尚未领取的失业保险金的期限合并计算，最长不超过二十四个月。	案例 44
55		第四十七条	失业保险金的标准，由省、自治区、直辖市人民政府确定，不得低于城市居民最低生活保障标准。	案例 44
56		第五十条	用人单位应当及时为失业人员出具终止或者解除劳动关系的证明，并将失业人员的名单自终止或者解除劳动关系之日起十五日内告知社会保险经办机构。 失业人员应当持本单位为其出具的终止或者解除劳动关系的证明，及时到指定的公共就业服务机构办理失业登记。 失业人员凭失业登记证明和个人身份证明，到社会保险经办机构办理领取失业保险金的手续。失业保险金领取期限自办理失业登记之日起计算。	案例 44
57		第五十三条	职工应当参加生育保险，由用人单位按照国家规定缴纳生育保险费，职工不缴纳生育保险费。	案例 48

续表

序号	文件名称	援引条款	条款内容	案例
58	《社会保险法》	第五十四条	用人单位已经缴纳生育保险费的，其职工享受生育保险待遇；职工未就业配偶按照国家规定享受生育医疗费用待遇。所需资金从生育保险基金中支付。 生育保险待遇包括生育医疗费用和生育津贴。	案例 48
59		第五十六条	职工有下列情形之一的，可以按照国家规定享受生育津贴： （一）女职工生育享受产假； （二）享受计划生育手术休假； （三）法律、法规规定的其他情形。 生育津贴按照职工所在用人单位上年度职工月平均工资计发。	案例 48
60		第六十三条	用人单位未按时足额缴纳社会保险费的，由社会保险费征收机构责令其限期缴纳或者补足。 用人单位逾期仍未缴纳或者补足社会保险费的，社会保险费征收机构可以向银行和其他金融机构查询其存款账户；并可以申请县级以上有关行政部门作出划拨社会保险费的决定，书面通知其开户银行或者其他金融机构划拨社会保险费。用人单位账户余额少于应当缴纳的社会保险费的，社会保险费征收机构可以要求该用人单位提供担保，签订延期缴费协议。 用人单位未足额缴纳社会保险费且未提供担保的，社会保险费征收机构可以申请人民法院扣押、查封、拍卖其价值相当于应当缴纳社会保险费的财产，以拍卖所得抵缴社会保险费。	案例 37

续表

序号	文件名称	援引条款	条款内容	案例
61	《合同法》	第八条	依法成立的合同，对当事人具有法律约束力。当事人应当按照约定履行自己的义务，不得擅自变更或者解除合同。 依法成立的合同，受法律保护。	案例 40
62		第五十四条第一款	下列合同，当事人一方有权请求人民法院或者仲裁机构变更或者撤销： （一）因重大误解订立的； （二）在订立合同时显失公平的。	案例 41
63		第六十条	当事人应当按照约定全面履行自己的义务。 当事人应当遵循诚实信用原则，根据合同的性质、目的和交易习惯履行通知、协助、保密等义务。	案例 40 案例 54
64		第七十七条第一款	当事人协商一致，可以变更合同。	案例 40
65		第九十一条	有下列情形之一的，合同的权利义务终止： （一）债务已经按照约定履行； （二）合同解除； （三）债务相互抵销； （四）债务人依法将标的物提存； （五）债权人免除债务； （六）债权债务同归于一人； （七）法律规定或者当事人约定终止的其他情形。	案例 54
66		第九十七条	合同解除后，尚未履行的，终止履行；已经履行的，根据履行情况和合同性质，当事人可以要求恢复原状、采取其他补救措施、并有权要求赔偿损失。	案例 54
67	《民法通则》	第四条	民事活动应当遵循自愿、公平、等价有偿、诚实信用的原则。	案例 76

续表

序号	文件名称	援引条款	条款内容	案例
68	《妇女权益保障法》	第二十七条	任何单位不得因结婚、怀孕、产假、哺乳等情形，降低女职工的工资，辞退女职工，单方解除劳动（聘用）合同或者服务协议。但是，女职工要求终止劳动（聘用）合同或者服务协议的除外。 各单位在执行国家退休制度时，不得以性别为由歧视妇女。	案例 46
69	《中华人民共和国职业病防治法》	第三十五条	对从事接触职业病危害的作业的劳动者，用人单位应当按照国务院安全生产监督管理部门、卫生行政部门的规定组织上岗前、在岗期间和离岗时的职业健康检查，并将检查结果书面告知劳动者。职业健康检查费用由用人单位承担。 用人单位不得安排未经上岗前职业健康检查的劳动者从事接触职业病危害的作业；不得安排有职业禁忌的劳动者从事其所禁忌的作业；对在职业健康检查中发现有与所从事的职业相关的健康损害的劳动者，应当调离原工作岗位，并妥善安置；对未进行离岗前职业健康检查的劳动者不得解除或者终止与其订立的劳动合同。 职业健康检查应当由省级以上人民政府卫生行政部门批准的医疗卫生机构承担。卫生行政部门应当加强对职业健康检查工作的规范管理，具体管理办法由国务院卫生行政部门制定。	案例 70
70	《劳动争议调解仲裁法》	第六条	发生劳动争议，当事人对自己提出的主张，有责任提供证据。与争议事项有关的证据属于用人单位掌握管理的，用人单位应当提供；用人单位不提供的，应当承担不利后果。	案例 33 案例 48 案例 58 案例 59 案例 62 案例 75

续表

序号	文件名称	援引条款	条款内容	案例
71	《民事诉讼法》	第六十四条	当事人对自己提出的主张，有责任提供证据。 当事人及其诉讼代理人因客观原因不能自行收集的证据，或者人民法院认为审理案件需要的证据，人民法院应当调查收集。 人民法院应当按照法定程序，全面地、客观地审查核实证据。	案例 1 案例 4 案例 22 案例 25 案例 26 案例 32 案例 33 案例 40 案例 43 案例 46 案例 50 案例 53 案例 55 案例 67
72		第一百一十九条	起诉必须符合下列条件： （一）原告是与本案有直接利害关系的公民、法人和其他组织； （二）有明确的被告； （三）有具体的诉讼请求和事实、理由； （四）属于人民法院受理民事诉讼的范围和受诉人民法院管辖。	案例 57 案例 79
73		第一百四十二条	法庭辩论终结，应当依法作出判决。判决前能够调解的，还可以进行调解，调解不成的，应当及时判决。	案例 42
74		第一百四十四条	被告经传票传唤，无正当理由拒不到庭的，或者未经法庭许可中途退庭的，可以缺席判决。	案例 37 案例 78
75		第一百六十八条	第二审人民法院应当对上诉请求的有关事实和适用法律进行审查。	案例 58

续表

序号	文件名称	援引条款	条款内容	案例
76	《民事诉讼法》	第一百七十条第一款	第二审人民法院对上诉案件，经过审理，按照下列情形，分别处理： （一）原判决、裁定认定事实清楚，适用法律正确的，以判决、裁定方式驳回上诉，维持原判决、裁定； （二）原判决、裁定认定事实错误或者适用法律错误的，以判决、裁定方式依法改判、撤销或者变更； （三）原判决认定基本事实不清的，裁定撤销原判决，发回原审人民法院重审，或者查清事实后改判； （四）原判决遗漏当事人或者违法缺席判决等严重违反法定程序的，裁定撤销原判决，发回原审人民法院重审。	案例 1 案例 2 案例 7 案例 8 案例 9 案例 16 案例 20 案例 28 案例 30 案例 39 案例 41 案例 46 案例 56 案例 58 案例 61 案例 62 案例 64 案例 65 案例 66 案例 76 案例 78
77		第二百五十三条	被执行人未按判决、裁定和其他法律文书指定的期间履行给付金钱义务的，应当加倍支付迟延履行期间的债务利息。被执行人未按判决、裁定和其他法律文书指定的期间履行其他义务的，应当支付迟延履行金。	案例 59
78	《劳动合同法实施条例》	第七条	用人单位自用工之日起满一年未与劳动者订立书面劳动合同的，自用工之日起满一个月的次日至满一年的前一日应当依照劳动合同法第八十二条的规定向劳动者每月支付两倍的工资，并视为自用工之日起满一年的当日已经与劳动者订立无固定期限劳动合同，应当立即与劳动者补订书面劳动合同。	案例 13

续表

序号	文件名称	援引条款	条款内容	案例
79	《劳动合同法实施条例》	第十条	劳动者非因本人原因从原用人单位被安排到新用人单位工作的，劳动者在原用人单位的工作年限合并计算为新用人单位的工作年限。原用人单位已经向劳动者支付经济补偿的，新用人单位在依法解除、终止劳动合同计算支付经济补偿的工作年限时，不再计算劳动者在原用人单位的工作年限。	案例 17
80		第二十四条	用人单位出具的解除、终止劳动合同的证明，应当写明劳动合同期限、解除或者终止劳动合同的日期、工作岗位、在本单位的工作年限。	案例 17
81		第二十七条	劳动合同法第四十七条规定的经济补偿的月工资按照劳动者应得工资计算，包括计时工资或者计件工资以及奖金、津贴和补贴等货币性收入。劳动者在劳动合同解除或者终止前 12 个月的平均工资低于当地最低工资标准的，按照当地最低工资标准计算。劳动者工作不满 12 个月的，按照实际工作的月数计算平均工资。	案例 17
82	《职工带薪年休假条例》	第二条	机关、团体、企业、事业单位、民办非企业单位、有雇工的个体工商户等单位的职工连续工作 1 年以上的，享受带薪年休假（以下简称年休假）。单位应当保证职工享受年休假。职工在年休假期间享受与正常工作期间相同的工资收入。	案例 75
83		第三条	职工累计工作已满 1 年不满 10 年的，年休假 5 天；已满 10 年不满 20 年的，年休假 10 天；已满 20 年的，年休假 15 天。 国家法定休假日、休息日不计入年休假的假期。	案例 50 案例 64 案例 75

续表

序号	文件名称	援引条款	条款内容	案例
84	《职工带薪年休假条例》	第五条	单位根据生产、工作的具体情况，并考虑职工本人意愿，统筹安排职工年休假。 年休假在1个年度内可以集中安排，也可以分段安排，一般不跨年度安排。单位因生产、工作特点确有必要跨年度安排职工年休假的，可以跨1个年度安排。 单位确因工作需要不能安排职工休年休假的，经职工本人同意，可以不安排职工休年休假。对职工应休未休的年休假天数，单位应当按照该职工日工资收入的300%支付年休假工资报酬。	案例28 案例50 案例64
85	《工伤保险条例》	第十二条	工伤保险基金存入社会保障基金财政专户，用于本条例规定的工伤保险待遇，劳动能力鉴定，工伤预防的宣传、培训等费用，以及法律、法规规定的用于工伤保险的其他费用的支付。 工伤预防费用的提取比例、使用和管理的具体办法，由国务院社会保险行政部门会同国务院财政、卫生行政、安全生产监督管理等部门规定。 任何单位或者个人不得将工伤保险基金用于投资运营、兴建或者改建办公场所、发放奖金，或者挪作其他用途。	案例55

续表

序号	文件名称	援引条款	条款内容	案例
86	《工伤保险条例》	第三十条	职工因工作遭受事故伤害或者患职业病进行治疗，享受工伤医疗待遇。 职工治疗工伤应当在签订服务协议的医疗机构就医，情况紧急时可以先到就近的医疗机构急救。 治疗工伤所需费用符合工伤保险诊疗项目目录、工伤保险药品目录、工伤保险住院服务标准的，从工伤保险基金支付。工伤保险诊疗项目目录、工伤保险药品目录、工伤保险住院服务标准，由国务院社会保险行政部门会同国务院卫生行政部门、食品药品监督管理部门等部门规定。 职工住院治疗工伤的伙食补助费，以及经医疗机构出具证明，报经办机构同意，工伤职工到统筹地区以外就医所需的交通、食宿费用从工伤保险基金支付，基金支付的具体标准由统筹地区人民政府规定。 工伤职工治疗非工伤引发的疾病，不享受工伤医疗待遇，按照基本医疗保险办法处理。 工伤职工到签订服务协议的医疗机构进行工伤康复的费用，符合规定的，从工伤保险基金支付。	案例38 案例55

续表

序号	文件名称	援引条款	条款内容	案例
87	《工伤保险条例》	第三十三条	职工因工作遭受事故伤害或者患职业病需要暂停工作接受工伤医疗的，在停工留薪期内，原工资福利待遇不变，由所在单位按月支付。 停工留薪期一般不超过 12 个月。伤情严重或者情况特殊，经设区的市级劳动能力鉴定委员会确认，可以适当延长，但延长不得超过 12 个月。工伤职工评定伤残等级后，停发原待遇，按照本章的有关规定享受伤残待遇。工伤职工在停工留薪期满后仍需治疗的，继续享受工伤医疗待遇。 生活不能自理的工伤职工在停工留薪期需要护理的，由所在单位负责。	案例 37 案例 43 案例 55
88		第三十六条	职工因工致残被鉴定为五级、六级伤残的，享受以下待遇： （一）从工伤保险基金按伤残等级支付一次性伤残补助金，标准为：五级伤残为 18 个月的本人工资，六级伤残为 16 个月的本人工资； （二）保留与用人单位的劳动关系，由用人单位安排适当工作。难以安排工作的，由用人单位按月发给伤残津贴，标准为：五级伤残为本人工资的 70%，六级伤残为本人工资的 60%，并由用人单位按照规定为其缴纳应缴纳的各项社会保险费。伤残津贴实际金额低于当地最低工资标准的，由用人单位补足差额。 经工伤职工本人提出，该职工可以与用人单位解除或者终止劳动关系，由工伤保险基金支付一次性工伤医疗补助金，由用人单位支付一次性伤残就业补助金。一次性工伤医疗补助金和一次性伤残就业补助金的具体标准由省、自治区、直辖市人民政府规定。	案例 40 案例 43

续表

序号	文件名称	援引条款	条款内容	案例
89 90	《工伤保险条例》	第三十七条	职工因工致残被鉴定为七级至十级伤残的，享受以下待遇： （一）从工伤保险基金按伤残等级支付一次性伤残补助金，标准为：七级伤残为24个月的本人工资，八级伤残为30个月的本人工资，九级伤残为9个月的本人工资，十级伤残为7个月的本人工资； （二）劳动、聘用合同期满终止，或者职工本人提出解除劳动、聘用合同的，由工伤保险基金支付一次性工伤医疗补助金，由用人单位支付一次性伤残就业补助金。一次性工伤医疗补助金和一次性伤残就业补助金的具体标准由省、自治区、直辖市人民政府规定。	案例37 案例38 案例55 案例70
91		第六十二条第二款	依照本条例规定应当参加工伤保险而未参加工伤保险的用人单位职工发生工伤的，由该用人单位按照本条例规定的工伤保险待遇项目和标准支付费用。	案例37 案例55
92		第六十四条	本条例所称工资总额，是指用人单位直接支付给本单位全部职工的劳动报酬总额。 本条例所称本人工资，是指工伤职工因工作遭受事故伤害或者患职业病前12个月平均月缴费工资。本人工资高于统筹地区职工平均工资300%的，按照统筹地区职工平均工资的300%计算；本人工资低于统筹地区职工平均工资60%的，按照统筹地区职工平均工资的60%计算。	案例37 案例55
93	《最高人民法院关于民事诉讼证据的若干规定》	第二条	当事人对自己提出的诉讼请求所依据的事实或者反驳对方诉讼请求所依据的事实有责任提供证据加以证明。 没有证据或者证据不足以证明当事人的事实主张的，由负有举证责任的当事人承担不利后果。	案例29 案例37 案例40 案例55 案例75

续表

序号	文件名称	援引条款	条款内容	案例
94	《最高人民法院关于民事诉讼证据的若干规定》	第六条	在劳动争议纠纷案件中，因用人单位作出开除、除名、辞退、解除劳动合同、减少劳动报酬、计算劳动者工作年限等决定而发生劳动争议的，由用人单位负举证责任。	案例 18 案例 23
95	《最高人民法院关于适用〈中华人民共和国民事诉讼法〉的解释》	第九十条	当事人对自己提出的诉讼请求所依据的事实或者反驳对方诉讼请求所依据的事实，应当提供证据加以证明，但法律另有规定的除外。 在作出判决前，当事人未能提供证据或者证据不足以证明其事实主张的，由负有举证证明责任的当事人承担不利的后果。	案例 31
96		第二百四十条	无独立请求权的第三人经人民法院传票传唤，无正当理由拒不到庭，或者未经法庭许可中途退庭的，不影响案件的审理。	案例 40
97	《最高人民法院关于审理劳动争议案件适用法律若干问题的解释》	第十三条	因用人单位作出的开除、除名、辞退、解除劳动合同、减少劳动报酬、计算劳动者工作年限等决定而发生的劳动争议，用人单位负举证责任。	案例 29 案例 33 案例 36
98		第二十条	用人单位对劳动者作出的开除、除名、辞退等处理，或者因其他原因解除劳动合同确有错误的，人民法院可以依法判决予以撤销。 对于追索劳动报酬、养老金、医疗费以及工伤保险待遇、经济补偿金、培训费及其他相关费用等案件，给付数额不当的，人民法院可以予以变更。	案例 71

续表

序号	文件名称	援引条款	条款内容	案例
99	《最高人民法院关于审理劳动争议案件适用法律若干问题的解释（二）》	第十一条	劳教者和用人单位均不服劳动争议仲裁委员会的同一裁决，向同一人民法院起诉的，人民法院应当并案审理，双方当事人互为原告和被告。在诉讼过程中，一方当事人撤诉的，人民法院应当根据另一方当事人的诉讼请求继续审理。	案例 33
100	《最高人民法院关于审理劳动争议案件适用法律若干问题的解释（三）》	第四条	劳动者与未办理营业执照、营业执照被吊销或者营业期限届满仍继续经营的用人单位发生争议的，应当将用人单位或者其出资人列为当事人。	案例 52
101		第五条	未办理营业执照、营业执照被吊销或者营业期限届满仍继续经营的用人单位，以挂靠等方式借用他人营业执照经营的，应当将用人单位和营业执照出借方列为当事人。	案例 51
102		第七条	用人单位与其招用的已经依法享受养老保险待遇或领取退休金的人员发生用工争议，向人民法院提起诉讼的，人民法院应当按劳务关系处理。	案例 5
103		第八条	企业停薪留职人员、未达到法定退休年龄的内退人员、下岗待岗人员以及企业经营性停产放长假人员，因与新的用人单位发生用工争议，依法向人民法院提起诉讼的，人民法院应当按劳动关系处理。	案例 5
104		第九条	劳动者主张加班费的，应当就加班事实的存在承担举证责任。但劳动者有证据证明用人单位掌握加班事实存在的证据，用人单位不提供的，由用人单位承担不利后果。	案例 33 案例 34

续表

序号	文件名称	援引条款	条款内容	案例
105	《最高人民法院关于审理劳动争议案件适用法律若干问题的解释（四）》	第六条第一款	当事人在劳动合同或者保密协议中约定了竞业限制，但未约定解除或者终止劳动合同后给予劳动者经济补偿，劳动者履行了竞业限制义务，要求用人单位按照劳动者在劳动合同解除或者终止前十二个月平均工资的30%按月支付经济补偿的，人民法院应予支持。	案例58
106		第九条	在竞业限制期限内，用人单位请求解除竞业限制协议时，人民法院应予支持。 在解除竞业限制协议时，劳动者请求用人单位额外支付劳动者三个月的竞业限制经济补偿的，人民法院应予支持。	案例61
107		第十四条	外国人、无国籍人未依法取得就业证件即与中国境内的用人单位签订劳动合同，以及香港特别行政区、澳门特别行政区和台湾地区居民未依法取得就业证件即与内地用人单位签订劳动合同，当事人请求确认与用人单位存在劳动关系的，人民法院不予支持。 持有《外国专家证》并取得《外国专家来华工作许可证》的外国人，与中国境内的用人单位建立用工关系的，可以认定为劳动关系。	案例79

续表

序号	文件名称	援引条款	条款内容	案例
108	《劳动部关于企业实行不定时工作制和综合计算工时工作制的审批办法》	第五条	企业对符合下列条件之一的职工，可实行综合计算工时工作制，即分别以周、月、季、年等为周期，综合计算工作时间，但其平均日工作时间和平均周工作时间应与法定标准工作时间基本相同。 （一）交通、铁路、邮电、水运、航空、渔业等行业中因工作性质特殊，需连续作业的职工； （二）地质及资源勘探、建筑、制盐、制糖、旅游等受季节和自然条件限制的行业的部分职工； （三）其他适合实行综合计算工时工作制的职工。	案例 35
109		第六条	对于实行不定时工作制和综合计算工时工作制等其他工作和休息办法的职工，企业应根据《中华人民共和国劳动法》第一章、第四章有关规定，在保障职工身体健康并充分听取职工意见的基础上，采用集中工作、集中休息、轮休调休、弹性工作时间等适当方式，确保职工的休息休假权利和生产、工作任务的完成。	案例 35

续表

序号	文件名称	援引条款	条款内容	案例
110	《北京市人力资源和社会保障局、北京市财政局关于北京市工伤保险基金支出项目标准及相关问题的通知》	第二条	工伤保险基金支出的具体项目包括： （一）工伤医疗费用： 1. 工伤医疗费； 2. 住院伙食补助费； 3. 跨统筹地区就医的食宿、交通费； （二）因工伤残费用： 1. 一至四级工伤职工伤残津贴； 2. 一次性伤残补助金； 3. 生活护理费； 4. 终止或者解除劳动关系时的一次性工伤医疗补助金； （三）因工死亡费用： 1. 丧葬补助金； 2. 供养亲属抚恤金； 3. 一次性工亡补助金； （四）劳动能力鉴定费； （五）工伤康复费用； （六）配置辅助器具费用； （七）工伤预防费； （八）工伤保险储备金； （九）其他法律、法规规定应由工伤保险基金支付的费用。	案例 37
111		第三条	职工住院治疗工伤的伙食补助费，标准为每人每天 30 元。	案例 37
112		第五条	工伤职工在终止或者解除劳动关系时，其领取的一次性工伤医疗补助金具体标准为解除或者终止劳动关系时 3 至 18 个月的本市上年度职工月平均工资。其中五级 18 个月，六级 15 个月，七级 12 个月，八级 9 个月，九级 6 个月，十级 3 个月。 用人单位应当支付的一次性伤残就业补助金，按上述标准执行。	案例 37

续表

序号	文件名称	援引条款	条款内容	案例
113	《福建省实施〈工伤保险条例〉办法》	第二十五条	工伤职工住院治疗工伤的伙食补助费，以及经医疗机构出具证明，报经办机构同意，工伤职工到统筹地区以外就医所需的交通、食宿费用从工伤保险基金支付，基金支付的具体标准由统筹地区人民政府规定。	案例 55
114		第二十六条	职工因工致残：有下列情形之一的，由工伤保险基金支付一次性工伤医疗补助金，用人单位支付一次性伤残就业补助金： （一）被鉴定为五级、六级伤残的，工伤职工本人书面提出自愿与用人单位解除或者终止劳动（聘用）关系的； （二）被鉴定为七级至十级伤残的，劳动（聘用）合同期满，用人单位不再续签劳动（聘用）合同而终止劳动（聘用）关系的，或者工伤职工本人书面提出自愿解除劳动（聘用）合同的； （三）用人单位依据《中华人民共和国劳动合同法》第三十六、三十九条规定解除劳动（聘用）关系的； 工伤职工领取一次性工伤医疗补助金、一次性伤残就业补助金的，应当与用人单位、所在地经办机构签定终止工伤保险关系书面协议，不再享受工伤保险待遇。	案例 55

续表

序号	文件名称	援引条款	条款内容	案例
115	《福建省实施〈工伤保险条例〉办法》	第二十七条	五级至十级工伤职工一次性工伤医疗补助金和伤残就业补助金分别计算。其标准分别按照所在统筹地区最后一次公布的人口平均预期寿命与解除或者终止劳动关系时年龄之差以及解除或者终止劳动关系时统筹地区上年度职工月平均工资为基数计算： （一）一次性工伤医疗补助金为：五级，每满一年发给 0.7 个月；六级，每满一年发给 0.6 个月；七级，每满一年发给 0.4 个月；八级，每满一年发给 0.3 个月；九级，每满一年发给 0.2 个月；十级，每满一年发给 0.1 个月。不满一年的按一年计算。 五至六级工伤职工一次性工伤医疗补助金低于 15 个月的，按 15 个月支付；七至八级工伤职工一次性工伤医疗补助金低于 10 个月的，按 10 个月支付；九级工伤职工一次性工伤医疗补助金低于 5 个月的，按 5 个月支付；十级工伤职工一次性工伤医疗补助金低于 3 个月的，按 3 个月支付。 患职业病的工伤职工，一次性工伤医疗补助金在上述标准的基础上增发 30%。 （二）一次性伤残就业补助金为：五级，每满一年发给 0.7 个月；六级，每满一年发给 0.6 个月；七级，每满一年发给 0.4 个月；八级，每满一年发给 0.3 个月；九级，每满一年发给 0.2 个月；十级，每满一年发给 0.1 个月。不满一年的按一年计算。 五至六级工伤职工一次性伤残就业补助金低于 15 个月的，按 15 个月支付；七至八级工伤职工一次性伤残就业补助金低于 10 个月的，按 10 个月支付；九级工伤职工一次性伤残就业补助金低于 5 个月的，按 5 个月支付；十级工伤职工一次性伤残就业补助金低于 3 个月的，按 3 个月支付。 患职业病的工伤职工，一次性伤残就业补助金在上述标准的基础上增发 30%。	案例 55

续表

序号	文件名称	援引条款	条款内容	案例
116	《广东省工伤保险条例》	第二条第一款	职工有依法享受工伤保险待遇的权利。本省行政区域内的企业、事业单位、社会团体、民办非企业单位、基金会、律师事务所、会计师事务所等组织和有雇工的个体工商户（以下称用人单位）应当在生产经营所在地依法参加工伤保险，为本单位全部职工或者雇工（以下称职工）缴纳工伤保险费。	案例 42
117		第二十七条第一款、第二款	工伤职工已经被鉴定为一级至四级伤残等级并经劳动能力鉴定委员会确认需要生活护理的，由工伤保险基金按照工伤职工生活自理障碍等级支付生活护理费。 生活护理费以统筹地区上年度职工月平均工资的一定比例按月计发，标准为：一级为百分之六十，二级为百分之五十，三级为百分之四十，四级为百分之三十。	案例 42
118		第三十一条	户籍不在统筹地区的一级至四级伤残职工，本人要求解除或者终止劳动关系并一次性享受工伤保险待遇的，可以与统筹地区社会保险经办机构签订协议，由社会保险经办机构按照以下规定支付工伤保险待遇费用，终结工伤保险关系： （一）一次性伤残补助金。按照本条例第二十九条第一款第一项规定的标准计发。 （二）伤残津贴。按照本条例第二十九条第一款第二项规定的标准一次性计发十年。 （三）一次性工伤医疗补助金。按照以下标准计发：一级伤残为十五个月的本人工资，二级伤残为十四个月的本人工资，三级伤残为十三个月的本人工资，四级伤残为十二个月的本人工资。 （四）生活护理费。经劳动能力鉴定委员会确认需要生活护理的，按照本条例第二十七条第二款规定的标准一次性计发十年。	案例 42

续表

序号	文件名称	援引条款	条款内容	案例
119	《广东省工伤保险条例》	第三十七条第一款第（三）项	职工因工死亡，其近亲属按照下列规定从工伤保险基金领取丧葬补助金、供养亲属抚恤金和一次性工亡补助金： …… （三）一次性工亡补助金标准为上年度全国城镇居民人均可支配收入的二十倍。	案例 41
120		第五十七条	用人单位依照本条例规定应当参加工伤保险而未参加或者未按时缴纳工伤保险费，职工发生工伤的，由该用人单位按照本条例规定的工伤保险待遇项目和标准向职工支付费用。 用人单位按照规定补缴应当缴纳的工伤保险费和滞纳金后，由工伤保险基金和用人单位按照本条例的规定支付新发生的费用。	案例 42
121	《重庆市失业保险条例》	第二十四条第一款第（五）项	失业人员领取失业保险金的期限，根据其失业前所在单位和本人累计缴纳失业保险费的时间确定。具体划分为： …… （五）累计缴费时间满五年不足七年的为十五个月； ……	案例 34

续表

序号	文件名称	援引条款	条款内容	案例
122	《山东省高级人民法院、山东省劳动争议仲裁委员会、山东省人事争议仲裁委员会印发关于适用〈中华人民共和国劳动争议调解仲裁法〉和〈中华人民共和国劳动合法〉若干意见的通知》	第三十七条	下列情形不属于用人单位应当支付加班费的范围： （1）用人单位因安全、消防、节假日等特殊需要，经劳动者同意安排劳动者从事与本职工作无关的值班任务； （2）用人单位安排劳动者从事与本职工作有关的值班任务，但值班期间可以休息的。	案例 36

附录二　相关民事案由

根据最高人民法院《民事案件案由规定》（法〔2011〕42号）规定，与劳动者、用人单位、劳动关系、劳动人事争议等有关的相关民事案由如下：

第四部分　合同、无因管理、不当得利纠纷

十、合同纠纷

……

122. 劳务合同纠纷

123. 离退休人员返聘合同纠纷

……

第六部分 劳动争议、人事争议

十七、劳动争议

169. 劳动合同纠纷

（1）确认劳动关系纠纷

（2）集体合同纠纷

（3）劳务派遣合同纠纷

（4）非全日制用工纠纷

（5）追索劳动报酬纠纷

（6）经济补偿金纠纷

（7）竞业限制纠纷

170. 社会保险纠纷

（1）养老保险待遇纠纷

（2）工伤保险待遇纠纷

（3）医疗保险待遇纠纷

（4）生育保险待遇纠纷

（5）失业保险待遇纠纷

171. 福利待遇纠纷

十八、人事争议

172. 人事争议

（1）辞职争议

（2）辞退争议

（3）聘用合同争议

第八部分　与公司、证券、保险、票据等有关的民事纠纷

二十三、与破产有关的纠纷

……

279. 破产债权确认纠纷

（1）职工破产债权确认纠纷

……

第九部分　侵权责任纠纷

三十、侵权责任纠纷

……

342. 用人单位责任纠纷

343. 劳务派遣工作人员侵权责任纠纷

344. 提供劳务者致害责任纠纷

345. 提供劳务者受害责任纠纷

……

后 记

社会法学派的代表人物、美国最高法院大法官霍姆斯有一句名言:“法律的生命不在于逻辑，而在于经验。”意在强调法律工作者要拥有与时俱进的实践思维，而不能仅仅拘泥于纸面逻辑的推演变化。这种实践思维，对当代中国律师具有重要的指导和启发意义。一名好的律师，不仅要懂得法律，更要懂得法官。

劳动法业务一直是金诚同达的品牌业务之一，是事务所业务的重要组成部分。金诚同达统合事务所优势资源，组建了由专家型合伙人和具有丰富实践经验的资深律师组成的劳动法业务小组，结合客户的用人管理模式，为广大不同类型的企业客户提供“一站式”的优质人力资源法律服务，为客户提供可增值的法律问题解决方案。

2016 年底，本着对律师工作的热爱和对业务的精益求精的态度，金诚同达律师事务所劳动法业务组针对北京市各中级法院、基层法院公布的 40 则劳动人事争议典型案例，进行了统一搜集、整理，并委派多名拥有丰富实践经验的优秀律师，对相关案例进行研究、总结，形成了 20 万字《劳动人事争议法律年鉴——金诚同达律师观察报告》(简称《劳动法年鉴》)，作为劳动法业务研究成果，供金诚同达律师内部分享学习。

2017 年 2 月，北京市劳动和社会保障法学会、北京市劳动人事争议仲裁委员会的领导和专家，大型国有企业、跨国企业、上市公司及其他企业客户代表，以及新闻媒体出版行业朋友们应邀莅临金诚同达，参加《劳动法年鉴》的新书发布仪式。本次盛会，与会各位领导和专家对北京市劳动人事争议审判实践的特点、现状和发展趋势发表真知灼见，并与参会的企业客户代表们进行了充分热烈的互动交流。会后，在各界同仁、朋友的热情支持和鼓励下，金诚同达律师更加坚定了将《劳动法年鉴》继续补充完善，并出版成为一本有益读物的信心。

2017 年 12 月，适逢金诚同达建所 25 周年，《劳动法年鉴》一书成为劳动法业务组献给事务所成立 25 周年的最佳贺礼。这份原本定位为内部学习资料的书稿，成为了本书的雏形。

在《劳动法年鉴》的体例基础上，金诚同达律师将研究的目光扩展到全国范围。除北京外，编委会还充分调研了上海、广东、浙江、江苏、福建、山东、天津、重庆等地法院的最新司法裁判观点，对大量备选案例进行了整合梳理，优中选优、精益求精，进一步扩充了各地法院发布的 40 个典型案例。其中，既有令人掩卷沉思、值得反复品味的疑难案件，又不乏不同地区法院对相同问题存在不同判决的争议案件，令我们在享受思想争鸣的同时，不禁赞叹司法实践的智慧和魅力。

经过一年时间的打磨，本书终于完稿，即将与读者见面了。临近付梓之际，我们捧着手中沉甸甸的书稿，不自觉地竟有了一丝迟疑，唯恐自己有所疏漏，辜负了一直以来关心我们的众多同仁、朋友的殷殷期望，又恐水平有限，浅见薄识贻笑于大方之家。

好在打磨书稿之际，我和我的工作伙伴们均秉持精诚之心，绝无懈怠。想来读者阅后，能从字里行间感受到我们的诚意和心意。

时间仓促，加之能力所限，书中谬误纰漏在所难免，如有不妥之处，我们非常感谢您能及时指正，以便于在未来的工作和研究中及时纠正。

梁枫

二〇一七年十二月二十日

金诚同达律师事务所劳动法业务简介

金诚同达律师事务所创立于1992年年底。今天，金诚同达已发展成为中国境内规模最大、最富活力的律师事务所之一，曾获得“部级文明律师事务所”“全国优秀律师事务所”“亚洲地区蓬勃发展中的30家律所”“中国最佳律所”“中国最佳雇主”“中国领先律师事务所”等荣誉称号。

金诚同达在诸多业务领域均系行业领先者。其中，劳动法业务是金诚同达深具社会影响力的专业品牌服务之一。金诚同达劳动法律师团队专注致力于公司人力资源法律问题解决，为公司提供专业高效的法律顾问服务和个性化解决方案。金诚同达劳动法业务领域曾获得钱伯斯（Chambers and Partners）“中国领先律师事务所”、亚洲法律概况（Asialaw Profiles）“行业推荐律所”、中国法律与实务（China Law & Practice）“年度中国法律大奖”、法律500强（The Legal 500）“中国地区推荐律所”等多项殊荣。

金诚同达劳动法业务范围和内容主要包括：

1. 担任公司常年劳动法律顾问，为公司人力资源战略提供专业法律建议，协助公司建立、健全以劳动用工为核心的人力资源管理运营策略与法律解决方案。

2. 在企业改制、上市、并购重组、破产过程中协助公司制定裁员分流与安置计划，处理股权激励方案中涉及劳动法相关问题等专项法律事务，并拟定由此引发的争议应对与处理措施。

3. 在劳动人事争议仲裁、诉讼案件以及因用工管理引发的其他相关诉讼案件中，代理参加仲裁、诉讼案件审理。

4. 就人力资源管理中涉及的法律实务问题及最新颁布法律政策的理解与适

用，举行专业法律培训。

……

联系方式：

地址：北京市朝阳区建国门外大街 1 号国贸大厦 A 座 10 层

电话：010-5706 8585 5706 8125

传真：010-8515 0267

邮箱：liangfeng@jtnfa.com

微信：laodongfazhidao

图书在版编目（CIP）数据

诉讼指南：劳动争议典型案例裁判指引与律师提示 / 梁枫编著 .
—北京：中国法制出版社，2018. 4
ISBN 978-7-5093-9391-8

Ⅰ . ①诉… Ⅱ . ①梁… Ⅲ . ①劳动争议—案例—中国
Ⅳ . ① D922.591.5

中国版本图书馆 CIP 数据核字（2018）第 064287 号

策划编辑：袁笋冰　　责任编辑：李璞娜　　封面设计：杨泽江

诉讼指南：劳动争议典型案例裁判指引与律师提示

SUSONG ZHINAN: LAODONG ZHENGYI DIANXING ANLI CAIPAN ZHIYIN YU LÜSHI TISHI

编著 / 梁　枫
经销 / 新华书店
印刷 / 三河市紫恒印装有限公司
开本 / 710 毫米 ×1000 毫米 16　　印张 / 26　字数 / 409 千
版次 / 2018 年 4 月第 1 版　　2018 年 4 月第 1 次印刷

中国法制出版社出版
书号 ISBN 978-7-5093-9391-8　　定价：78.00 元

北京西单横二条 2 号　　值班电话：66026508
邮政编码：100031　　传真：66031119
网址：http://www.zgfzs.com　　**编辑部电话：66066627**
市场营销部电话：66033393　　**邮购部电话：66033288**

（如有印装质量问题，请与本社编务印务管理部联系调换。电话：010-66032926）